China Food Ingredients
Supply Chain Development Report

中国食材供应链发展报告

2024

中国物流与采购联合会食材供应链分会 | 编
天津港首农食品进出口贸易有限公司

中国市场出版社
China Market Press
·北京·

《中国食材供应链发展报告（2024）》

编委会

编委会主任
崔忠付　中国物流与采购联合会副会长兼秘书长

编委会副主任（按姓氏笔画排序）
于　彪　望家欢农产品集团有限公司副总裁
王建华　正大投资股份有限公司农牧食品企业中国区资深副董事长
毛　峰　先正达集团中国 MAP 与数字农业首席品牌官中国绿色食品有限公司总经理兼熊猫指南 CEO
刘　涌　北京多来点信息技术有限公司 CEO 及执行董事
宗　祎　北京水产集团有限公司党委书记、董事长

编委会委员
丁　冬　北京三快在线科技有限公司（美团）首席食品安全官
方增满　广东三津食品有限公司董事长
左文峰　江苏和府食品科技有限公司执行总裁兼供应链总经理
龙　伟　北京李先生餐饮管理有限公司供应链总经理
田　晋　上海亨斯迈聚氨酯有限公司建筑解决方案事业部中国区销售总监
白　瑞　郑州千味央厨食品股份有限公司总经理
冯　飚　比泽尔制冷技术（中国）有限公司总经理
刘煜清　湛江国联水产开发股份有限公司董事、物流中心总经理
江国强　北京西贝天然派供应链管理有限公司采购高级总监

江振波	明康汇生态农业集团联席总裁
孙国庆	上海莱奥制冷设备有限公司董事长
严　松	四川集鲜数智供应链科技有限公司总经理
李冬志	物美集团供应链负责人
李　忠	国联水产集团股份有限公司总经理
李俊燕	玉湖集团（香港）投资控股有限公司玉湖冷链执行董事
李　祥	青岛飞熊领鲜科技有限公司董事长
李　翔	厦门建发生活资材有限责任公司副总经理
吴　翔	镇江恒伟供应链管理有限公司董事长
张建国	苏州南环桥市场投资有限公司总经理
陈一明	宏鸿农产品集团有限公司副总裁
林　海	天津港首农食品进出口贸易有限公司总经理
周　亮	华润万家（控股）有限公司物流运营中心副总裁
周海强	顺丰冷运顺丰集团助理 CEO 冷运事业部总裁
赵宏奎	云南云海肴餐饮管理有限公司供应链总监
施　云	金拱门（中国）有限公司麦当劳中国供应链副总裁
殷洪刚	重庆亚特餐饮发展有限公司副总经理
高　戈	开利运输冷冻（中国）总经理
崔　尧	绝味食品股份有限公司供应链总监
韩天舒	百胜中国副总裁
温海涛	山东新和盛飨食集团有限公司总裁
樊会霞	索迪斯（中国）企业管理服务有限公司大中华区供应链管理部总监
潘　炜	上海启橙企业发展有限公司（启橙中国）创始人兼 CEO
魏文晓	重庆恒都农业集团有限公司集团董事兼副总裁

《中国食材供应链发展报告（2024）》

编辑部

主　　编　秦玉鸣
副 主 编　于凤龙
编辑人员　刘丹丹　刘丽娜　王　影　夏千童
　　　　　田高鹏　赵　云　从　庆　吴　喃
　　　　　邱　旭　徐　克

前言 PREFACE

《中国食材供应链发展报告（2024）》是中国物流与采购联合会食材供应链分会编写出版的食材产业链供应链领域的专项研究报告。该报告以严谨的数据分析与前沿案例研究为基础，全方位揭开食材产业链供应链现状的面纱，内容涵盖从食材生产、加工、流通到终端消费的每一个关键环节，不仅详细记录了2023年食材产业链供应链的市场动态、政策环境变化，还针对全球市场拓展、数智化转型、可持续发展等核心议题进行了深入探析，以期为相关政府部门、研究机构及广大从业者提供专业、翔实的全貌展示，为业界提供高价值的洞见。

纵观2023年，我国食材产业链供应链发展稳中向好。根据中国物流与采购联合会食材供应链分会测算，2023年我国食材消费市场规模达到9.37万亿元，同比增长10.31%，食材流通市场规模达到6.10万亿元，同比增长11.78%，食材加工市场规模达到12.77万亿元，同比增长7.59%，初级食材市场规模达到7.04万亿元，同比增长7.59%。从田间到餐桌，食材供应链有效链接一二三产，促进了一二三产的融合发展，为我国经济复苏贡献了坚实力量。

结构方面，《中国食材供应链发展报告（2024）》共分为六部分。

第一章为2023年食材供应链行业宏观环境分析，重点从政策环境、经济环境、社会环境三方面展开深度剖析，汇总并解读2023年最新出台的食材供应链相关政策与法规，呈现经济结构的调整与"双循环"新发展格局，捕捉由健康消费、便捷餐饮需求增长带来的市场新机遇，并结合社会学视角探讨了人口老龄化、城镇化对食材市场需求的影响。第二章为2023年食材供应链行业发展情况分析，从产地、加工、流通、消费、进出口等五个维度展开，通过对国内食材市场的介绍和总结，揭示行业规模、供需变化、价格波动与供应链的新特征，同时识别机遇与挑战。第三章为 2023 年食材供应链行业热点领域分析，集中探讨了行业的三大革新趋势，即数智化转型的加速推进、ESG（环境、社会和公司治理）理念的深度融合和全球化布局拓展。第四章为 2023 年食材供应链行业细分专题分析，深入剖析了食材供应链三大核心议题，即产地基础设施建设的优化、预制食材的市场崛起与趋势洞察，以及批发市场向现代流通体系的转型升级路径。第五章为 2023 年重点企业案例，呈现了"餐饮供应链的智慧转型之路""肉类加工企业的创新实践""流通企业的市场破局与渠道创新"三大典型发展案例，揭示了肉类加工、餐饮供应链及流通企业成功的秘诀，为企业提供了一套包含技术创新、模式创新、管理创新在内的综合发展蓝图。第六章为食材供应链行业资料汇编，精心收录了食材行业的最新政策、绿色低碳标准等，为读者提供了便捷的一站式信息检索资源。

五载初心如一，中国物流与采购联合会食材供应链分会始终秉持求真务实、严谨细致的原则，致力于为行业提供有价值、有意义的研究报告。在此，我们衷心感谢各位同人及专家对本报告的宝贵指导与帮助。报告中如有疏漏或不足之处，敬请批评指正！

中国物流与采购联合会副会长兼秘书长　崔忠付
2024 年 8 月 10 日

目录

第一章 2023年食材供应链行业宏观环境分析

第一节 食材供应链行业政策环境分析 /003
一、2023年食材行业政策回顾 /003
二、2023年食材行业发展相关重点政策解读 /006

第二节 食材供应链行业经济环境分析 /009
一、宏观经济形势 /009
二、投融资情况 /011
三、居民消费情况 /030

第三节 食材供应链行业社会环境分析 /032
一、人口结构 /032
二、城镇化 /035

第四节 食材供应链重点调研企业分析 /037
一、基本情况 /037
二、重点调研企业经营分析 /041
三、绿色低碳转型 /046

第二章 2023年食材供应链行业发展情况分析

第一节 食材产地情况分析 /049
一、食材产量及规模 /049

二、食材产地发展面临的问题　/060

三、食材产地发展趋势　/065

第二节　食材加工情况分析　/066

一、中国食材加工现状分析　/066

二、食材加工产业问题分析　/071

三、食材加工产业未来趋势分析　/073

第三节　中国食材供应链流通体系分析　/075

一、中国食材流通行业概况　/075

二、中国食材流通行业政策利好　/077

三、中国食材流通行业发展现状　/078

四、食材流通环节痛点问题　/081

五、中国食材供应链流通趋势展望　/084

第四节　食材消费情况分析　/088

一、食材消费现状　/088

二、食材消费市场面临的问题　/098

三、食材消费趋势　/100

第五节　食材进出口情况分析　/103

一、食材进出口贸易政策　/103

二、食材进出口贸易规模　/108

三、食材进出口贸易趋势　/111

第三章　2023年食材供应链行业热点领域分析

第一节　食材供应链数智化发展情况　/115

一、食材供应链数智化发展的概念及意义　/115

二、食材供应链数智化政策环境分析　/116

三、食材供应链数智化现状分析　/118

四、食材供应链数字化发展面临的问题　/125

五、食材供应链数智化发展的趋势　/126
　　六、食材供应链企业数字化转型案例　/128

第二节　ESG 在食材供应链领域的发展与应用　/129
　　一、ESG 概述　/129
　　二、食材供应链行业 ESG 发展现状　/134
　　三、食材供应链企业 ESG 实践案例　/143

第三节　食材供应链出海　/144
　　一、食材供应链出海国际环境变化　/144
　　二、食材供应链出海现状　/149
　　三、食材产业链供应链企业出海面临的机遇　/152
　　四、食材产业链供应链企业出海面临的挑战　/153
　　五、食材产业链供应链企业出海策略　/154
　　六、食材产业链供应链企业出海趋势　/156

第四章　2023 年食材供应链细分专题分析

第一节　产地基础设施建设情况分析　/161
　　一、产地基础设施建设的重要性　/161
　　二、产地冷链基础设施的发展现状、模式及问题　/163
　　三、政策建议　/168

第二节　预制食材分析　/170
　　一、预制食材行业发展历程　/170
　　二、预制食材产业发展现状　/172
　　三、预制食材产业发展面临的机遇与挑战　/180

第三节　宏观视角下的农产品批发市场转型升级　/186
　　一、宏观视角下的国内农产品流通格局　/186
　　二、农产品批发市场升级各方诉求　/188
　　三、转型升级我们能做什么　/188

第五章 2023年重点企业案例

第一节 餐饮行业集体加速扩张，绝配供应链助力
供应链升级 /193

一、赛道拥挤，入局者变多 /193

二、价格内卷，生存空间受挤 /193

三、冲击万店，实现规模经济 /194

四、下沉市场，寻求新的增长 /194

五、上游头部食材发力B端，推进标准化建设 /194

六、依靠供应链后台的崛起来支撑前端的发展 /194

第二节 生鲜肉类标准化解决方案 /196

一、中润长江简介 /196

二、行业痛点问题 /197

三、中润长江标准化智能工厂解决方案 /198

第三节 勇破传统农批模式壁垒，探寻农批转型之路 /199

一、项目简介 /200

二、项目背景 /200

三、目标定位 /200

四、方法和过程 /201

五、应用效果 /202

六、经验启示 /202

第六章 食材供应链行业资料汇编

第一节 2023年度食材供应链行业国家级政策汇总 /207

第二节 食材供应链行业绿色低碳相关标准统计 /223

第一章
2023 年食材供应链行业宏观环境分析

本章重点从食材供应链行业的政策、经济和社会等宏观环境入手，分析了 2023 年影响行业发展的相关因素。第一节对 2023 年出台的食材供应链相关政策与法规进行深度解读，帮助企业理解监管导向，规避潜在风险。第二节呈现经济结构的调整与"双循环"新发展格局，通过对投融资趋势、消费变化的分析捕捉市场新机遇，为企业的战略规划提供数据支持与趋势预判。第三节结合社会学视角，探讨了人口结构变化和城镇化对食材市场需求的影响，为企业激活新的增长点提供参考。第四节通过对食材供应链行业重点企业一手数据的分析，详细展现了企业主体的经营现状、供应链建设情况等，为行业内其他企业提供参考和借鉴。

第一节 食材供应链行业政策环境分析

我国食材产业出现了生产端的"优质卖不上优价"与消费端"优价买不到优质"并存的现象。食材如何从"凭感觉"变为"定标准"、从"种得优"跨向"卖得好"、从"产业优势"转为"品牌价值"等问题有待解决，是研究食材领域发展的重大方向。2023年，一系列涉及农业发展的重磅政策接连出台，其中，多项内容与食材供应链产业密切相关，为产业走上高质量发展道路提供了重要的政策支持。

一、2023年食材行业政策回顾

（一）2023年食材行业政策发布情况

自2023年以来，我国政府针对食材行业的政策调控与引导力度持续增强，以满足人民群众日益增长的健康饮食需求，保障"舌尖上的安全"，并推动食材产业链的高质量发展。2023年，一系列关乎食品安全、供应链优化、产业升级和技术进步等方面的政策措施密集出台，犹如一幅精心绘制的蓝图，为我国食材行业的健康发展指明了方向，也为实现乡村振兴战略、构建新发展格局提供了坚实的基础支撑。

根据中国物流与采购联合会食材供应链分会（简称中物联食材供应链分会）梳理汇总，2023年国家级重点食材政策共计83项。

（二）政策重点关注领域

从源头把控到餐桌消费，国家始终将食材的安全与品质视为民生之本，不仅强化了对农业生产、加工、流通各环节的监管，还积极推动现代信息技术与传统食材行业的深度融合，打造透明高效的全链条追溯体系。同时，在政策层面，大力倡导绿色发展理念，鼓励生态农业、有机食品的生产和推广，力求在保证食材供应的同时，守护生态环境，实现经济效益、社会效益与生态效益的和谐统一。

此外，随着消费者对食材品质、口感及服务体验的要求不断提升，国家也在不断优化食材供应链结构，加大冷链物流、仓储设施等基础设施建设，扶持一批具有创新能力和市场竞争优势的企业，以期通过提升供应链效能，进一步激活食材行业的发展活力，助推中国食材行业步入新的发展阶段。

1. 食品安全监管

政策强化了市场开办者和销售者的食品安全责任，加强食用农产品市场准入管理和溯源管理。2023年7月21日，市场监管总局发布《食用农产品市场销售质量安全监督管理办法》，将承诺达标合格证列为食用农产品进货查验的有效凭证之一，并鼓励优先采购带证的食用农产品；针对群众反映的"生鲜灯"误导消费者问题，增加对销售场所照明等设施的设置和使用要求；规定市场开办者履行入场销售者登记建档、签订协议、入场查验等管理义务和销售者履行进货查验、定期检查、标示信息等主体责任；明确鲜切果蔬等即食食用农产品应做好食品安全防护，防止交叉污染。国家卫生健康委员会于2023年11月29日公布了《食品安全标准管理办法》，自2023年12月1日起正式施行，标志着我国在食品安全标准制定、修订、执行等方面迈出了更加系统化、科学化的一步。政策反映出我国2023年在食品安全监管上采取了全面而深入的举措，着力构建更为严谨、完善的食品安全管理体系，进一步推动食材供应链上下游企业建立健全食品安全责任制，完善食品安全主体责任体系。有利于抓住企业关键少数，推动履职尽责，压实企业主体责任；有利于监管触角深度延展，及时防范化解风险隐患，守住食品安全底线。面对食品安全再升级，企业也要严管严防严控全产业链中的每一道风险，定期检查贮存食用农产品，升级保温设施设备，一起守护"舌尖上的安全"。

2. 供应链体系建设

政策鼓励和支持食材供应链体系的整体优化和建设。2023年1月2日，中共中央、国务院发布《关于做好2023年全面推进乡村振兴重点工作的意见》（简称中央一号文件）正式发布，聚焦食材加工流通，围绕产业布局、基础设施、产销衔接、标准化等几个方面，引导食材加工流通的高质量发展。政策提到支持家庭农场、农民合作社和中小微企业等发展农产品产地初加工，引导大型农业企业发展农产品精深加工。引导农产品加工企业向产地下沉、向园区集中，在粮食和重要农产品主产区统筹布局建设农产品加工产业园。完善农产品流通骨干网络，改造提升产地、集散地、销地批发市场，布局建设一批城郊大仓基地。深入实施"数商兴农"和"互联网+"农产品出村进城工程，鼓励发展农产品电商直采、定制生产等模式，建设农副产品直播电商基地。提升净菜、中央厨房等产业标准化和规范化水平。2023年6月16日，中国人民银行、国家金融监督管理总局、中国证监会、财政部、农业农村部发布《关于金融支持全面推进乡村振兴 加快建设农业强国的指导意见》，提到聚焦农产品加工业提升行动，积极开展订单、应收账款等质押贷款业务，支持各类主体发展农产品产地初加工和精深加工。鼓励供应链核心企业通过链条白名单确认、应收账款确权、设立购销基金等多种方式为上下游企业担保增信，提升链上企业农户和新型农业经营主体融资可得性。在资本市场收紧的大环境下，行业企业及农业经营主体融资面临一定困难。供应链核心企业可携手金融机构，推动健全多层次、广覆盖、可持续的现代农村供应链金融服务体系。

3. 基础设施与技术升级

政策推动补齐设施短板。中央一号文件强调了农业基础设施的建设，包括水利、防灾减灾设施等，并注重农业科技和装备的应用，如智能农机、北斗导航系统集成等技术在农业生产与供应链管理中的运用。2023年7月11日，农业农村部办公厅印发《关于继续做好农产品产地冷藏保鲜设施建设工作的通知》，要求做好四项重点任务：一是完善产地冷藏保鲜设施网络，二是推动冷链物流服务网络向乡村下沉，三是培育一批农产品产地流通主体，四是创新一批农产品冷链物流运营模式。在政策支持下，有助于增强农产品产地仓储保鲜、商品化处理和初加工能力，有效降低产后损失，实现择期错季销售，增强主体议价能力和产业抗风险能力。据农业农村部2023年5月底的数据，农产品产地冷藏保鲜设施建设项目实施以来，项目区产地产后损失率平均由22.7%降低到7.1%，项目区建设主体生鲜农产品储藏周期平均延长87.3天。不仅为供应链提供"稳定器""蓄水池"，也促进了食材产业的稳健发展。

4. 产业发展与提质增效

政策促进乡村产业高质量发展，支持农产品加工流通、直播电商基地等现代化产业形态，以提升农产品附加值和市场竞争力。从加工端来看，2023年3月16日，工业和信息化部等11部门印发《关于培育传统优势食品产区和地方特色食品产业的指导意见》，明确了传统优势食品产区和地方特色食品产业的发展目标：到2025年基本形成"百亿龙头、千亿集群、万亿产业"的地方特色食品发展格局，培育5个以上年营业收入超过1000亿元的传统优势食品产区，25个以上年营业收入超过100亿元的龙头骨干企业。部署了优质原料保障、产业集群建设、技术装备提升、质量安全保障、特色品牌培育、转变发展方式以及业态模式创新7个方面工作20项任务。作为国家部委出台的首个聚焦地方特色食品产业的专项文件，首次从国家层面明确提出了发展任务，将为地方因地制宜加快产业高质量发展提供精准指引，同时有利于促进原料产区、企业主体和消费市场进一步衔接。2023年7月28日，工业和信息化部、国家发展改革委、商务部联合印发《轻工业稳增长工作方案（2023—2024年）》，提出实施推动食品工业预制化发展行动方案，大力发展方便食品、自热食品、米面制品、预加工菜肴等产品形态。积极推动产业链延伸拓展，强化农企利益联结，共享全产业链增值收益，助力一、二、三产业融合协调发展。从消费端来看，2023年7月31日，《关于恢复和扩大消费措施的通知》经国务院同意向社会公开发布，特别提到了要扩大餐饮业的服务消费：因地制宜优化餐饮场所延长营业时间相关规定。培育"种养殖基地+中央厨房+冷链物流+餐饮门店"模式，挖掘预制菜市场潜力，加快推进预制菜基地建设，充分体现安全、营养、健康的原则，提升餐饮质量和配送标准化水平。推广透明厨房，让消费者吃得放心。从贸易端来看，2023年10月31日，海关总署发布《关于推动加工贸易持续高质量发展改革实施方案》，提出海关监管的3方面16条具体改革措施，涵盖了加工贸易从"前期备案"到"中期生产销售"到"后期核销核查"的全生命周期和全链条管理，推出了单耗管理改革、"保税+ERP"监管改革、"短溢区间"改革等一套政策"组合拳"。一揽子措施加强了新形势下对食品加工贸易各类风险的识别，筑牢安全发展防线，优化了加工贸易业务的管理制度，解决了企业诉求集中、反映强烈的业务办理时限不足、企业集团准入门槛较高、联网监管账册和以企业为单元账册政策重叠等问题。

二、2023年食材行业发展相关重点政策解读

（一）《轻工业稳增长工作方案（2023—2024年）》

2023年7月28日，工业和信息化部、国家发展改革委、商务部印发《轻工业稳增长工作方案（2023—2024年）》（简称《方案》）。

《方案》强调，实施推动食品工业预制化发展行动方案，顺应方便快捷、营养健康食品消费需求，大力发展方便食品、自热食品、米面制品、预加工菜肴等产品形态。积极推动产业链延伸拓展，强化农企利益联结，共享全产业链增值收益，助力一、二、三产业融合协调发展。开展气调保鲜等关键共性技术研究，提升加工装备和关键工艺自动化水平，鼓励食品工业园区吸引产业链上下游配套企业集聚发展。加强预制化食品标准制修订工作，加快管理创新和商业模式创新，积极培育新产业新业态，拓展多元消费场景。

《方案》对食材供应链的影响如下。

1. 食品工业预制化助力乡村振兴

预制化食品市场的快速发展使农产品和劳动力的需求量快速增长，为农产品提供了新的销售渠道，为农民提供了新的就业机会。据统计数据，2022年烟台预制菜总产值198.4亿元，直接吸纳就业人口超10万，带动农民收入增长超50亿元。同时农民可根据市场需求调整种植结构，以提高农业综合效益，增加自身收入，加快乡村振兴进程。

2. 食品工业预制化助力三产融合

预制化食品通过生产加工、流通链条，连接产地、企业和市场，以工业化的解决方案，实现产业聚集与跨界融合，加快产业链纵向延伸和横向拓展的速度。此外

"产、购、储、加、销"一体化全产业链经营的业态模式逐渐普及，大业态发展趋势日益明显，食品工业预制化成为撬动三产融合发展的重要支点。

3. 食品工业预制化助力产业升级增效

食品工业预制化推动产品由量的优势向质的提升转变，市场主体逐渐从低附加值、高资源消耗的初级加工转向高附加值、高科技含量的精深加工，现代化食品产业链体系加速健全，助力产业结构优化升级。推动不断完善研发、生产、销售、物流等细分领域发展，推动全产业链条运营效率提升。

（二）《食品经营许可和备案管理办法》

2023年7月12日，国家市场监督管理总局公布《食品经营许可和备案管理办法》（简称新管理办法），该管理办法自2023年12月1日起施行。原《食品经营许可管理办法》于2015年8月31日公布，自2015年10月1日起开始施行，至2023年7月已执行将近8年的时间。在此期间，市场环境愈加复杂、经营方式愈加多样化、消费者食品安全意识日益提升，新管理办法更符合新形势、更贴合实际。

新管理办法的主要变化有以下几方面。

1. 将"仅销售预包装食品"由许可管理变更为备案管理

新管理办法中对"仅销售预包装食品"的管理规定引起热议。什么是预包装食品？根据中物联食材供应链分会对现行办法的解读，我们认为预制食材、经过深加工的食材，如肉类制品等均可划入此范畴。为何会引起热议？一方面，该规定极大降低了经营者的申请负担，另一方面，该规定与2021年新修订的《中华人民共和国食品安全法》（简称《食品安全法》）中第三十五条规定内容保持政策上的一致性，有利于政策落地和推动。

但需要注意的是，办理备案后，增加其他应当取得食品经营许可的食品经营项目的，应依法取得食品经营许可。同时，以下情况不需另行备案：

（1）已取得食品经营许可，增加预包装食品销售的，不需另行备案；

（2）已取得食品生产许可的食品生产者在其生产加工场所或者通过网络销售其生产的预包装食品的，不需另行备案。

2. 简化"拍黄瓜"等简单制售行为的审查

2017年，广州一家火锅店因售卖拍黄瓜被罚10000元，2022年7月，合肥一餐饮店因在外卖平台上售卖拍黄瓜被罚5000元，2023年也累计发生多起类似事件，因售卖拍黄瓜被罚的新闻屡上热搜。为何售卖拍黄瓜风险如此之高？经中物联食材供应链分会整理分析发现，拍黄瓜目前按冷食类制售项目进行管理，而办理冷食许可要求较高、付出的成本也高，一般的小餐饮店无法承担，这就导致我国许多餐饮店经营许可证不包含冷食类制售项目。新管理办法第十四条规定有望缓解这一问题。

新管理办法规定：食品经营者从事解冻、简单加热、冲调、组合、摆盘、洗切等食品安全风险较低的简单制售的，县级以上地方市场监督管理部门在保证食品安全的前提下，可以适当简化设备设施、专门区域等审查内容。

需要注意的是，从事生食类食品（主要是生食动物性水产品）、冷加工糕点、冷荤类食品等高风险食品制售的不适用此项规定。

3. 加强食品安全管理、提升食品安全地位

历年来，食品安全问题层出不穷，2023年的"鼠头鸭脖"事件更是"霸屏"多日。食品安全无小事。新管理办法中多项规定均指向食品安全，中物联食材供应链分会经过梳理，提炼出几个需要业内关注的要点：

（1）增加食品安全责任主体。新管理办法中第六条、第十五条分别明确了食品展销会的举办者和食堂经营者的主体责任。

（2）加强对新业态新渠道的食品安全管理。如，新管理办法要求，利用自动设备从事食品经营的经营者，在申请许可时需要提交食品安全风险管控方案。

（3）加大了食品安全监管力度。新管理办法中第十二条增加了"应当符合与其主体业态、经营项目相适应的食品安全要求"的表述，第十二条第三款增加了设置食品安全总监的表述。

4. 压缩办事周期、提高办事效率

对比新管理办法和原办法，可以明显发现，许可办理的周期压缩了近一半。具体表现在：现场核查周期由10个工作日压缩为5个工作日；是否准予行政许可的反馈周期由20个工作日压缩至10个工作日，如确需延期的，延期周期由10个工作日压缩为5个工作日；颁发食品经营许可证的周期由10个工作日变更为5个工作日。

5. 其他

将从事网络经营的经营者和学校、托幼机构的团餐配送单位纳入报告范畴，这一点需要从事电商销售和团餐配送企业加以关注。

新管理办法的施行将对食材供应链行业产生较大的影响，经中物联食材供应链分会调研分析，可以归纳为以下几个方面：

（1）食材加工企业、预制菜生产企业的经营将会更加灵活。新管理办法施行后可直接通过线上渠道销售其生产的预包装食品，经营的灵活性更高，拓展销售渠道的时间成本、资金成本也将得到节约。

（2）餐饮从业者的经营环境有望改善。新管理办法规定，对于食品安全风险较低的简单制售项目，在保证食品安全的前提下，可适当简化设备设施、专门区域等审查内容，这意味着办理相关许可的难度、成本都会有所降低，该管理办法施行后有望改变"小黄瓜、大罚款"这一现状，有利于改善餐饮经营者，尤其是小微餐饮经营者的经营环境。

对食品安全，尤其是团餐供应的监管加强有利于引导食材供应链行业良性发展。食品安全是生命线，尤其对于团餐来说，一旦出问题就是大问题，将从团餐配送到团餐经营都纳入监管体系中，可以规范行业操作、提高从业者的敬畏心，有利于行业健康成长。

第二节　食材供应链行业经济环境分析

一、宏观经济形势

2023年，中国经济总体回升向好。在以习近平同志为核心的党中央坚强领导下，各地区各部门更好地统筹国内国际两个大局，国民经济持续恢复、总体回升向好，高质量发展扎实推进，产业升级厚积薄发，粮食能源安全得到有效保障，社会大局保持稳定。

（一）国内生产总值稳健增长

过去10年，中国经济增长不断爬坡过坎：2014年国内生产总值（GDP）突破60万亿元，2017年突破80万亿元，2020年迈过百万亿元"里程碑"；在疫情冲击大背景下，也接连突破110万亿元、120万亿元大关。2023年，中国经济增长5.2%，按可比价计算，对应的经济增量超6万亿元，放在10年前，需要超过10%的增速才能实现。纵向比较，5.2%的增速快于疫情三年4.5%的平均增速；横向比较，快于美国2.5%、欧元区0.5%、日本1.9%的经济增速，对世界经济增长贡献率有望超过30%。

（二）经济结构性转型升级

从消费看，拉动经济增长的"三驾马车"中，消费表现更为亮眼。尽管疫情后疤痕效应恢复需要时间，但接触性消费和服务消费等恢复较快，数字化、绿色、文旅、体育等新型消费和消费升级保持较好势头。食材消费稳定增长，食材消费升级趋势明显，居民人均收入水平的提升带动了对高品质、多样化食材的需求。餐饮消费持续复苏，餐饮企业不断在产品、服务上推陈出新，改善消费体验，激发消费动能。从出口看，以电动汽车、太阳能电池、锂电池为代表的"新三样"正成为我国出口新的增长点，这是我国科技创新、产业优化升级的结果。随着我国持续发挥创新引领作用，推进绿色转型深化，新质生产力为中国发展注入源源新动能。在制造业方面，中国制造业复苏势能较强，库存周期正在筑底回升。截至2023年10月，产出缺口已脱离谷底6个月，PPI（工业生产者出厂价格指数）同比已触底回升4个月，工业生产已经进入"补库存"阶段。农产品加工业整体上保持了稳定而快速的增长势头，科技创新、产业升级、绿色转型和品牌建设成为行业发展的主要驱动力。从投资看，新兴服务业发展，正在成为制造业、基建和房地产之外的"新力量"，高技术服务业、社会领域服务业在固定资产投资中的占比仅略低于房地产。高技术服务业已连续9年维持10%以上投资增速，这不仅有利于投资结构的优化，也有利于服务业的进一步转型升级。

（三）对外贸易提质升级

从货物贸易整体来看，2023年我国货物贸易进出口好于预期，实现了促稳提质目标。我国有望连续7年保持全球货物贸易第一大国地位，持续发挥对宏观经济的支撑作用。从食材贸易来看，过去一年，世界经济和贸易增长受保护主义、地缘政治冲突加剧等影响，外部需求持续低迷，对我国进出口形成一定冲击，与前几年相比，食材进出口增速有所放缓。但随着政策效应逐步显现和高水平开放稳步推进，我国外贸外资基本盘将持续巩固。

我国对外贸易关系呈现新局面。2023年，我国与美国达成协议，贸易关系进一步缓和，涉及了农产品出口、知识产权保护等多个领域的合作，双边贸易额持续增长，中国仍为美国的第二大贸易伙伴。与欧盟的贸易关系保持密切。我国是欧盟最大的贸易伙伴之一，双方贸易量持续扩大，签署了一系列贸易协议，加强了经济和技术合作。我国与共建"一带一路"国家贸易往来更加密切，其进出口增长已远超对欧盟、美国等传统市场份额，加上《区域全面经济伙伴关系协定》已正式生效，产业链供应链联系更加紧密，为我国外贸进出口带来了红利。

（四）技术经济兴起

技术经济快速发展，成为新一轮科技革命与产业变革在当前阶段的主导技术和主导产业经济形态。2023年，我国以技术创新推动产业创新，以产业升级构筑竞争新优势，加快向"新质生产力"而行。一方面，互联网、大数据、云计算、人工智

第一章　2023年食材供应链行业宏观环境分析

能、区块链技术与实体经济融合程度进一步加深,"5G+工业互联网"创新发展进入快车道,应用的广度和深度不断拓展,智慧工厂等新业态不断涌现,为我国经济发展拓展新空间。另一方面,高端制造业和高附加值产品增长较快,智能制造新场景、新方案、新模式不断涌现,为我国经济发展提供更大红利和更为广阔的舞台。

二、投融资情况

(一) 食材供应链行业整体投融资情况分析

2023年,受国际环境、市场环境等多重因素影响,食材供应链行业整体投融资情况更加趋于理性,资本市场对行业持谨慎乐观态度,投融资数量呈下降趋势,融资金额小幅度上涨。本书所指食材供应链行业投融资活动主要涉及上游农牧渔种植养殖业及食材加工业,中游食材流通业,下游餐饮业及相关服务业。

根据中物联食材供应链分会不完全统计,2023年我国食材供应链行业投融资事件共计232起,较2022年数量降幅超50%,除未披露的融资金额外,整体融资金额超500亿元人民币[1],较2022年有小幅提升,主要原因是中粮福临门单笔融资为210亿元人民币,拉升了2023年融资总额,创2023年行业融资金额之最。

从不同赛道的融资情况来看,食材供应链上游种植养殖生产加工端的融资金额占比最大,为71.71%;餐饮端投融资活动数量最多,达91起,占比为39.22%(见图1-1)。

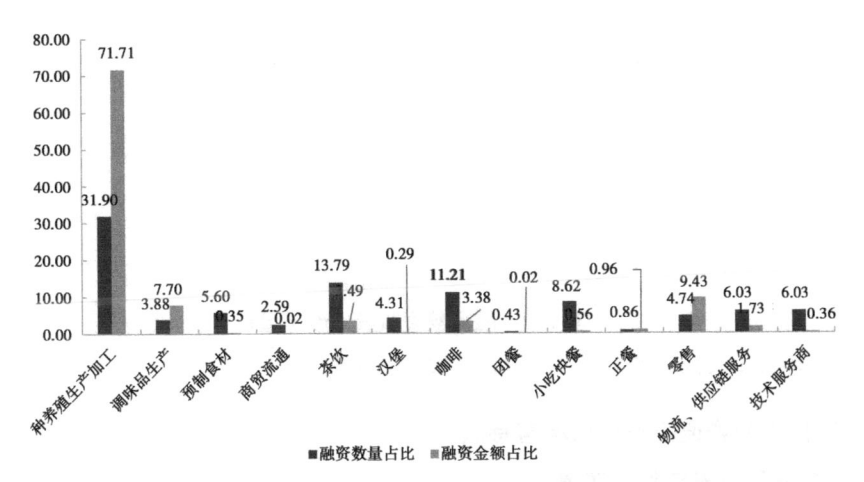

图1-1　2023年食材供应链各细分赛道融资情况分析(%)

数据来源:企查查、公开资料,中物联食材供应链分会整理。

---

[1] 统计规则:数百万元按照200万元计算,数千万元按照2000万元计算,百万元级别按照100万元计算,千万元级别按照1000万元计算。

从融资的轮次来看，除并购、定向增发、股权融资、战略融资及未披露的事件来看，早期轮次占比较高，种子轮至天使+轮总数量为 55 起、Pre-A 轮到 A+轮共 45 起，且融资金额普遍较小，从百万元到千万元不等（见图 1-2）。

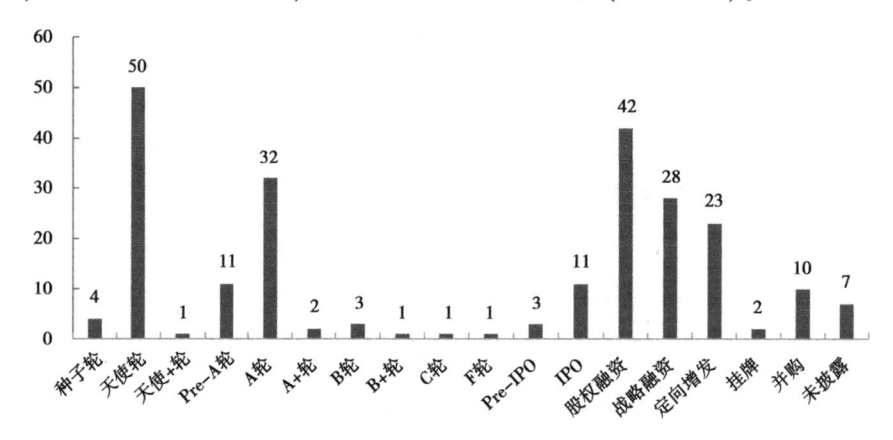

图 1-2 2023 年投融资活动轮次数量分布（起）

数据来源：企查查、公开资料，中物联食材供应链分会整理。

从融资额度来看，千万元级别的融资活动数量最多，但主要集中在 5000 万元人民币以下，其次为亿元级别的融资活动，主要以种植养殖加工领域项目为主（见图 1-3）。

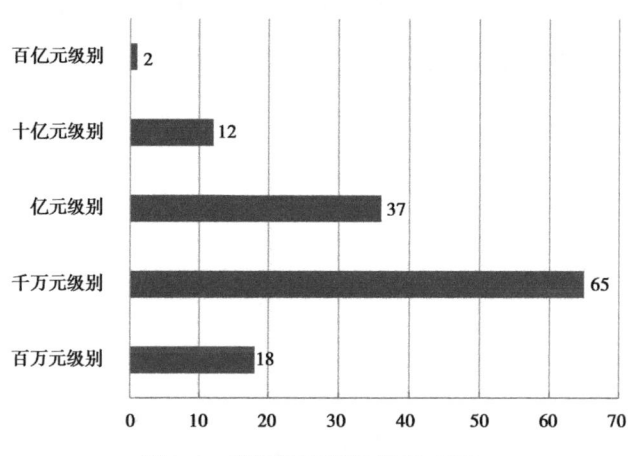

图 1-3 融资额度数量分布（起）

数据来源：企查查、公开资料，中物联食材供应链分会整理。

（二）不同赛道投融资情况与特点

1. 食材种植养殖加工赛道

食材种植养殖加工赛道主要涉及农牧渔、加工等领域，不含调味品及预制食材。据不完全统计，2023 年，该赛道总计融资数量 74 起，根据已披露数据，融资金额总计 374.08 亿元人民币（见表 1-1）。

表 1-1 种植养殖加工赛道融资事件统计表

融资日期	品牌名称	融资轮次	融资金额	所属地区	投资方
2023年1月6日	新五丰	定向增发	19.6亿元	湖南省长沙市芙蓉区	中国信达资产管理股份有限公司，中国华融资产管理股份有限公司，中国长城资产管理股份有限公司，湖南新五丰一期产业投资基金企业（有限合伙），湖南发展集团资本经营有限公司，湖南天圆农业发展有限公司，湖南省现代农业产业控股集团有限公司，湖南省现代种业发展有限公司，湖南绿代企业管理合伙企业（有限合伙），西藏茶逸农牧科技有限公司，西藏逸锦实业有限公司，郴州市湘牧农业科技合伙企业（有限合伙），个人投资者（万其兄，刘艳书，任向军等）
2023年1月10日	明辉股份	定向增发	4514.17万元	浙江省衢州市	未披露
2023年1月18日	欧福蛋业	IPO	9730.13万元	江苏省苏州市吴江区	公开发行
2023年1月19日	渤海水产	定向增发	1621.68万元	山东省滨州市无棣县	未披露
2023年1月30日	苏北股份	定向增发	1500万元	江苏省宿迁市泗洪县	未披露
2023年1月31日	新和盛农牧	股权融资	未披露	山东省潍坊市潍坊滨海经济技术开发区	青岛维泓创业投资基金合伙企业（有限合伙）
2023年2月1日	中粮福临门	战略融资	210亿元	上海市东浦新区	中国PPP基金，中国人寿资产管理，中投公司，中远海控，亚赋资本，厚朴投资，淡马锡，国调基金，社保基金会
2023年2月2日	田野股份	IPO	1.65亿元	广西壮族自治区北海市合浦县	公开发行

续表

融资日期	品牌名称	融资轮次	融资金额	所属地区	投资方
2023年2月7日	劲仔食品	定向增发	2.78亿元	湖南省岳阳市平江县	个人投资者（周劲松）
2023年2月9日	金菜地	挂牌	—	安徽省马鞍山市当涂经济开发区	公开发行
2023年2月9日	来自蛋蛋的爱	天使轮	数百万元	北京市朝阳区	个人投资者
2023年2月21日	一致魔芋	IPO	1.39亿元	湖北省宜昌市长阳土家族自治县	公开发行
2023年2月24日	六和养猪	并购	未披露	山东省潍坊市高密市	潍坊浩丰农业发展有限公司
2023年3月2日	早康枸杞	挂牌	未披露	宁夏回族自治区中卫市中宁县	公开发行
2023年3月3日	明康汇农业	股权融资	未披露	浙江省杭州市滨江区	中国农垦产业发展基金（有限合伙）
2023年3月3日	佳粮集团	天使轮	5000万元	辽宁省葫芦岛市绥中县	天津鑫汇诚农业发展合伙企业（有限合伙）
2023年3月17日	妖精的盒子	股权融资	未披露	广东省深圳市龙华区	晋江澜海七号股权投资合伙企业（有限合伙）
2023年3月23日	放马滩生态	天使轮	1000万元	安徽省合肥市庐江县	个人投资者
2023年3月26日	王子森林	战略融资	约千万元	河北省邯郸市邱县	中品数科
2023年3月30日	菁华果业	定向增发	5524.91万元	湖南省岳阳市岳阳县	未披露
2023年3月30日	妙飞食品	股权融资	未披露	江苏省宿迁市宿迁经济技术开发区	秉泉（宿迁）乡村发展投资基金（有限合伙）、宿迁市开盛创业投资有限公司
2023年4月6日	金宇农牧	定向增发	2.23亿元	宁夏回族自治区吴忠市利通区	未披露

第一章 2023年食材供应链行业宏观环境分析

续 表

融资日期	品牌名称	融资轮次	融资金额	所属地区	投资方
2023年4月11日	长荣农科	定向增发	2000万元	山西省运城市永济市	未披露
2023年4月17日	塞尚乳业	股权融资	未披露	宁夏回族自治区银川市贺兰县	中关村发展集团
2023年4月27日	富瀚海洋	股权融资	未披露	山东省烟台市海阳市	山东省财金投资集团有限公司
2023年5月8日	长河米业	A轮	数千万元	黑龙江省齐齐哈尔市拜泉县	禄山投资
2023年5月11日	羌山农牧	定向增发	1.25亿元	四川省绵阳市北川羌族自治县	未披露
2023年5月11日	森胜农牧	股权融资	未披露	河南省开封市杞县	福建圣农发展股份有限公司
2023年5月12日	坤元太和	天使轮	未披露	内蒙古自治区锡林郭勒盟正蓝旗	锡林郭勒盟农牧业产业扶贫发展基金（有限合伙）
2023年6月8日	鹿优鲜	战略融资	未披露	北京市海淀区	小草无限科技（四川）有限公司
2023年6月12日	齐河美东	战略融资	未披露	山东省德州市齐河县	济南禾蓁产业投资合伙企业（有限合伙），济南禾蓁共益投资合伙企业（有限合伙）
2023年6月14日	国联水产	战略融资	5.6亿美元	广东省湛江市吴川市	Saudi Arabia's Public Investment Fund
2023年6月14日	天一牧业	股权融资	未披露	湖北省孝感市云梦县	中南文化（湖北）城乡建设投资有限公司
2023年6月30日	奕方股份	股权融资	未披露	上海市松江区	上海克沥企业管理咨询有限公司、华宝香精股份有限公司
2023年7月6日	新五丰	定向增发	15.28亿元	湖南省长沙市芙蓉区	未披露
2023年7月11日	同富共强农业	天使轮	数百万元	安徽省马鞍山市含山县	天泽资本

续 表

融资日期	品牌名称	融资轮次	融资金额	所属地区	投资方
2023年7月20日	元宝牌皮蛋	股权融资	未披露	湖南省长沙市芙蓉区	长沙乐融农业投资有限公司
2023年7月24日	君乐宝	股权融资	未披露	河北省石家庄市鹿泉区	上海瑞壹朕企业管理合伙企业（有限合伙）、中央企业乡村产业投资基金股份有限公司、共青城美创业投资合伙企业（有限合伙）、共青城君美创业投资合伙企业（有限合伙）、共青城科美创业投资合伙企业（有限合伙）、南京弘章股权投资合伙企业（有限合伙）、天津博四美股权投资基金合伙企业（有限合伙）、天津博佳恒新股权投资基金合伙企业（有限合伙）、张家港博佳翼开创业投资合伙企业（有限合伙）、深圳美瑜时代投资合伙企业（有限合伙）、河北文展股权投资基金合伙企业（有限合伙）、苏州厚玖股权投资合伙企业（有限合伙）、苏州厚齐股权投资中心（有限合伙）、上海弘郐悦实业有限公司、上海禾光同呈企业咨询合伙企业（有限合伙）、青岛北琪实业有限公司
2023年7月28日	雨生农业	天使轮	3000万元	广东省东莞市	创业之家企业服务有限公司
2023年8月10日	三元股份	战略融资	未披露	北京市大兴区	阿拉丁健康管理（北京）有限公司
2023年8月17日	鼎味泰	Pre-IPO	约1亿元	江苏省连云港市东海县	百联挚高资本
2023年8月19日	天鹰聚能食品	天使轮	未披露	浙江省杭州市富阳区	未披露
2023年8月21日	晋龙股份	定向增发	8225.97万元	山西省运城市稷山县	未披露
2023年8月23日	高原之舟	股权融资	未披露	青海省西宁市城北区	青海泉汪投资管理有限公司
2023年8月25日	金字火腿	定向增发	10.37亿元	浙江省金华市婺城区	未披露

续 表

融资日期	品牌名称	融资轮次	融资金额	所属地区	投资方
2023年9月11日	凡香食品	并购	未披露	上海市嘉定区	上海盈新智造食品科技有限公司
2023年9月12日	柏盛科技	未披露	未披露	陕西省安康市石泉县	石泉县两山生态资源投资有限公司
2023年9月22日	隆鑫股份	定向增发	2592万元	山东省滨州市滨城区	未披露
2023年9月25日	菌子天臣	A轮	数千万元	广东省深圳市光明区	深圳市启赋东方创业投资合伙企业（有限合伙）
2023年9月26日	万农水产	股权融资	未披露	湖北省荆州市洪湖市	湖北通瀛二期股权投资基金合伙企业（有限合伙）
2023年9月27日	阳晨牧业	股权融资	未披露	陕西省安康市汉滨区	安康市汉滨区国有资本经营有限公司
2023年10月12日	十月稻田	IPO	8.2亿港币	辽宁省沈阳市新民	公开发行
2023年10月13日	粮投粮食	A轮	2亿元	黑龙江省大庆市杜尔伯特蒙古族自治县	中庆投资（深圳）有限公司
2023年10月13日	骑士乳业	IPO	2.23亿元	内蒙古自治区包头市九原区	公开发行
2023年10月23日	佳粮集团	天使轮	4000万元	辽宁省葫芦岛市绥中县	葫芦岛市种业之都建设及科技强农发展基金
2023年10月23日	三珍食品	股权融资	未披露	安徽省合肥市巢湖市	合肥市种业之都建设及科技强农发展基金合伙企业（有限合伙）、安徽现代农业创业投资有限公司
2023年11月23日	硒养生命医学	天使轮	未披露	山西省太原市山西转型综合改革示范区	未披露
2023年11月27日	德康农牧	Pre-IPO	约5000万美元	四川省成都市双流区	渠县汇兴产投实业有限公司、秀山县欣之园市场管理股份有限公司、贵阳农投
2023年11月28日	Arla	并购	未披露	北京市房山区	内蒙古蒙牛奶酪有限责任公司

续 表

融资日期	品牌名称	融资轮次	融资金额	所属地区	投资方
2023年11月28日	今日牧场	股权融资	未披露	山东省青岛市崂山区	苏州工业园区金海华餐饮管理有限责任公司
2023年11月30日	西王集团	股权融资	未披露	山东省滨州市邹平市	国民信托有限公司、滨州正泽旭阳股权投资合伙企业（有限合伙）
2023年12月6日	德康农牧	IPO	9.94亿港币	四川省成都市双流区	公开发行
2023年12月13日	爱福农业	股权融资	未披露	甘肃省张掖市山丹县	接盘侠控股（辽宁）集团有限公司、收盘侠控股（深圳）集团有限公司
2023年12月14日	睿洋农牧	并购	未披露	浙江省杭州市滨江区	杭州普誉商贸有限公司
2023年12月14日	益生股份	定向增发	11.39亿元	山东省烟台市芝罘区	未披露
2023年12月15日	索宝蛋白	IPO	9.79亿元	浙江省宁波市北仑区	公开发行
2023年12月19日	文泰粮油	股权融资	未披露	青海省西宁市城北区	青海泉汪投资管理有限公司
2023年12月25日	圣桐营养	股权融资	未披露	山东省青岛市黄岛区	上海弘盛厚德私募投资基金合伙企业（有限合伙）、深圳市瑞和信达投资合伙企业（有限合伙）、GL Stone Investment IV L. P.
2023年12月27日	榴皇妃	股权融资	未披露	海南省海口市美兰区	中商资本管理有限公司
2023年12月28日	东瑞股份	定向增发	9.11亿元	广东省河源市东源县	未披露
2023年12月29日	海蕴生物	定向增发	2000万元	浙江省温州市洞头区	未披露
2023年10月10日	今日牧场	天使轮	未披露	山东省青岛市崂山区	得利斯
2023年11月10日	壹起扬食品	天使轮	千万元	吉林省长春市朝阳区	长春市越达科技产业园有限公司
2023年11月2日	衡福牛	股权融资	10亿元	云南省大理白族自治州漾濞彝族自治县	华君传媒

数据来源：企查查、公开资料，中物联食材供应链分会整理。

2023年种植养殖加工赛道投融资呈现出以下特征。

（1）投资金额较大。在已披露融资金额的事件中，亿元及以上融资事件数量为20个，在所有亿元及以上级别中占比达43.5%。其次是千万元级别的融资事件17起（见图1-4），百万元级别融资事件较少，种植养殖加工端整体的投资规模较其他端口的企业规模偏大。种植养殖业对保障粮食安全、构建多元食物供给格局意义重大；农产品加工可大幅度增加农产品附加值，对于推动农业发展有重要作用。我国是传统农业大国，国家高度重视农业的现代化发展。中央一号文件对保障农产品供给及做大做强农产品加工业方面作出重要指示，上游农业项目的高融资额度也折射出资本市场对未来农业的信心。

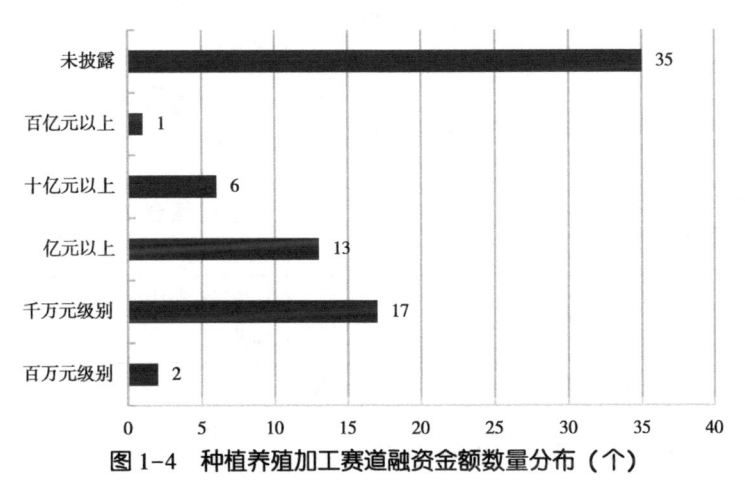

图1-4 种植养殖加工赛道融资金额数量分布（个）

级别	数量
未披露	35
百亿元以上	1
十亿元以上	6
亿元以上	13
千万元级别	17
百万元级别	2

数据来源：企查查、公开资料，中物联食材供应链分会整理。

（2）特色食材赛道开始受到关注。2023年，特色食材赛道逐渐受到资本市场关注，富硒食品、陈皮、石斛、土特产品、植物蛋白等项目获得融资。随着青壮年工作、生活压力的增大及老龄化趋势的加速，养生健康食材越来越受到关注，功能性食材、药食同源食材及其制品需求量逐渐增加。2023年，农业农村部、工业和信息化部等11部门印发《关于培育传统优势食品产区和地方特色食品产业的指导意见》，大力发展地方特色食材产业。可以预见，未来特色食材赛道发展前景广阔。

2. 预制食材赛道

据中物联食材供应链分会统计，2023年预制食材领域发生投融资事件共计13起，根据已披露数据，涉及金额仅1.84亿元人民币。无论是融资数量、还是融资金额均呈下降趋势。具体如表1-2所示。

表 1-2 预制食材赛道融资事件统计表

融资日期	品牌产品名称	融资轮次	融资金额	所属地区	投资方
2023年3月1日	多味研创	战略融资	未披露	四川省成都市青羊区	成都步科智能有限公司
2023年3月1日	面朝大海	Pre-A轮	约千万元	山东省青岛市崂山区	创客智盛
2023年4月3日	快鲜生	天使轮	数百万元	重庆市渝北区	海南东吴贰号投资合伙企业（有限合伙）
2023年5月10日	轻烹烹	未披露	未披露	浙江省杭州市钱塘区	杭州泰梦企业管理有限公司
2023年6月15日	小胖黎	天使轮	数百万元	湖南省怀化市溆浦县	翰畔创投
2023年6月20日	优予预制菜	Pre-A轮	3500万元	福建省福州市闽侯县	领投机构：天时创新资本 跟投机构：恒邦资本
2023年7月28日	晓麦集团	股权融资	未披露	山东省烟台市福山区	德州财金集团
2023年9月9日	金咨猫	A轮	500万元	广东省佛山市顺德区	广东蜂之王投资发展集团有限公司
2023年11月17日	日日煮	IPO	未披露	上海市黄浦区	公开发行
2023年12月6日	味美优品	A轮	3000万元	广东省广州市天河区	和智投资、泰世资本
2023年12月13日	晓麦集团	未披露	未披露	山东省烟台市福山区	晟道投资
2023年12月25日	沙拉食刻	A轮	1亿元	广东省东莞市	不惑创投
2023年4月19日	博源紫宸	并购	未披露	北京市东城区	以岭药业

数据来源：企查查、公开资料，中物联食材供应链分会整理。

2023年，预制食材赛道呈现以下特点。

（1）融资热度持续降温。公开资料显示，2020年我国预制食材赛道完成融资22起，2021年完成30起，2022年完成28起，而2023年全年仅完成融资13起，下降幅度超过50%。从融资规模上看，2023年仅完成融资1.84亿元人民币，其中亿元级别的仅为1例。

2023年预制食材赛道投融资愈加理性。2020—2022年，受疫情影响，C端（消费端）对预制食材需求快速提升，投资人及投资机构看到较大的市场空间。但随着疫情的结束，C端预制食材发展受阻。2023年9月开始，受到预制食材进校园等社会舆论的影响，消费者对预制食材的认知存在一些偏见，餐饮端对使用预制食材也更加审慎，传导到资本市场，预制食材投融资迅速降温。

（2）早期轮次占据主要地位。从已披露的信息来看，2023年，预制食材投融资活动以早期轮次为主，天使轮到A轮融资共计7起，主要为中式菜肴、小吃及轻食等（见图1-5）。随着消费习惯、消费结构的变化，资本市场更加看好低单价、健康类型的预制食材。

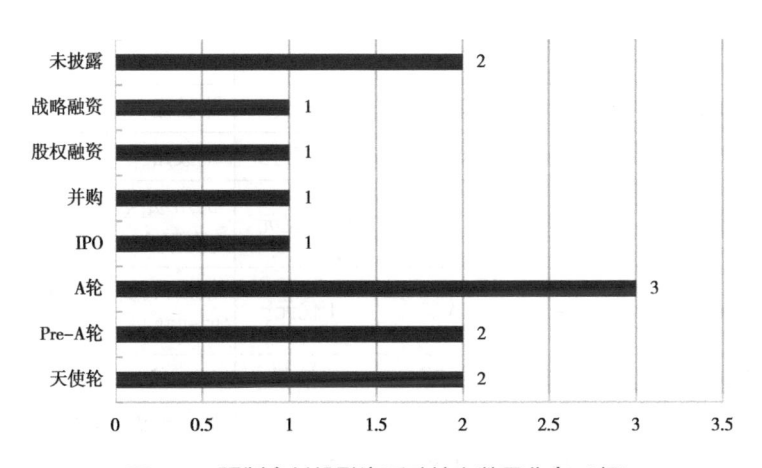

图1-5 预制食材投融资活动轮次数量分布（起）

数据来源：企查查、公开资料，中物联食材供应链分会整理。

3. 食材消费赛道

食材消费赛道主要涉及食材零售和餐饮领域，根据中物联食材供应链分会不完全统计，2023年食材消费赛道投融资活动共计102起，涉及金额约94.54亿元（见表1-3）。

表1-3 食材消费赛道融资事件统计表

融资日期	品牌产品名称	融资轮次	融资金额	投资方
2023年1月1日	虎拌麻辣烫	天使轮	百万元	国宏元宇时代（海南）投资有限公司
2023年1月4日	咔米星	天使轮	未披露	天歐基金管理有限公司
2023年1月9日	中商健业集团	并购	未披露	开封汴京曲酒厂
2023年1月16日	百果园集团	IPO	3.66亿港币	公开发行
2023年1月31日	麦达仕	战略融资	5000万	金凯基金管理有限公司
2023年2月2日	幸猫咖啡	A轮	1500万美元	Bit Origin

续　表

融资日期	品牌产品名称	融资轮次	融资金额	投资方
2023年2月7日	龙门炸串	A轮	3000万元	赢多资本
2023年2月13日	猪行鲜生	Pre-A轮	5000万元	中南金服、中赢基金
2023年2月28日	爆爆姐螺蛳粉	天使轮	数百万元	美味投资
2023年3月1日	Au Cafe	战略融资	未披露	北京嘉州金控资产管理有限公司
2023年3月1日	墨比优创	A轮	约亿元	领投机构：天味食品 跟投机构：梅花创投、嘉兴品创
2023年3月13日	锅灶一气	天使轮	5000万元	未披露
2023年3月13日	林堡堡	天使+轮	数百万元	未披露
2023年3月19日	猪行鲜生	A轮	1.25亿元	杭州资电企业管理合伙企业（有限合伙）
2023年3月20日	小咖主	A轮	1亿元	领投机构：星米资本 跟投机构：AD-VC基金
2023年3月26日	DEAR BOX	A+轮	未披露	Adrenalin
2023年3月27日	隅田川咖啡	C轮	数亿元	领投机构：沂景资本、建德市国有资产投资控股集团有限公司 跟投机构：不二资本、启明创投
2023年4月3日	柒点螺蛳粉	天使轮	百万元	个人投资者
2023年4月6日	派堡王	A轮	3000万元	偉通基金管理有限公司
2023年4月7日	星茵咖啡	天使轮	200万美元	未披露
2023年4月10日	麦喜堡	A轮	数千万元	胜达基金管理有限公司
2023年4月11日	北京人力	定向增发	24.44亿元	北京京国发股权投资基金（有限合伙）、北京创新产业投资有限公司、北京国有资本运营管理有限公司、天津融衡股权投资合伙企业（有限合伙）
2023年4月11日	家家悦	定向增发	4.02亿元	家家悦控股集团股份有限公司
2023年4月14日	碗丰亭板面	种子轮	百万元	禧年资本
2023年4月28日	北京人力	定向增发	15.82亿元	未披露
2023年5月8日	星茵咖啡	A轮	2500万美元	中天资本投资（山东）有限公司
2023年5月15日	林堡堡	战略融资	未披露	易云投资
2023年5月23日	万峰贸易	股权融资	未披露	鑫霖（海南）投资有限公司

续 表

融资日期	品牌产品名称	融资轮次	融资金额	投资方
2023年5月27日	奥丁顿	A轮	未披露	未披露
2023年6月2日	M Stand	B+轮	数亿元	小红书
2023年6月9日	茶百道	战略融资	10亿元	领投机构：兰馨亚洲 跟投机构：中金资本、草根知本、正心谷创新资本、番茄资本
2023年6月9日	花座	天使轮	约千万元	未披露
2023年6月16日	小咖咖啡	B轮	4.48亿元	清望资本
2023年6月27日	嘿遽炸串	天使轮	数百万元	江苏君盈创投集团有限公司
2023年6月27日	老韩煸鸡	战略融资	未披露	上海紫燕食品股份有限公司
2023年7月3日	晓桐快餐	战略融资	数千万元	平安云厨科技集团有限公司
2023年7月4日	哨子科技	股权融资	未披露	聊城市新城源商贸有限公司
2023年7月26日	粉大大	战略融资	数百万元	卓尔资本
2023年8月5日	腿老大	天使轮	400万元	个人投资者（朱静芳）
2023年8月7日	京腔调	战略融资	未披露	滴灌通香港投资有限公司
2023年8月16日	吮芝味	战略融资	3000万元	玄元基金
2023年8月22日	物只卤鹅	股权融资	未披露	丰贝（广州）发展控股有限公司
2023年9月5日	椰力丫	种子轮	未披露	个人投资者（周敬良）
2023年9月8日	茶花絮	Pre-A轮	1000万元	中南金服
2023年9月8日	沙朗阿甘	天使轮	约千万元	奈雪的茶
2023年9月14日	汉唐序	A轮	5000万美元	路博迈
2023年9月19日	虎头炸	天使轮	数百万元	未披露
2023年9月19日	京脆香烤鸭	战略融资	未披露	上海遇雁企业管理合伙企业（有限合伙）
2023年10月11日	荷田水铺	Pre-A轮	未披露	未披露
2023年10月16日	肯卫汀	种子轮	未披露	个人投资者
2023年10月26日	五星果品	天使轮	未披露	合肥市乡村振兴产业投资合伙企业（有限合伙）
2023年11月15日	肯卫汀	战略融资	1000万元	中募投资
2023年11月24日	弄咖咖啡	A轮	1.2亿元	领投机构：坚果创投 跟投机构：诸葛基金

续　表

融资日期	品牌产品名称	融资轮次	融资金额	投资方
2023年12月28日	单养千秋	股权融资	未披露	清望港信创业投资（菏泽）合伙企业（有限合伙）
2023年11月7日	居尚餐饮	Pre-A轮	2000万元	香港地洲控股有限公司领投
2023年11月8日	茉酸奶	天使轮	未披露	君乐宝
2023年12月4日	堂上堂	天使轮	数百万元	番茄资本
2023年12月19日	小菜园	股权融资	5亿元	加华资本
2023年7月28日	沪上阿姨	B轮	未披露	嘉御基金、金镒资本、知一投资、熠美投资、上海颐玉投资咨询有限责任公司
2023年1月19日	丘大叔柠檬茶	股权融资	未披露	广州天河基金
2023年1月31日	山茶涧	天使轮	千万元	深圳市国之强二期投资有限责任公司
2023年2月10日	优莱客	A轮	未披露	鑫众基金
2023年2月20日	霓裳茶舞	并购	未披露	书亦烧仙草
2023年3月14日	招财猫能量茶	A轮	5000万元	泓毅基金
2023年3月23日	舞莓娘	天使轮	未披露	香港梯构国际、深圳市意利投资
2023年3月24日	王子森林	战略融资	千万元	中品数科
2023年3月27日	山野泡泡	天使轮	千万元	业泰股权
2023年4月2日	好运椰	Pre-A轮	千万元	险峰长青、同山投资、个人投资者
2023年4月2日	萌白白	A轮	数千万元	盛世通基金
2023年4月28日	东芳叶	A轮	未披露	美团龙珠
2023年5月21日	郭氏花旦茶	A轮	千万元	瀚晟基金管理有限公司
2023年6月9日	雾鲜茶饮	天使轮	未披露	苏州顺合创业投资有限公司
2023年7月11日	丽茉酸奶	A轮	5000万元	路海投资、金易信投资
2023年7月12日	茶亭序	A轮	约千万元	无忧网络
2023年7月23日	布兰熊花香茶饮	天使轮	未披露	香港百福禧食品控股有限公司
2023年7月27日	嗳咪悠	A轮	未披露	江苏邦农建设有限公司
2023年8月15日	沫可酸奶	战略融资	3000万元	Kenetic Capital
2023年8月30日	唐饮	天使轮	未披露	深圳龙智创投中心
2023年10月13日	茶中喜	Pre-A轮	3000万元	皓玥资本
2023年11月3日	蓉小乔	Pre-A轮	5000万元	中南金服

续 表

融资日期	品牌产品名称	融资轮次	融资金额	投资方
2023年11月15日	烹茶倌	天使轮	千万元	未披露
2023年12月6日	一只酸奶牛	战略融资	1.49亿元	草根知本
2023年3月2日	豆校长	A+轮	5000万元	山海资本
2023年4月3日	豆校长	天使轮	2000万元	领航资本
2023年7月24日	八只牛餐饮	天使轮	数百万元	江苏为爱投资有限公司
2023年7月23日	八只牛餐饮	种子轮	数百万元	心源资本
2023年1月6日	巴哥埃	战略融资	1200万元	皇家集团基金
2023年2月13日	虎闻咖啡	天使轮	未披露	梅花创投
2023年2月13日	雷力咖啡	A轮	3000万元	昕晟基金
2023年3月7日	悠小咖UPLAYER	A轮	1500万元	森信基金
2023年3月9日	四叶咖	天使轮	千万元	内向基金、天图投资
2023年3月26日	轻卡鹿	天使轮	5000万元	Blackstone Fund、Management LLC
2023年3月27日	一口十一食品	天使轮	千万元	欧若拉投资
2023年4月1日	布鲁熊咖啡	天使轮	未披露	艺领基金
2023年5月8日	ZR自燃元素	战略融资	5000万元	中南金服
2023年5月19日	啡途咖啡	天使轮	2500万美元	未披露
2023年7月3日	默啡咖啡	天使轮	5000万元	HashKey Group
2023年9月7日	啡行家	天使轮	未披露	良品铺子
2023年10月15日	幸典咖啡	A轮	1亿元	瑞信基金
2023年11月21日	茶愿说	A轮	未披露	BARBIEGO
2023年11月24日	浓咖咖啡	A轮	1.2亿元	坚果创投、诸葛基金
2023年11月29日	十八客咖啡	天使轮	3000万元	合享创投、黑蚁资本、

数据来源：企查查、公开资料，中物联食材供应链分会整理。

2023年，食材消费赛道呈现以下特点。

（1）小吃快餐、茶饮、咖啡是投资热点。2023年，小吃快餐、茶饮赛道投资活动相对较多，但投资金额较小，小吃快餐赛道投资活动20起，总金额仅2.91亿元，茶饮赛道投资活动32起，总金额18.19亿元，这也反映出资本市场对餐饮赛道愈加谨慎的态度。随着宏观经济形势波动、消费者行为模式改变以及对未来收入和消费预期的不确定性增加，资本市场对于投资餐饮行业的策略也发生了调整，更加关注那些拥有较强抗风险能力和灵活适应市场变化能力的细分领域。

一方面，轻量化的小吃和饮品业态因其投入成本相对较低、成本回收周期相对较短、市场需求稳定且易于标准化操作等特点，受到了资本市场的关注。例如，炸串、炸鸡、茶饮、咖啡等休闲快餐和即买即走型餐饮项目，由于较高的性价比、符合现代快节奏生活需求，市场接受度较高，成为投资者眼中相对热门的选择。

另一方面，即使在传统西式快餐赛道中，具有本土化和创新特色的餐饮项目也开始崭露头角，如中式汉堡等融合了中西方饮食文化的特色产品。这类项目通过差异化竞争，满足消费者对多元化和个性化餐饮体验的需求，从而吸引了资本的关注。

资本在餐饮领域的布局更加注重项目的可持续增长潜力、品牌影响力、供应链管理效能以及应对市场变化的敏捷性，同时也密切关注消费者偏好变迁，寻找能够迅速响应市场变化并实现健康发展的投资项目（见表1-4）。

表1-4 餐饮各细分赛道融资情况

细分赛道	投融资数量	金额（亿元）
茶饮	32	18.19
汉堡	10	1.52
咖啡	26	17.64
团餐	1	0.1
小吃快餐	20	2.91
正餐	2	5

数据来源：企查查、公开资料，中物联食材供应链分会整理。

（2）新中式、国风加持的项目更受青睐。新中式与国风茶饮细分市场虽然在近年来受到消费者尤其是年轻一代的喜爱，但目前存在的问题是赛道越来越拥挤、品牌之间的差异化越来越小。新中式、国风茶饮门槛较低，其核心元素中国传统茶文化与现代饮品制作工艺的结合，在一定程度上容易被模仿和复制，赛道竞争激烈，产品、品牌同质化严重。首先，许多品牌倾向于采用富有诗意或传统文化韵味的名字，并在店面装修和包装设计上融入国风元素，这虽能吸引顾客眼球，但也易于导致品牌形象雷同，难以形成独特的辨识度。其次，尽管各品牌在茶叶品种、搭配辅料以及创新口味上下功夫，但随着爆款产品的快速传播，比如特定的茶基底搭配新鲜水果或乳制品等，跟进和模仿的速度加快，导致新品效应很快被稀释，产品差异化程度下降。再次，茶饮原材料供应相对透明，高品质茶叶、新鲜水果及配料的获取渠道相对统一，使得不同品牌在原料上的优势难以持久保持。最后，品牌可能都在追求打造具有文化内涵的空间体验，但在国风主题的营造上容易出现大同小异的现象，消费者体验的差异性有限。

以上问题也会影响资本市场对这类项目的判断，未来新中式、国风等项目热度面临降温的风险。

4. 服务赛道

服务赛道涉及物流供应链服务、技术服务，暂未统计种子、化肥等农资服务。2023年，服务类项目融资共28起，涉及金额10.93亿元（见表1-5）。

表1-5 服务赛道融资情况

融资日期	品牌产品名称	融资轮次	融资金额	所属地区	投资方
2023年1月4日	时食链	天使轮	约千万元	北京市怀柔区	和君资本、北京品知天地企业管理有限公司、重庆和朴抱一企业管理咨询合伙企业（有限合伙）
2023年1月6日	浮田生物	股权融资	未披露	浙江省宁波市象山县	象山弘成股权投资基金合伙企业（有限合伙）
2023年1月12日	上海赞倍司	Pre-A轮	数千万元	上海市嘉定区	未披露
2023年3月9日	沙漠农夫	股权融资	未披露	江苏省常州市武进区	东莞清水湾二期创业投资合伙企业（有限合伙）
2023年3月21日	叮叮鲜食	未披露	未披露	浙江省杭州市西湖区	纳爱斯集团
2023年4月13日	河南农要	A轮	超千万元	河南省郑州市郑州高新技术产业开发区	河南省返乡创业股权投资基金（有限合伙）
2023年4月24日	明波水产	股权融资	未披露	山东省烟台市莱州市	山东省财金投资集团有限公司
2023年4月28日	观麦科技	股权融资	未披露	广东省深圳市龙岗区	青岛中盈晨煦股权投资合伙企业（有限合伙）
2023年5月25日	雪印集团	天使轮	未披露	广东省韶关市武江区	广东省韶关韶农发展基金合伙企业（有限合伙）
2023年7月11日	久农云	并购	未披露	北京市大兴区	保定首瑞企业管理有限公司
2023年7月14日	鼎基石寻龙	天使轮	未披露	贵州省铜仁市江口县	贵州省农业农村现代化发展权投资基金合伙企业（有限合伙）
2023年7月18日	农政齐民	战略融资	未披露	天津市滨海新区	蛮石资本

续 表

融资日期	品牌产品名称	融资轮次	融资金额	所属地区	投资方
2023年7月19日	中菜源	未披露	未披露	北京市朝阳区	北京佳润腾宇商贸有限公司
2023年7月28日	不停科技	A轮	数千万美元	广东省深圳市南山区	光远资本、无锡神骐好汇创业投资合伙企业（有限合伙）、深圳光远数科天使创业投资合伙企业（有限合伙）、Brizan Ventures、XbotPark基金、五源资本、大米创投、知行一号基金、FNOF Excel Merchant Limited、沃依二期有限公司、个人投资者（高秉强）
2023年8月4日	每日优鲜	股权融资	2700万美元	北京市朝阳区	未披露
2023年9月8日	宝田升	战略融资	未披露	江苏省苏州市苏州工业园区	江苏辰升产业投资有限公司
2023年9月12日	福居生科	股权融资	未披露	浙江省杭州市萧山区	浙江自贸区负熵涌现一号创业投资合伙企业（有限合伙）
2023年9月22日	荷特宝	股权融资	未披露	上海市浦东新区	厦门金集未来投资有限公司
2023年10月7日	乐禾食品	F轮	数亿元	广东省广州市白云区	广东省农业供给侧结构性改革基金合伙企业（有限合伙）、和智投资、广州基金、白云金控、粤茂基金
2023年10月20日	锅圈食汇	Pre-IPO	2830万美元	上海市闵行区	恒顺醋业、锦鼎资本管理（深圳）有限公司、欣鑫（香港）有限公司、COFCO Capital Special Opportunity Fund 2 SP
2023年10月31日	数智农业	天使轮	未披露	江西省上饶市广信区	广州市原象私募基金管理有限公司、上饶县千菌农业专业合作社、上饶市广信区绿色产业投资发展有限公司、小蚁大象南京数据科技有限公司

续 表

融资日期	品牌产品名称	融资轮次	融资金额	所属地区	投资方
2023年11月2日	锅圈食汇	IPO	约3.56亿港币	上海市闵行区	公开发行
2023年11月6日	禧侬供应链	未披露	未披露	广东省深圳市罗湖区	深圳慈发弘基控股有限公司
2023年11月13日	时食链	Pre-A轮	未披露	北京市怀柔区	未披露
2023年12月21日	一然生物	战略融资	未披露	河北省石家庄市正定县	君乐宝
2023年12月28日	彩食鲜	战略融资	未披露	陕西省渭南市富平县	榆林能源产业基金
2023年12月7日	有哥供应链	天使轮	未披露	北京市朝阳区	十月稻田、北京金链企业管理咨询有限公司
2023年12月14日	橡鹭科技	股权融资	数千万元	北京市顺义区	京东

数据来源：企查查、公开资料，中物联食材供应链分会整理。

2023年服务赛道融资活动呈现以下特点。

（1）食材供应链综合服务项目受到关注。食材安全和健全供应链产业链是国家重点关注方向，同时随着餐饮市场的整体回暖，餐企对标准化、规范化的供应链服务需求增加。目前，一些大的连锁餐饮企业，如超过500家门店的餐企通过合作种植养殖基地、自建工厂等方式向上游做产业链延伸，但仓储配送网络短时间内难以自建，多采用与社会资源合作的方式来达到目的。而一些中小型餐企，则可通过服务型食材供应链企业的集采集配功能获得更加优质低价的食材原料，并获得标准化的物流服务。食材供应链服务具备较大的发展空间，也吸引到资本市场的关注，而在2023年的投融资活动中，拥有优秀供应链能力、数字化水平以及安全管控能力的企业更受青睐，反映出资本对食材供应链行业数字化转型、技术创新及安全底线的重视，如彩食鲜、时食链等。

（2）技术服务融资项目主要集中在种植养殖技术和数智化技术服务。随着互联网技术、物联网技术、大数据和人工智能在食材供应链领域的深入渗透，技术型服务项目越来越受到资本市场的关注，流通数字化服务商、智慧农业、自动化智能化设备服务商等公司越来越多地进入资本视野。目前看来，这类投融资以早期轮次为主，金额集中在千万元级别，也反映出投资者的谨慎乐观态度。

(三）食材供应链行业整体投融资趋势展望

1. 整合并购趋势加强

2024年行业集中度将会进一步提高，这意味在不同细分领域可能存在进一步的整合与并购活动，旨在强化产业链优势，扩大市场份额，提高市场竞争力。投资机构可能更加倾向于支持具有整合能力，能够实现上下游资源协同、优化产业结构的企业。

2. 食品安全与标准化关注度提升

随着消费者对食品安全和品质要求的提高，食材供应链中的技术研发、检测认证、溯源体系等相关服务项目将受到更多关注。投资方会倾向于投资那些能够提供安全保障、提升食材供应链透明度的技术型企业。

3. 餐饮食材供应链服务需求旺盛

随着餐饮连锁化率的进一步提升和行业的规范化发展，食材配送、一站式餐饮解决方案等服务型公司将借助供应链能力、数字化技术为餐饮企业提升效率、降低成本，预计将吸引更多投资。

4. 新质生产力赛道或成潜在价值高地

随着"新质生产力"的爆火，食材供应链行业中聚焦该赛道的项目将愈加受到关注。创新是发展新质生产力的核心要素，生物技术、智能装备、食品安全安检测、数字化等关键技术领域在未来将成为投资的热点领域，创造新的投资高地。

综合来看，2024年食材供应链的投融资将围绕产业链整合、技术创新、食品安全、数字化转型等方面展开，同时，资本也将更加理性，注重投资对象的长期价值创造和抗风险能力。

三、居民消费情况

（一）居民消费水平

随着国民经济水平的提升，我国居民消费水平整体稳步提升，但消费习惯更加理性和保守。2023年，全国居民人均可支配收入39218元，比上年名义增长6.3%，扣除价格因素，实际增长6.1%。其中，城镇居民人均可支配收入51821元，名义增长5.1%，扣除价格因素，实际增长4.8%；农村居民人均可支配收入21691元，增长7.7%，扣除价格因素，实际增长7.6%。

2023年，我国居民人均消费支出为26796元，占人均可支配收入的比例为68.3%，高于疫情期间的平均水平、但尚未恢复到疫情前（见图1-6）。

图 1-6　2013—2023 年居民人均消费情况

数据来源：国家统计局，中物联食材供应链分会绘制。

从消费者信心指数的变化情况看，2023 年我国消费者信心指数在 3 月达到年内高点后从 4 月份起持续呈低位状态，也反映出消费者对未来的担忧（见图 1-7）。外部环境的不确定性、收入预期的不稳定性在较大程度上抑制了居民的消费欲望。

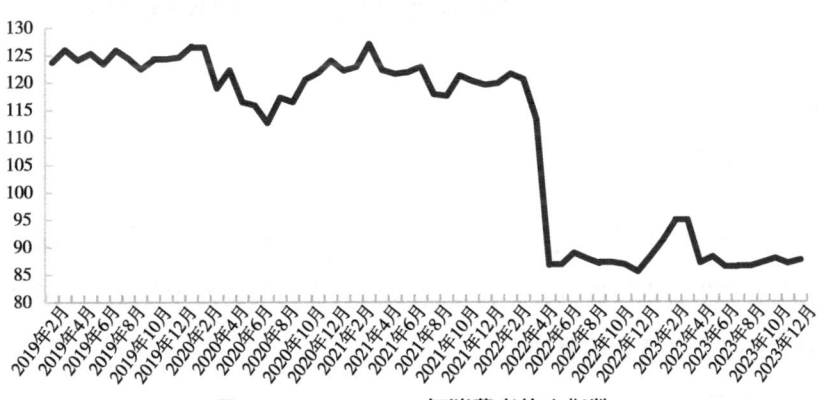

图 1-7　2019—2023 年消费者信心指数

数据来源：国家统计局、东方财富网，中物联食材供应链分会绘制。

（二）居民消费结构

2023 年，居民人均食品烟酒支出为 7983 元，较 2022 年的 7481 元增长 6.7%，占人均消费支出的比重为 29.8%，较 2022 年的 30.5% 下降了 0.7 个百分点，与 2021 年持平（见图 1-8）。根据《中国住户统计年鉴》相关数据，在人均食品烟酒支出中，食品类消费支出平均占比为 67% 左右，其中约有 97% 为食材消费。人均食品烟酒支出的提高也推动了食材的有效消费。

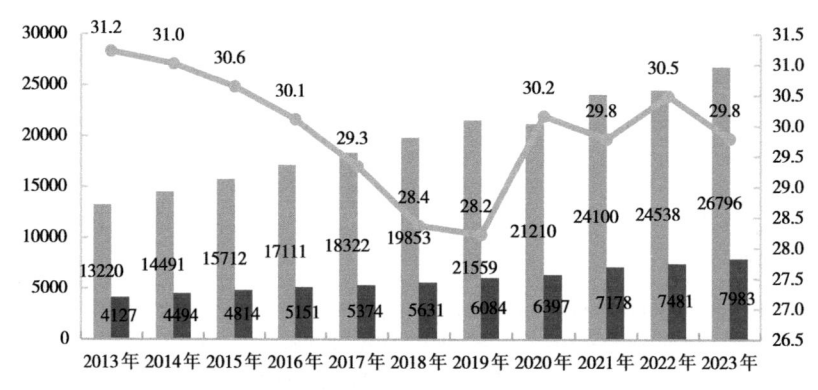

图 1-8　2013—2023 年居民食品烟酒消费支出情况

数据来源：国家统计局，中物联食材供应链分会绘制。

第三节　食材供应链行业社会环境分析

一、人口结构

2023年，我国人口数量持续下降、老龄化率持续提升，人口发展的新常态对食材行业的发展产生着重要影响，不仅使得食材消费的结构发生变化，也会在一定程度上弱削了食材消费增长的驱动力。

（一）人口数量变化

我国人口已连续两年呈现负增长，2023年全国总人口为140967万人，比2022年末减少了208万人，人口数量显著缩减。在新生人口方面，2023年，我国新出生人口902万人，同比减少5.6%（见图1-9）。我国正在进入一个人口结构深度调整的新阶段，人口红利消退、劳动力市场紧张以及消费需求后劲不足等一系列问题显现，食材供应链行业发展面临不小的挑战。

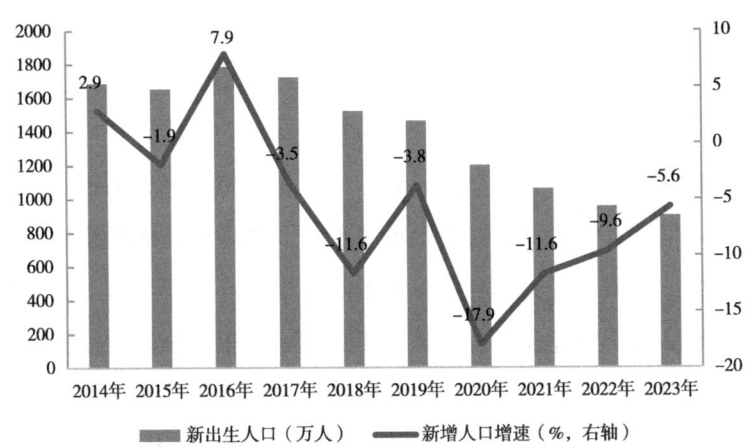

图 1-9　2014—2023 年新出生人口数量及增速

数据来源：国家统计局，中物联食材供应链分会绘制。

（二）年龄结构变化

我国正经历着前所未有的人口老龄化浪潮，2023 年，我国 65 岁及以上人口达到 2.97 亿人，占全国人口总数的 21.07%，标志着我国已步入中度老龄化社会（见图 1-10）。这不仅仅是单纯的数字增长，更是我国经济社会发展进程中的一大转折点，对我国的诸多领域带来了深刻而广泛的挑战与机遇，其中也包括食材供应链行业。

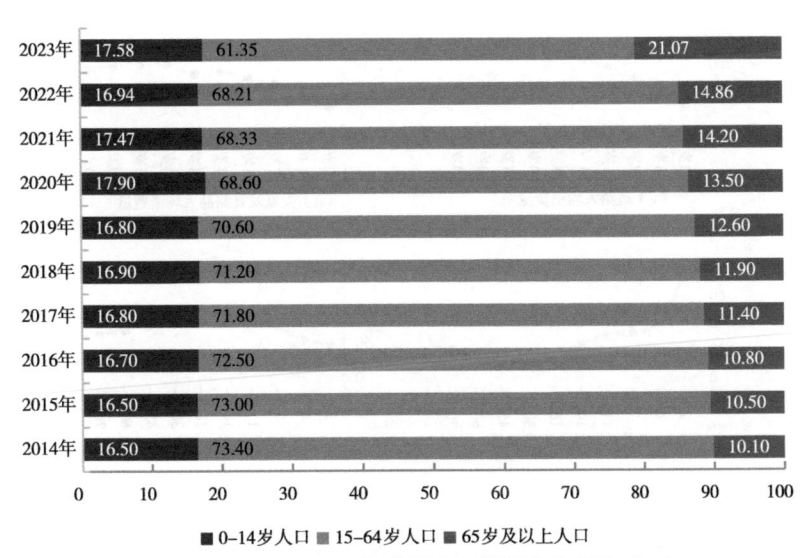

图 1-10　2014—2023 年我国人口年龄变化趋势（%）

数据来源：国家统计局，中物联食材供应链分会绘制。

(三) 人口结构变化对食材消费的影响

1. 食材消费结构变化

年龄结构的变化也促使食材消费呈现出新的特征。首先，不同年龄群体对各类食材的消费量存在较大差异。谷物、蔬菜、水产品和畜禽肉类的消费会随着年龄增加而下降，大体呈现青年阶段食物消费水平较高，进入中、老年阶段后消费水平下降的特点。豆类、水果、蛋类的消费在老年阶段呈现与中年相当、持平的趋势。在老年阶段，奶制品的消费呈现增长趋势。其次，不同年龄群体对食材的需求点也不尽相同。婴幼儿时期，品质和营养是对食材的第一要求；儿童及少年更为关注食材的感官价值，风味是第一决策因素，针对这一群体的食材往往在适口性上更加突出；成年是最具消费主动性的群体，营养、健康、风味、产品的故事性都将影响其决策；老年群体在身体机能不断下降的情况下，其在心理和生理上都有迫切的需求，健康性的产品对他们有更大的吸引力（见图1-11）。

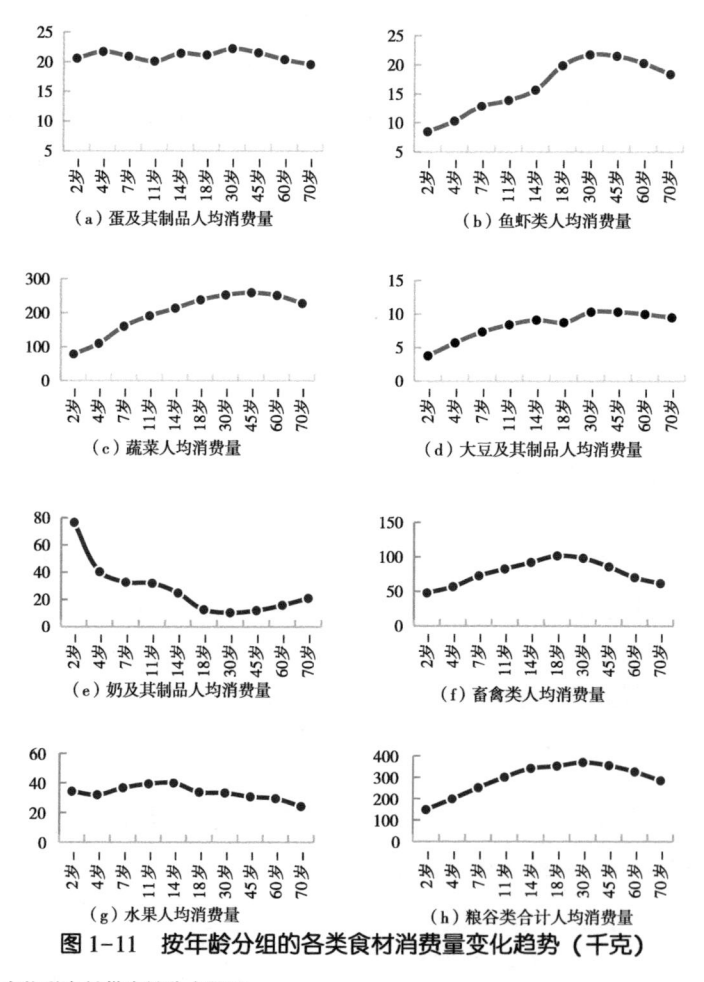

图 1-11 按年龄分组的各类食材消费量变化趋势（千克）

数据来源：中物联食材供应链分会整理。

预计到 21 世纪中叶，我国老年人口数量将达到峰值 5.2 亿人，老龄化水平超过 40%。老龄化社会中，老年人口对食材的需求特性发生变化，将推动豆类、水果、蛋类、奶制品的消费增长。同时，他们更注重健康养生，对食材的营养价值、口感软硬度、易咀嚼性、无添加或少添加等有更高的要求。食材企业需要研发更适合老年人群的产品，比如低脂低糖食品、易于消化吸收的食材，以及富含微量元素和膳食纤维的健康食材。

2. 食材消费规模增长乏力

整体人口数量的减少意味着潜在消费者基数的减小，这会在一定程度上抑制食材市场的总体需求增长速度。此外，老龄化社会中，家庭小型化和空巢现象增多，可能导致家庭烹饪活动减少，间接影响食材消费的数量和频率。

二、城镇化

（一）城镇化水平现状

根据国家统计局数据，2023 年我国城镇常住人口 93267 万人、农村常住人口 47700 万人，常住人口城镇化率为 66.2%，城镇化增速较疫情期间有所回升（见图 1-12）。

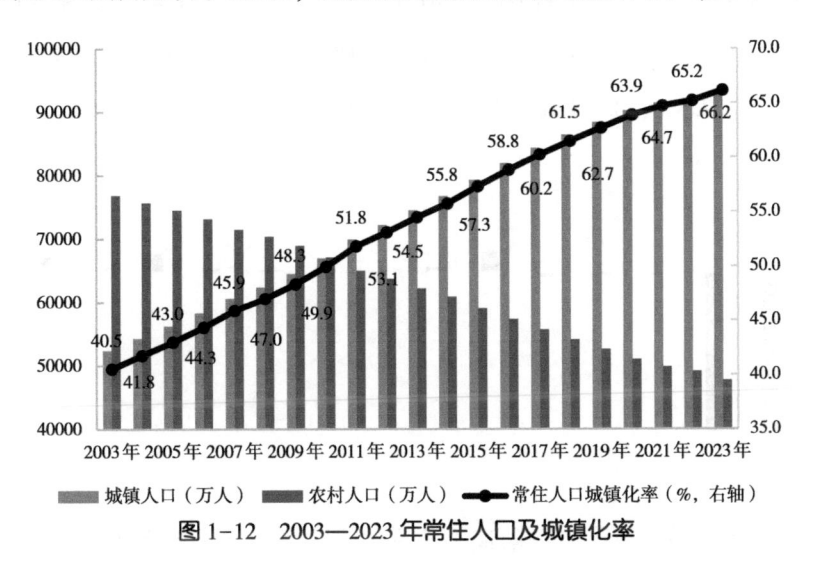

图 1-12 2003—2023 年常住人口及城镇化率

数据来源：国家统计局。

（二）城镇化发展对食材消费的影响

从主要品种食材消费来看，2022 年全国居民人均粮食（原粮）、谷物、食用油消费量下降，而蔬菜及食用菌、肉类、禽类、水产品、蛋类、奶类、鲜瓜果消费量增加，食糖消费量基本保持不变。其中，2022 年较 2013 年增加量较大的是牛肉、蛋类，分别增长了67%和65%。此外，农村居民在蔬菜及食用菌、肉类、水产品、蛋类以及奶类、鲜瓜果类的消费增长率均高于城市居民（见图1-13）。

	粮食（原粮）	谷物	薯类	豆类	食用油	蔬菜及食用菌	肉类	猪肉	牛肉	羊肉	禽类	水产品	蛋类	奶类	鲜瓜果	食糖
全国人均消费增长	–0	–1	17	37	–0	11	35	36	67	56	63	34	65	6	45	0
城镇人均消费增长	–0	–0	37	14	–1	7	24	27	45	36	47	16	47	–1	27	–2
农村人均消费增长	–0	–1	11	80	5	15	50	47	1	86	84	62	87	47	72	25

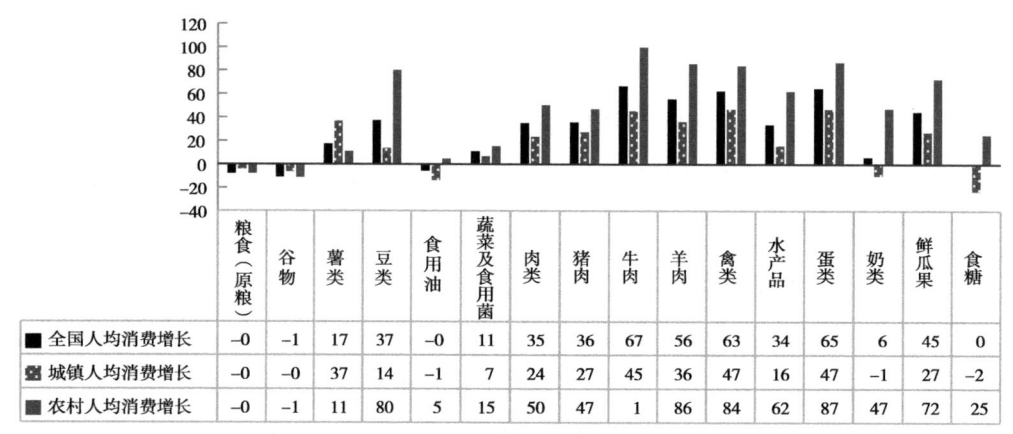

图1-13　2022年较2013年我国城镇和农村居民各类食材人均消费量增长变化（%）

数据来源：中物联食材供应链分会整理。

从城乡消费差距来看，城乡居民食材消费结构差异不断缩小。其中，人均粮食（原粮）消费差距由57.2千克下降为48.4千克，蔬菜及食用菌消费差距由13.2千克下降为6.3千克，肉类消费差距由6.1千克下降为1.5千克，奶类消费差距由11.4千克下降为7.0千克，鲜瓜果消费差距由20.5千克下降为13.8千克（见图1-14）。与此同时，粮食（原粮）、动物性产品、蔬菜瓜果消费量占食物总消费量比重的城乡差距分别由16.7%、7.8%、8.7%减少为10.8%、4.6%、6.6%（见图1-15）。

	粮食（原粮）	谷物	薯类	豆类	食用油	蔬菜及食用菌	肉类	猪肉	牛肉	羊肉	禽类	水产品	蛋类	奶类	鲜瓜果	食糖
2013年	–57.2	–59.2	–0.8	2.8	0.6	13.2	6.1	1.3	1.4	0.4	1.9	7.4	2.4	11.4	20.5	0.1
2022年	–48.4	–47.2	–0.4	–0.8	–1.4	6.3	1.5	–2.1	1.6	0.2	0.5	5.5	0.7	7.0	13.8	–0.5

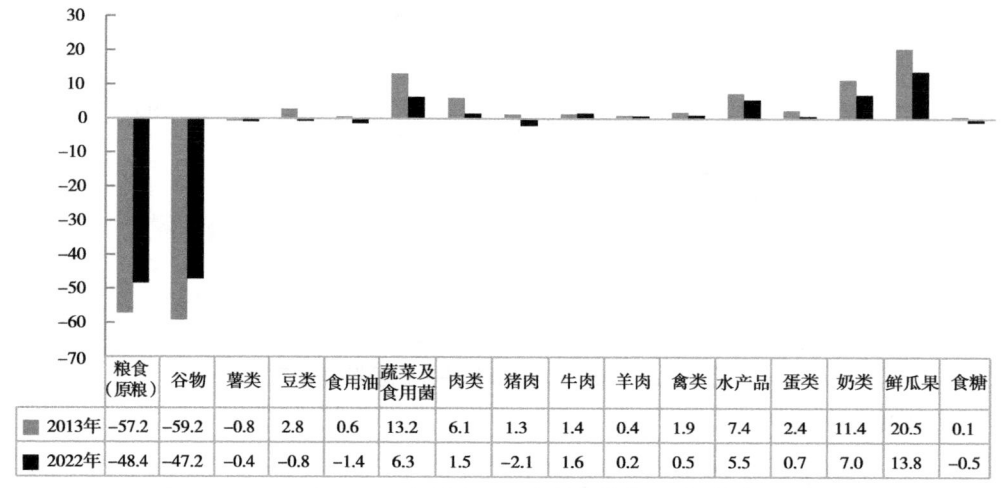

图1-14　2013年、2022年城乡居民各品类消费量差距变化（千克）

数据来源：中物联食材供应链分会整理。

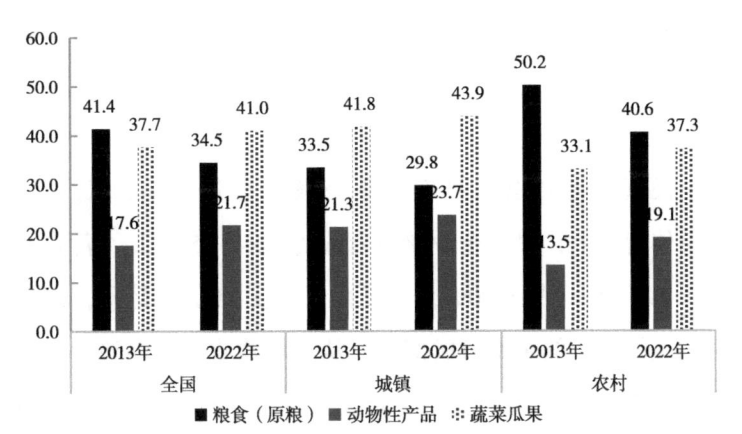

图 1-15　2013 年、2022 年粮食（原粮）、动物性产品、蔬菜瓜果消费量占比（%）

数据来源：中物联食材供应链分会整理。

第四节　食材供应链重点调研企业分析

一、基本情况

中物联食材供应链分会根据企业营收、利润、供应链建设等信息选取了我国食材供应链行业 100 家重点企业进行统计调研和多维度的分析，客观展示了我国食材供应链企业的发展与成长情况。

（一）地域发展

2023 年，中物联食材供应链分会重点调研的食材供应链企业（注册地）集中分布在我国中东部地区，围绕食材主要销地进行布局。其中，北京、上海、深圳是分布数量最多的 3 个城市，分别为 14 个、14 个、10 个。从省份来看，广东是分布数量最多的省份，达到 22 个，且是 10 亿元及以上企业数量最多的省份，达到 9 个，占比为 32%。从城市等级来看，一线和新一线的企业数量最多，分别是 47 个和 35 个，整体占比高达 82%。

从近 3 年各地区企业数量来看，重点调研企业中，中部地区省份企业数量呈逐年递增态势，华北地区、西南地区、东北地区呈走低态势，华南地区、华东地区发展较为平稳。

其中，中部地区食材供应链发展速度较快，不仅企业数量增加，且企业总营收增长幅度巨大。2023 年，中部地区重点调研企业数量为 20 家，较 2022 年增长

43%，总营收 421.09 亿元，是 2022 年的 3 倍有余，其中，湖北农发集团和安徽菜大师营收较高，拉升了整体水平。

(二) 企业性质

从数量上，民营企业 72 家，国有企业 18 家，合资企业 5 家，外资企业 1 家，其他 4 家。从总体营收上，民营企业整体营收为 1047.25 亿元，营收占比 50%，国有企业营收 637.99 亿元，占比 30%，合资企业营收 355.68 亿元，占比 17%，民营企业仍是食材供应链行业的主要组成部分。从平均营收上，港澳台合资企业的平均营收最高，为 110.56 亿元，其次为国有企业，为 35.44 亿元。整体呈现出民营企业小而散、集中度较低，港澳台合资企业、国有企业集中度较高的状态。重点调研企业名单见表 1-6。

表 1-6 2023 年重点调研企业汇总

序号	企业全称
1	上海壹佰米网络科技有限公司
2	北京云杉信息技术有限公司
3	天津小蚁科技有限公司
4	厦门建发食品供应链有限公司
5	湖北农业发展集团有限公司
6	北京首农供应链管理有限公司
7	乐禾食品集团股份有限公司
8	望家欢农产品集团有限公司
9	锅圈食品（上海）股份有限公司
10	永辉彩食鲜发展有限公司
11	宏鸿农产品集团有限公司
12	深圳市德保膳食管理有限公司
13	索迪斯（中国）企业管理服务有限公司
14	蜀海（北京）供应链管理有限公司
15	太原优鲜多歌供应链有限公司
16	广东中膳金勺子食品集团有限公司
17	广东中膳健康产业科技有限公司
18	北京中润长江食品有限公司
19	安徽菜大师农业控股集团有限公司
20	上海六和勤强食品有限公司

续表

序号	企业全称
21	福州华瑞供应链管理有限公司
22	四川集鲜数智供应链科技有限公司
23	广东新又好集团有限公司
24	中农现代投资股份有限公司
25	深圳市深农厨房有限公司
26	湖南红星盛业食品股份有限公司
27	蓬莱京鲁渔业有限公司
28	重庆重报电商物流有限公司
29	粤旺农业集团有限公司
30	上海沪鑫餐饮管理有限公司
31	上海中腾食品科技有限公司
32	北京谷香源供应链管理有限公司
33	武汉良之隆食材股份有限公司
34	东莞市鸿骏膳食管理有限公司
35	广州农产国际供应链有限公司
36	深圳市东旭餐饮管理有限公司
37	南京梅花餐饮管理有限公司
38	罗邦（北京）商业管理有限公司
39	好来客食品集团有限公司
40	上海田野农产品配送集团有限公司
41	济南维尔康实业集团有限公司
42	青岛飞熊领鲜科技有限公司
43	深圳丰朗供应链有限公司
44	安徽百大合家康农产品加工配送有限公司
45	深圳市九州丰和食品有限公司
46	鑫鑫农业集团有限公司
47	满座儿餐饮服务（北京）有限公司
48	湖北鼎云科技供应链管理有限公司
49	湖南鲜之源供应链管理有限公司
50	上海一片天餐饮管理股份有限公司
51	江苏雨润菜篮子电子商务有限公司
52	南京丰浩华食品供应链管理有限公司

续表

序号	企业全称
53	武汉中百大厨房供应链有限公司
54	广州越秀生鲜食品有限公司
55	利思客（天津）食品科技有限公司
56	广州优链云供应链管理有限公司
57	江苏惠升农业集团有限公司
58	北京慧达通泰供应链管理有限公司
59	河南重本农产品有限公司
60	北京中农食迅供应链管理有限公司
61	武汉金丰绿源农业有限公司
62	扬州冶春食品生产配送股份有限公司
63	湖南范小菜农业发展有限公司
64	北京兴迈隆商贸有限公司
65	上海亦芙德供应链管理有限公司
66	江西巴夫洛供应链有限公司
67	上农农业科技江苏股份有限公司
68	南宁威链云产业园运营管理服务有限公司
69	广州市宝隆饮食管理服务有限公司
70	北京康安利丰农业有限公司
71	成都益民生鲜供应链有限公司
72	浙江盈通餐饮有限公司
73	四川九洲昌隆农业有限公司
74	哈尔滨富格贸易有限公司
75	上海大简农业科技有限公司
76	中牧（天津）国际贸易有限公司
77	成都优菜餐饮管理服务有限公司
78	湖南一心团膳餐饮管理有限公司
79	深圳市欣惠餐饮管理有限公司
80	江西菜东家农业发展有限公司
81	北京红山果商业管理有限公司
82	山东盛宇健康产业集团有限公司
83	上海绿鲜多实业有限公司
84	上海恒之鲜餐饮配送集团有限公司
85	全日（武汉）供应链管理有限公司

续 表

序号	企业全称
86	广东吉海湾生态科技有限公司
87	安华骏业食品科技（深圳）有限公司
88	宁波市甬教餐饮服务有限公司
89	景德镇陶欣食品管理有限公司
90	河南华源供应链有限公司
91	湖北金华油牡丹农业科技开发有限公司
92	华喜汇通（天津）供应链集团有限公司
93	重庆交运优链云食城供应链有限公司
94	浙江蓝鲸供应链管理有限公司
95	上海华博供应链管理有限公司
96	北京鲜速达农业科技有限公司
97	安徽大佳一餐饮管理有限公司
98	优侬农（上海）供应链科技有限公司
99	鼎丰膳供应链管理有限责任公司
100	河南咪哆索供应链有限公司

二、重点调研企业经营分析

（一）营收分析

2023年，食材供应链重点调研企业整体规模为2112.96亿元，较2022年增长约30.1%，市场占比约3.46%，较2022年有小幅提升，但整体规模占比不高，市场集中度低，企业小而散，缺乏真正的龙头型企业的行业现状仍未有较明显改变（见图1-16）。其中，前十企业的总营收为1344.44亿元，较2022年增加30.5%，占比为63.6%，较2022年增加0.2个百分点，集中度有所提升。前三十企业总营收为1813.02亿元，较2022年增长27.2%，但累计占比较2022年下降了1.9个百分点。前十企业以全国型业务为主，仅有2家为区域型业务的企业。随着餐饮市场的复苏和餐饮连锁化率的提升，餐饮企业愈发重视供应链建设，中小型连锁餐饮品牌更加倾向选择专业的食材供应链企业为其服务，需求的增加、市场的扩容吸引众多新入局者。食材供应链行业进入壁垒不高，市场竞争相对激烈也是市场集中度低的一个原因。企业间通过横向兼并能够快速扩充体量，但目前食材供应链企业更偏向于纵向的延伸，横向兼并不多。

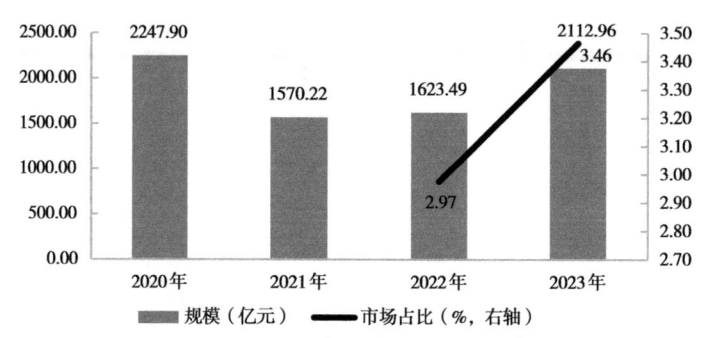

图 1-16　2020—2023 年重点调研企业总营收规模

数据来源：中物联食材供应链分会。

从单个企业的营收来看，2023 年食材供应链重点调研企业年营收主要分布在 50 亿元以下区间，其中，营收在 1 亿~5 亿元区间的企业数量最多，为 43 家，其次是 10 亿~50 亿元区间，为 17 家。2023 年，营收在亿元以上的企业数量为 83 家，较 2022 年减少 5 家，但营收占比仅降低 0.04 个百分点，企业规模化程度有所提高。从收入类型来看，重点调研企业商流收入占比为 80.2%、物流收入占比为 10.3%、其他业务收入占比为 9.2%，均较 2022 年有较大变化。商流收入占比下降与餐饮企业纷纷自建供应链有一定的关系，伴随着这一变化，部分食材供应链企业开始调整业务重心，着力打造物流仓配能力护城河。

区域型企业（服务范围小于等于 3 个区域的企业）营收主要位于 5 亿元以下区间，而全国型企业（服务范围大于 3 个区域的企业）的营收则主要位于 5 亿元及以上区间，主要原因在于全国型企业的业务辐射范围广，有利于增加营收（见图 1-17）。同时，我们欣喜地看到，虽然区域型企业中整体腰部企业数量较多，但是从位于不同营收区间的企业数量看，区域型企业已经跑出一些区域性头部企业。

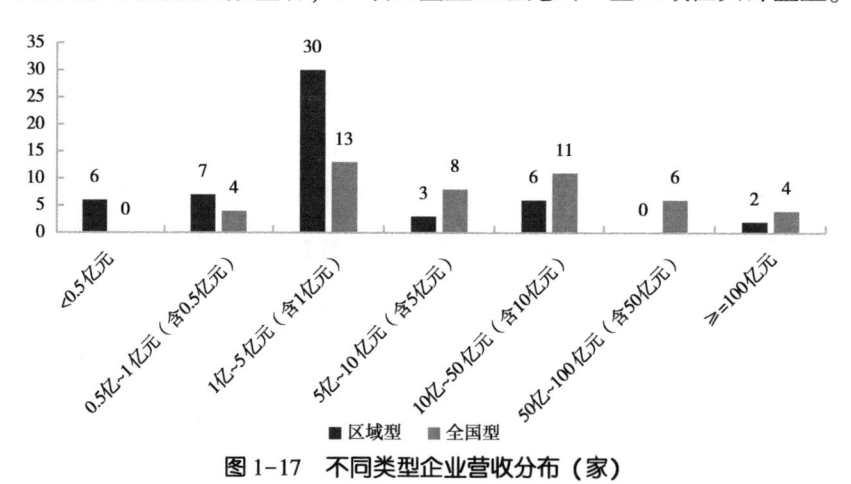

图 1-17　不同类型企业营收分布（家）

数据来源：中物联食材供应链分会。

从盈利能力来看，重点调研企业平均净利为3.13%，较2022年的3.46%、2021年的4.05%有小幅下降。其中，有89.2%的企业盈利，较2022年增加4.3个百分点，微观企业盈利能力持续提升，但行业整体的利润水平呈下降趋势，与市场环境、消费习惯的变化不无关系。其中，前十企业平均利润率1.5%，低于重点调研企业的平均利润率，主要以规模取胜，前11~50的企业有一定的议价权，平均利润率较高，在4%以上。其余的企业利润率降低，这类企业议价能力相对较弱，利润率也相对较低。

(二) 业务布局

重点调研企业业务主要围绕食材供应链、团餐供应链、食材B2B（企业对企业）交易平台、食材进出口等几个方向开展。其中，单业务形态的企业47家，多业务形态的企业53家，这也反映出在不确定性增加的环境下，企业更倾向于抓住确定性、聚焦在专一领域深耕。

2023年，重点调研企业以区域型为主，占比为54%，虽然目前全国型企业占比较少，但随着未来餐饮连锁化率的进一步提升，定会带动一批全国性供应链企业的涌现和成长。对比同一企业2022年和2023年的业务范围，有20%的企业业务扩张，服务范围增加，有12.7%的企业进入业务收缩期，服务范围减少。

从企业业务覆盖范围看，服务华东、华北、华中和华南地区的食材供应链企业较多，这些地区消费力较强，能够有效拉动食材供应链企业的业务增长。对比2022年，2023年服务全国各区域的食材供应链企业数量均有较大比例的增长，整体来看，2023年行业扩张速度较快。

(三) 供应链体系建设

1. 采购端

2023年有85%的调研企业采用多种采购模式，只有15%的企业采用单一的采购模式，采购模式的多样化有助于稳定食材供应，但相应的管理复杂度提升。2023年，调研企业中，国内基地直采模式的渗透率最高，已超过传统的与贸易商合作的采购方式。直采模式能够缩短供应链链条，无论是商流不变物流缩短，还是商流物流链条均缩短，都有助于降低采购和流通成本。

同时，越来越多的食材供应链企业将业务向上游延伸，直接对接产地和工厂。以团餐供应链企业为例，根据中物联食材供应链分会调研，有30%~60%的食材品类采用基地直采的模式。2023年调研企业自有基地的面积约24.53万亩、合作基地的面积278.22万亩，总面积超300万亩。自有种植养殖基地和合作种植养殖基地一方面有助于缩短供应链条，另一方面对于稳定食材源头供应、保证食材品质有重要作用。而根据2022年和2023年数据对比，越来越多的食材供应链企业选择自建基地（见图1-18）。

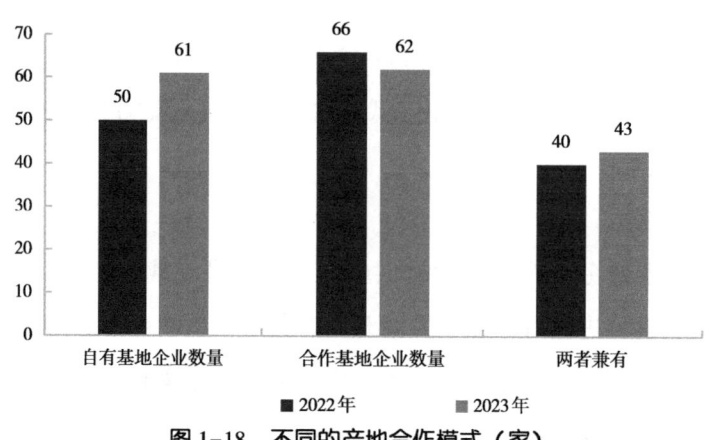

图1-18　不同的产地合作模式（家）

数据来源：中物联食材供应链分会。

2. 加工端

2023年重点调研企业共拥有商品处理中心超800个（剔除不可用数据）。为满足全国布局的需求，整体来看，全国型企业的商品处理中心数量比区域型企业的商品处理中心数量要多。

中物联食材供应链分会抽取117个商品处理中心样本进行分析，样本商品处理中心的平均占地面积约1.86万平方米，平均日处理能力356吨，平均员工155人，平均人效4.83吨/天。不同的处理中心人效差距较大，这也与处理工艺、设备设施的自动化程度相关。

从功能分布上，我国食材供应链企业的商品处理中心功能愈加丰富，有82.9%的商品处理中心具备食品安全溯源体系，有81.2%的商品处理中心具备初加工或深加工能力，而仅有51.3%的商品处理中心具备垃圾处理能力，环境保护的意识有待进一步提高（见图1-19）。

第一章　2023年食材供应链行业宏观环境分析

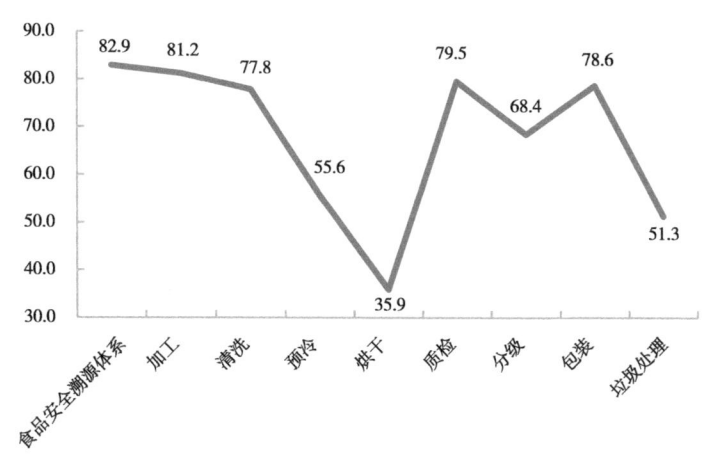

图 1-19　商品处理中心功能分布（%）

数据来源：中物联食材供应链分会。

3. 基础设施端

重点调研企业拥有的"自有+外协"温控车保有量为65480台（见图1-20），占2023年温控车保有总量的15.2%，较2022年提升约2个百分点。不同车型中占比最高的是轻型车，为49.1%，其次是中型车，占比为22.5%。这也与食材供应链企业的业务形态相关，城市配送和区域内支线运输是常规运输方式。

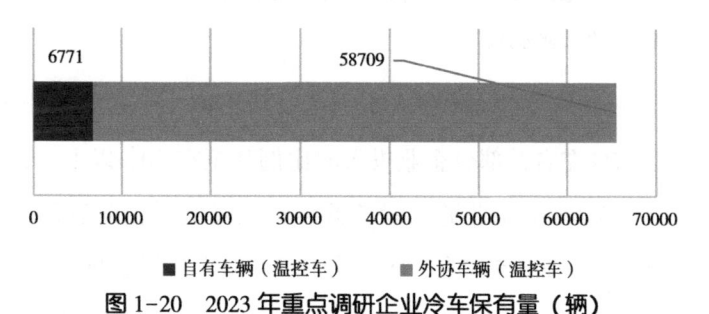

图 1-20　2023年重点调研企业冷车保有量（辆）

数据来源：中物联食材供应链分会。

冷藏库、冷冻库、常温库库存总容量为436.23万吨（占比情况见图1-21），占2023年冷库容量的11.5%，较2022年有大幅提升。其中，54%的仓库为企业自建，46%的仓库为企业租赁，自建仓储作为一种重资产投入也反映出企业对于基础设施的重视。

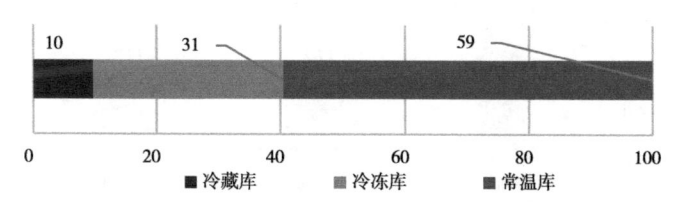

图 1-21　2023年重点调研企业不同类型仓储容量占比（%）

数据来源：中物联食材供应链分会。

三、绿色低碳转型

伴随双碳战略目标的制定，越来越多有社会责任感的企业加入绿色低碳转型的行动，2023 年重点调研企业中已经有 59 家企业率先开始探索绿色低碳发展路径。其中，41 家企业应用了新能源车，38 家企业采用节能照明，25 家企业使用了更清洁的环保制冷剂，29 家企业替换了清洁能源，28 家企业应用了绿色包装，10 家企业购买绿电（见图 1-22）。

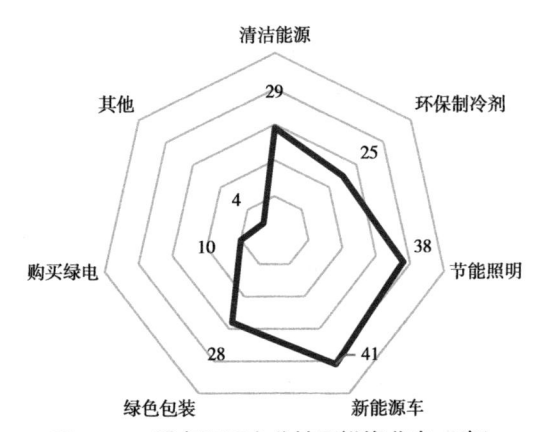

图 1-22　重点调研企业转型措施分布（家）

数据来源：中物联食材供应链分会。

目前，企业在低碳转型的成本投入上力度有所不同，平均的低碳转型投入成本占企业营业成本的 7% 左右，部分企业投入的比例甚至在 30% 以上，整改力度极大。通过调研发现，有 65.5% 的企业通过绿色低碳转型降低了企业运营成本（见图 1-23），降低的比例平均在 2.6% 左右，大部分在 2% 以下。绿色低碳转型既能彰显企业社会责任，也可以提高企业盈利能力，对于大多数企业而言是有意义的尝试。

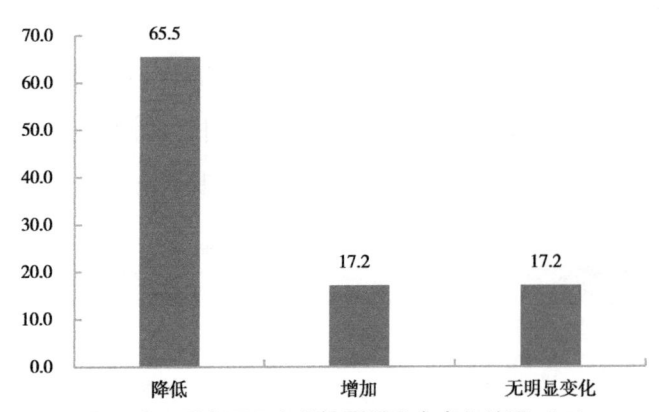

图 1-23　重点调研企业转型后成本变化情况（%）

数据来源：中物联食材供应链分会。

第二章
2023 年食材供应链行业发展情况分析

　　本章详细探讨了食材供应链上、中、下游各环节的发展现状，包括食材生产、加工、流通、消费和进出口，披露行业规模数据，揭示供需变化、价格波动与供应链的新特征，同时识别机遇与挑战，研判发展趋势，帮助从业者把握市场脉搏。第一节对食材产地的发展情况进行了分析，内容涉及主要食材品类的产量规模、产地所面临的问题及其发展趋势。第二节则重点梳理了我国食材加工行业的当前状态、存在的问题及未来可能的行业走向。第三节分析了国内食材流通的有利因素、现状及所面对的挑战，并对未来发展进行了预测。第四节从餐饮和零售两个消费维度出发，细致分析了食材消费端的现状、问题和趋势。第五节系统剖析了我国食材进口和出口的相关政策，整理分析了食材进出口的规模数据，并结合长期的行业观察，预测了进出口贸易的发展趋势。

第一节 食材产地情况分析

一、食材产量及规模

2023年，我国农产品生产能力稳步提升，重点食材产量有所提高，产量的提高也推动了初级食材市场规模的进一步扩张。2023年，初级食材市场规模达到7.04万亿元，同比增长7.59%。

（一）食材产量逐年提高

2023年全国粮食总产量69540.99万吨，比上年增加887.99万吨，增长1.3%。蔬菜产量82868.11万吨，比上年增长3.6%。水果产量32744.28万吨，比上年增长4.6%。肉类产量9748.23万吨，比上年增长4.5%。全年水产品总产量7116.24万吨，比上年增长3.6%。牛奶产量4196.65万吨，增长6.7%。禽蛋产量3562.99万吨，增长3.1%（见图2-1）。

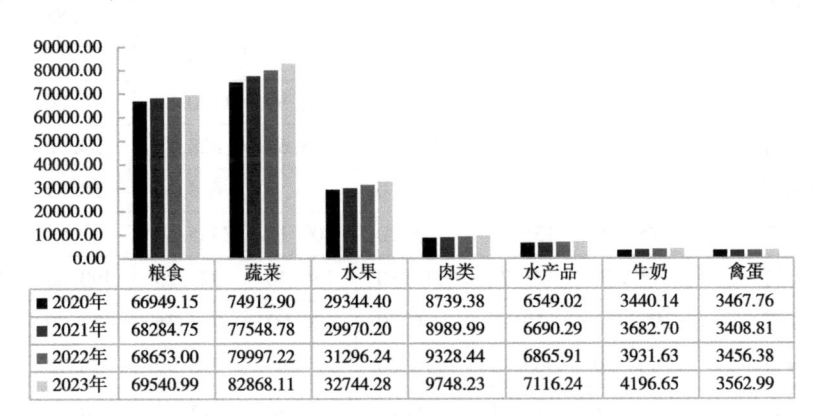

	粮食	蔬菜	水果	肉类	水产品	牛奶	禽蛋
2020年	66949.15	74912.90	29344.40	8739.38	6549.02	3440.14	3467.76
2021年	68284.75	77548.78	29970.20	8989.99	6690.29	3682.70	3408.81
2022年	68653.00	79997.22	31296.24	9328.44	6865.91	3931.63	3456.38
2023年	69540.99	82868.11	32744.28	9748.23	7116.24	4196.65	3562.99

图2-1 2020—2023年重点食材产量（万吨）

数据来源：国家统计局，中物联食材供应链分会绘制。

中物联食材供应链分会根据各省、直辖市、自治区已披露数据整理2023年主要食材产量，如表2-1所示。从已经披露的数据来看，黑龙江省稳坐粮食产量的"头把交椅"，为1557.64亿斤，折合7788.20万吨，占全国粮食总产量的11.2%，连续14年位居全国第一。对于蔬菜类，山东省仍是第一种植大省，蔬菜产量9272.40万吨，对比2022年增长2.5%。对于肉类，山东省产量最高，为910.09万吨，占比达9.4%。对于禽蛋类，山东省赶超河南省重返全国产量第一的位置，为462.20万吨，占全国总产量的 13.0%。对于牛奶类，内蒙古自治区 2023 年牛奶产量 792.60 万吨，同比增长 8%，连续 6 年保持增长，已接近 2015 年 803.20 万吨的水平。对于水果类，广西壮族自治区仍是全国水果第一大区（省），瓜果产量达 3232.59 万吨，水果产量超 3500 万吨。对于水产品类，广东省 2023 年水产品产量 923.85 万吨，同比增长 3.3%，产量位居全国首位。

表 2-1 2023 年各省份主要食材产量表（万吨）

省份	蔬菜（含食用菌）	肉类	禽蛋	牛奶	水果	水产品	粮食
山东省	9272.40	910.09	462.20	318.10	3208.20	876.80	5655.30
河南省	8045.56	679.15	441.19	237.47	2561.65	—	6624.27
江苏省	6135.60	331.72	235.30	72.90	1015.20	517.80	3797.50
河北省	5498.50	495.01	404.60	571.90	1563.25	—	3809.90
四川省	5417.90	697.09	181.12	72.00	1490.35	178.90	3593.80
湖北省	4502.71	457.91	216.25	—	1191.48	522.79	2777.04
湖南省	4488.81	582.59	579.70	7.80	1266.09	285.90	3068.00
广西壮族自治区	4425.03	478.94	33.36	13.79	3553.21	376.99	1395.36
广东省	4099.30	507.46	49.90	—	2127.79	923.85	1285.19
贵州省	3469.97	246.88	—	—	756.67	—	—
云南省	2960.83	536.06	46.56	72.59	1380.88	70.20	1974.00
安徽省	2630.10	497.10	206.30	53.60	828.80	254.00	4150.80
重庆市	2362.01	215.82	53.10	—	645.93	58.89	1095.90
陕西省	2151.20	135.66	65.20	109.10	2335.53	—	1323.66
辽宁省	2139.70	473.71	311.80	135.40	928.25	490.60	2563.40
浙江省	1992.51	119.90	36.30	20.90	733.36	677.00	639.00
江西省	1860.90	369.07	73.20	—	798.99	296.70	2198.30
福建省	1804.78	311.41	69.13	24.90	914.34	890.20	510.97
甘肃省	1822.60	157.44	23.50	101.80	1043.95	—	1272.90
新疆维吾尔自治区	2074.23	222.62	39.86	232.83	1733.76	18.39	2119.16
内蒙古自治区	1097.14	291.24	67.20	792.60	213.26	—	3957.80
山西省	1065.90	154.99	126.70	147.10	1082.78	5.50	1478.10
黑龙江省	870.47	328.48	—	—	188.93	—	7788.20
海南省	632.90	76.38	7.11	—	592.60	177.24	147.00
宁夏回族自治区	527.92	41.41	—	430.63	310.53	—	378.80
吉林省	540.05	309.43	95.75	30.83	157.23	25.53	4186.50
上海市	250.63	12.16	—	30.68	31.67	27.32	101.86

续 表

省份	蔬菜（含食用菌）	肉类	禽蛋	牛奶	水果	水产品	粮食
天津市	253.75	31.51	23.17	54.12	42.34	—	255.73
北京市	207.50	4.23	—	—	41.77	—	47.80
青海省	158.49	41.40	1.73	33.72	2.45	1.90	116.23
西藏自治区	88.39	31.34	—	—	3.13	—	108.87

数据来源：国家统计局、各省统计公报、农业农村厅。

1. 粮食生产

目前，我国粮食生产呈现出区域化和规模化特征。从地域上看，我国的粮食主产区主要分布在北部和中部地区，尤以北部地区为主，包括东北地区的松嫩平原、三江平原，华北地区的黄淮海平原，华中的江汉平原、洞庭湖平原、鄱阳湖平原、太湖平原，以及长江流域的四川盆地和华南地区的珠江三角洲等。如，我国的水稻种植主要分布在东北三省、长江中下游地区和珠江流域，形成了东北粳稻区、长江流域籼稻区和华南双季稻区三大稻作区。再如，玉米种植集中在东北、华北和西南地区。同时，随着农业现代化进程的推进，我国粮食生产逐渐从传统的分散模式向规模化、集约化转变，粮食作物布局不断优化，高产高效作物的种植面积扩大。

伴随着粮食生产格局的不断调整和演进，我国粮食生产潜力进一步释放。2023年，我国粮食产量69541.0万吨，增长1.3%，保持小幅增长态势（见图2-2）。2023年，粮食产量提升得益于播种面积的增加及单位面积产量的增加。2023年，粮食作物播种面积较2022年增加637公顷、单公顷产量增加43.64千克（见图2-3）。

图 2-2 2013—2023 年粮食产量

数据来源：国家统计局。

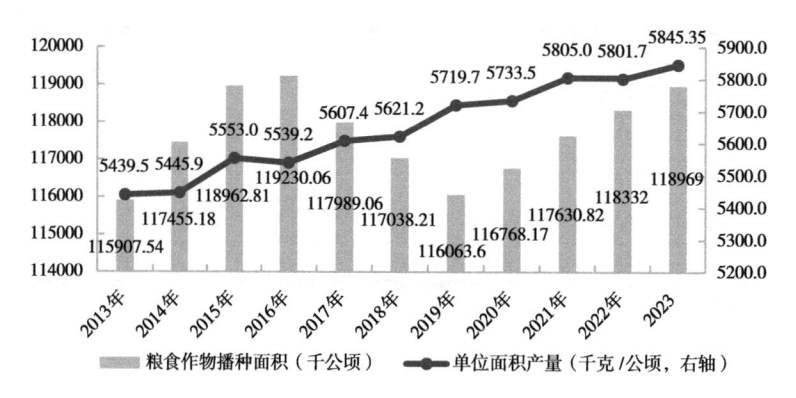

图 2-3 2013—2023 年粮食播种面积及单产

数据来源：国家统计局。

从产量分布来看，黑龙江省产量规模最大、产量占比达 11.2%，全年粮食播种面积也最大，占比达 12.4%。从单位面积产量来看，全国 31 个省、直辖市、自治区中有 18 个单产低于全国平均水平，最低的为青海省，单产仅为 3812.1 千克/公顷，最高的为上海市，单产为 8007.9 千克/公顷。值得注意的是，黑龙江省作为全国最大的粮食生产省份，其单产水平较全国平均水平每公顷低 562.75 千克，差距较大（见表 2-2）。未来，提高单产水平是发展粮食生产、保证粮食安全的发力重点。

表 2-2 2023 年各省份粮食数据

省份	产量（万吨）	产量占比（%）	播种面积（万公顷）	面积占比（%）	单产（千克/公顷）
黑龙江省	7788.20	11.2	1474.31	12.4	5282.6
河南省	6624.27	9.5	1078.53	9.1	6141.9
山东省	5655.30	8.1	838.79	7.1	6742.2
吉林省	4186.50	6.0	582.56	4.9	7186.4
安徽省	4150.80	6.0	733.45	6.2	5659.3
内蒙古自治区	3957.80	5.7	698.47	5.9	5666.4
河北省	3809.90	5.5	645.52	5.4	5902.1
四川省	3593.80	5.2	640.40	5.4	5611.8
湖南省	3068.00	4.4	476.35	4.0	6440.6
湖北省	2777.04	4.0	470.70	4.0	5899.8
辽宁省	2563.40	3.7	357.84	3.0	7163.5

续 表

省份	产量（万吨）	产量占比（%）	播种面积（万公顷）	面积占比（%）	单产（千克/公顷）
江西省	2198.30	3.2	377.43	3.2	5824.4
新疆维吾尔自治区	2119.16	3.0	282.48	2.4	7502.0
云南省	1974.00	2.8	424.32	3.6	4652.1
山西省	1478.10	2.1	316.10	2.7	4676.1
广西壮族自治区	1395.36	2.0	283.47	2.4	4922.4
陕西省	1323.66	1.9	302.30	2.5	4378.6
广东省	1285.19	1.8	222.95	1.9	5764.5
甘肃省	1272.90	1.8	271.09	2.3	4695.5
贵州省	1119.70	1.6	277.38	2.3	4036.7
重庆市	1095.90	1.6	202.59	1.7	5409.4
江苏省	3797.50	5.5	545.89	4.6	6956.5
浙江省	639.00	0.9	102.47	0.9	6236.0
福建省	510.97	0.7	84.11	0.7	6075.0
宁夏回族自治区	378.80	0.5	69.39	0.6	5459.0
天津市	255.73	0.4	39.00	0.3	6557.2
海南省	147.00	0.2	27.36	0.2	5372.8
青海省	116.23	0.2	30.49	0.3	3812.1
西藏自治区	108.87	0.2	19.46	0.2	5594.6
上海市	101.86	0.1	12.72	0.1	8007.9
北京市	47.80	0.1	8.95	0.1	5340.8

数据来源：国家统计局，各省、直辖市、自治区统计公报，农业农村厅。

注：各省数据加总后与国家统计局数据会存在一定偏差。

从收获季节来看，秋粮一直是我国最重要的粮食产量来源。2023年，我国秋粮产量52092万吨，占比达74.9%；夏粮产量14615万吨，占比21.0%；早稻产量2834万吨，占比4.1%（见图2-4）。从种植面积上看，秋粮播种面积6214.5万公顷、夏粮播种面积2660.9千公顷、早稻播种面积473.3千公顷。

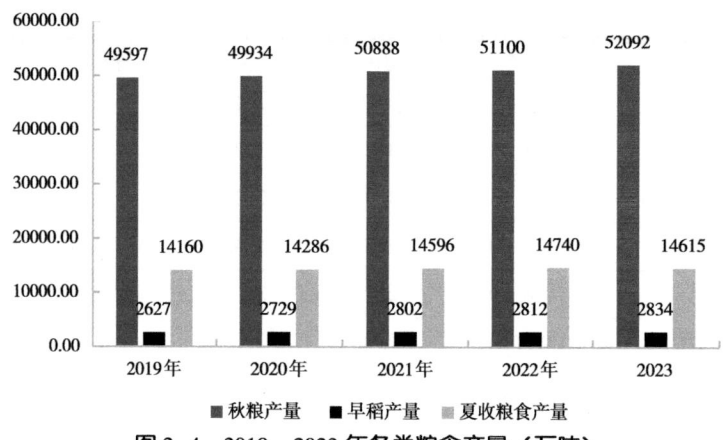

图 2-4　2019—2023 年各类粮食产量（万吨）

数据来源：国家统计局。

从作物品种来看，我国粮食生产以谷物为主，产量方面呈现出谷物产量高于薯类产量、高于豆类产量的情况，播种面积方面呈现出谷物面积高于薯类面积、高于豆类面积的情况。2023 年，我国谷物产量 64143 万吨，比上年增加的 819 万吨；豆类产量 2384 万吨，比上年增加的 33 万吨；薯类产量 3014 万吨，比上年增加约 36.5 万吨（见图 2-5）。2023 年，全国谷物播种面积 9993.3 万公顷，比上年增加 65.8 万公顷；豆类播种面积 12100 万公顷，比上年增加 11.6 万公顷；薯类播种面积 706.7 万公顷，比上年减少 13.7 万公顷。

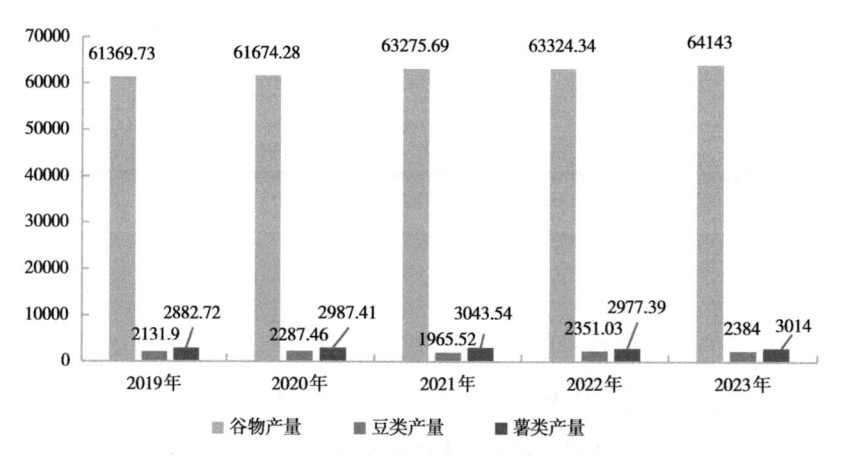

图 2-5　2019—2023 年不同品种作物产量（万吨）

数据来源：国家统计局。

2. 蔬菜生产

我国是世界上最大的蔬菜生产种植大国，截至目前，已经形成六大优势生产区域，分别是华南地区、长江流域、西南地区、黄淮海与环渤海地区、东北地区和西北高原地区。华南地区，即广东省、广西壮族自治区、福建省和海南省等地，该地区因气候温暖湿润，常年可种植蔬菜，尤其适宜冬季反季节蔬菜生产，主要供应全国市场。长江流域，即湖南省、湖北省、江西省、安徽省、江苏省和浙江省，蔬菜种植种类丰富，兼有冬春和夏秋两季蔬菜生产，是全国蔬菜主产区之一。西南地区，即四川省、云南省、贵州省等地，该地区凭借独特的地形地貌和气候条件发展了多样化的高山蔬菜和反季节蔬菜种植。黄淮海与环渤海地区，即山东、河北、河南等省份，是我国北方重要的蔬菜生产基地，尤其是设施蔬菜（大棚、温室）种植发达，为北方冬季蔬菜供应提供了保障。东北地区，即辽宁、吉林、黑龙江等省份，以大田蔬菜和设施蔬菜相结合的方式，保障当地及周边地区供应，并且在秋冬季节有一定的反季节蔬菜生产能力。西北高原地区，即宁夏、甘肃、新疆等地，该地区依托灌溉农业发展高原夏秋菜生产，如洋葱、辣椒等。

在蔬菜生产布局优化、种源质量提升、规模化专业化生产等因素的共同促进下，我国蔬菜产量连年提高。2023年，我国蔬菜产量82868.1万吨，产量稳步提升（见图2-6）。

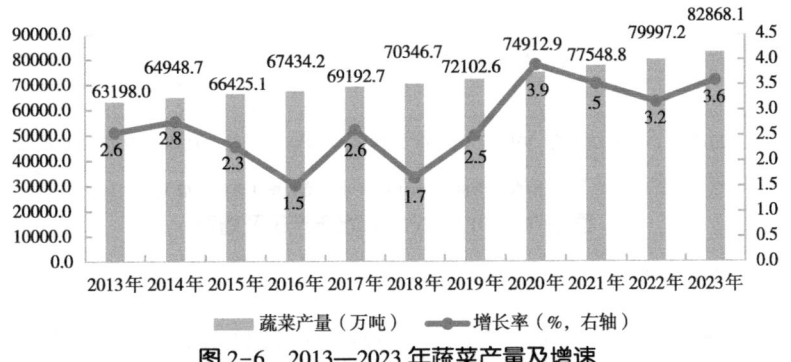

图2-6　2013—2023年蔬菜产量及增速

数据来源：国家统计局。

从产量分布来看，山东、河南、江苏、河北、四川、湖北、湖南、广西、广东和贵州连续多年牢牢占据蔬菜产量前十的位置，占总产量的60%以上（见表2-3）。

表2-3　2017—2023年蔬菜产量前十省份（万吨）

省份	2017年	2018年	2019年	2020年	2021年	2022年	2023年
山东省	8133.77	8192.04	8181.15	8434.7	8801.1	9045.78	9272.4
河南省	7530.22	7260.67	7368.74	7612.4	7607.2	7845.3	8045.56
江苏省	5540.48	5625.88	5643.68	5728.1	5856.6	5974.67	6135.6

续表

省份	2017年	2018年	2019年	2020年	2021年	2022年	2023年
河北省	5058.53	5154.5	5093.14	5198.2	5284.2	5406.79	5498.50
四川省	4252.27	4438.02	4639.13	4813.4	5039.09	5198.7	5417.90
湖北省	3826.4	3963.94	4086.71	4119.4	4299.8	4407.93	4502.71
湖南省	3671.62	3822.04	3969.44	4110.1	4268.9	4356.7	4488.81
广西壮族自治区	3282.63	3432.16	3636.36	3830.8	4047.5	4236.52	4425.03
广东省	3177.49	3330.24	3527.96	3706.8	3855.7	3999.11	4099.30

数据来源：国家统计局、各省统计公报、各省农业农村厅。

3. 水果生产

2023年，我国水果产量32744.28万吨，产量连续7年保持增长（见图2-7）。

图 2-7　2013—2023年水果产量及增速

数据来源：国家统计局。

从主产区来看，华南地区、黄淮海与环渤海地区和西北高原地区牢牢占据我国水果三大主产区的宝座。华南地区以广西和广东为代表，以热带水果著称，水果种类丰富。黄淮海与环渤海地区以山东、河南、河北为代表，以北方水果为主，如苹果、梨、樱桃、桃子等。西北高原地区以陕西为代表，主要种植苹果、猕猴桃等。

从各省份产量来看，2017—2020年，山东一直稳居水果产量第一的位置，2021年开始被广西反超，广西也将产量优势保持到2023年（见表2-4）。

表 2-4 2017—2023 年水果产量前五省份及产量（万吨）

排名	2017 年		2018 年		2019 年		2020 年		2021 年		2022 年		2023 年	
	省份	产量	省份	产量	省份	产量	省份	产量	省份	产量	省份	产量	省份	产量
1	山东	2804.3	山东	2788.79	山东	2840.24	山东	2938.9	广西	3121.13	广西	3402.46	广西	3553.21
2	河南	2602.44	河南	2492.76	河南	2589.66	广西	2785.7	山东	3032.59	山东	3095.6	山东	3208.2
3	陕西	1922.06	广西	2116.56	广西	2472.13	河南	2563.4	河南	2455.34	河南	2542.03	河南	2561.65
4	广西	1900.4	陕西	1835.08	陕西	2012.79	陕西	2070.6	陕西	2141.13	陕西	2240.78	陕西	2335.53
5	广东	1538.73	广东	1669.16	广东	1768.62	广东	1882.6	广东	1957.79	广东	2028.38	广东	2127.79

数据来源：国家统计局。

4. 肉类生产

2023 年，我国猪肉产量 5794.32 万吨，增长 4.6%；牛肉产量 752.68 万吨，增长 4.8%；羊肉产量 531.26 万吨，增长 1.3%；禽肉产量 2563 万吨，增长 4.9%。全年生猪出栏 72662 万头，增长 3.8%；年末生猪存栏 43422 万头，下降 4.1%。全年活牛出栏 5023.48 万头，活牛存栏量 10508.51 万头，增长 2.9%；全年活羊存栏量 32232.58 万头，下降 1.2%。

活牛、仔猪、生猪行情遇冷，养殖端悲观或观望情绪蔓延，2024 年产能调控是关键。

分省份来看，河南、湖南、山东、湖北、四川、云南是猪肉主产地，内蒙古、新疆、山东、吉林、河北是牛肉主产地，内蒙古、新疆、甘肃是羊肉主产地，详见表 2-5。

表 2-5 2023 年各省份猪牛羊肉产量（万吨）

省份	猪肉产量	牛肉产量	羊肉产量
北京	2.7	0.5	0.2
天津	17.36	3.17	1.13
河北	283.32	59.38	37.47
山西	99.55	10.23	11.95
内蒙古	75.67	77.84	108.8
辽宁	249.1	32.05	6.79
吉林	158.52	49.06	9.02

续 表

省份	猪肉产量	牛肉产量	羊肉产量
黑龙江	201.8	55.24	15.56
上海	10.74	0.01	0.23
江苏	191.35	3.3	6.48
浙江	80.78	1.52	2.47
安徽	262.37	11.72	22.01
福建	135.47	2.81	2.31
江西	257.39	17.79	3.18
山东	382.76	58.23	32.81
河南	465.33	37.99	27.3
湖北	347.25	17.19	10.52
湖南	461.8	20.4	16.9
广东	298	4.43	1.94
广西	276.05	15.25	4.35
海南	42.12	2	1.09
重庆	158.21	8.51	6.89
四川	489.7	39.07	27.06
贵州	184.57	22.15	4.84
云南	405.36	44.74	22.29
西藏	1.71	23.75	5.53
陕西	104.5	8.97	10.36
甘肃	72.7	29.76	40.9
青海	5.16	22.84	13
宁夏	8.59	14.42	15.11
新疆	64.39	58.38	62.78

数据来源：国家统计局。

5. 水产品生产

2023 年，我国海水产品产量 3585.32 万吨，增长 3.6%，其中，天然海水产品产量 1189.72 万吨，增长 0.5%；养殖海水产品产量 2395.6 万吨，增长 5.3%。淡水产品产量 3530.92 万吨，增长 3.7%，其中，天然淡水产品产量 116.86 万吨，增长

0.2%；养殖淡水产品产量3414.07万吨，增长3.8%。整体来看，随着对生态环境保护力度的加大，养殖水产品产量增幅明显。日本核污水排海事件暂未对捕捞海水产品产量造成较大影响。

（二）食材价格小幅振荡

2023年我国农产品生产价格出现小幅波动，国家统计局数据显示，2023年全国农产品生产者价格总水平比上年下降2.3%。其中，一季度上涨1.2%，二、三、四季度分别下降0.4%、3.8%、6.0%。分类别看，农林牧渔四大类产品价格比上年均有所下降，分别下降0.8%、2.7%、8.3%和0.6%。分品种看，稻谷、玉米价格分别上涨1.7%、1.6%，小麦、大豆价格分别下降2.7%、1.9%，蔬菜价格下降4.1%，水果价格上涨2.3%。2023年，生猪价格持续低位运行，生猪生产者价格同比下降14.0%。再看农产品生产价格指数数据，该指数是反映一定时期内农产品生产者出售农产品价格水平变动趋势及幅度的相对数。2023年，农产品生产价格指数为97.7，为近十年来的第二低位，仅高于2017年的96.5（见图2-8）。生产者价格的走低是市场供应充足的表现，但如果长期低迷势必会影响农民的种植养殖热情，最终又会影响供应。

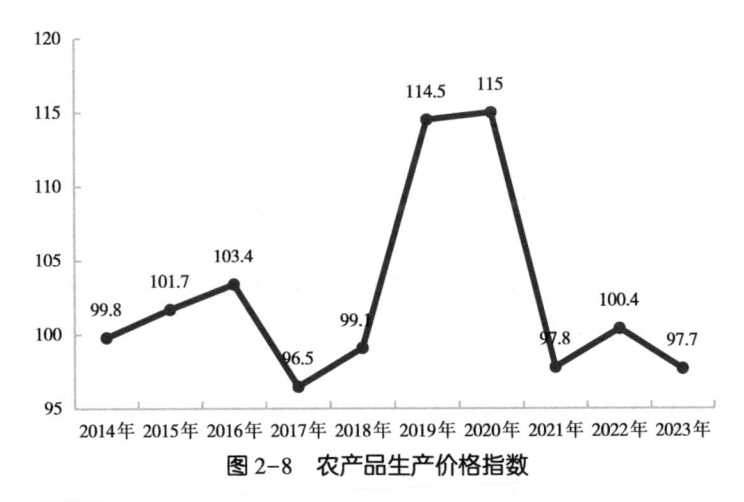

图2-8 农产品生产价格指数

数据来源：国家统计局。

从消费者购买角度，2023年猪肉价格下降13.6%，鲜菜价格下降2.6%，粮食价格上涨1.0%，鲜果价格上涨4.9%。批发价格也出现振荡，其中牛肉、禽肉价格整体呈下降趋势，猪肉价格在7月触底反弹后9月开始四连降（见图2-9）。

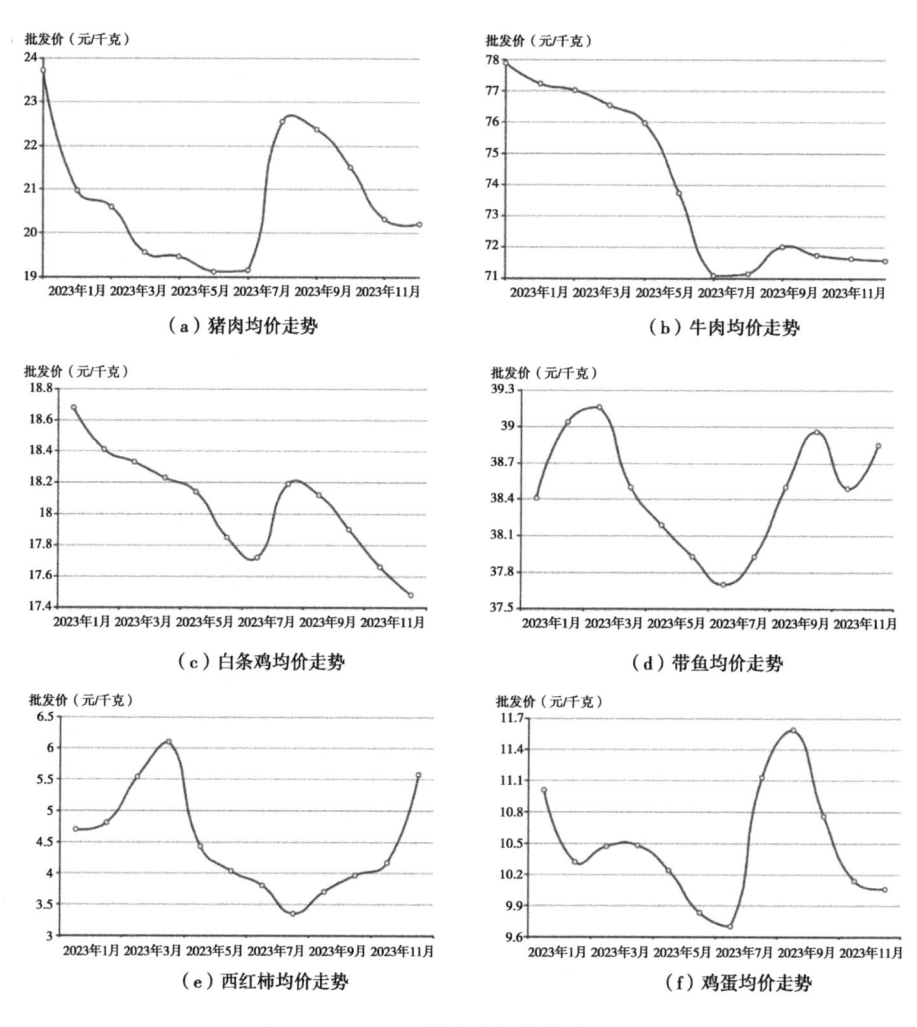

图 2-9　2023 年部分食材批发价格走势

数据来源：农业农村部，中物联食材供应链分会绘制。

二、食材产地发展面临的问题

（一）市场信息不对称与盲目生产

食材流通模式的变化在一定程度上解决了盲目生产、产销衔接不畅的问题，但鉴于我国大部分的食材种植养殖还是由个体农民承担，而绝大部分的农民捕捉市场信息的能力是有限的，他们缺乏有效的市场预测和指导，进而导致食材出现"增产不增收"的现象，往往会出现大量跟风种植某类食材的现象，导致市场饱和、产品滞销。农民作为食材的生产者，在掌握和理解市场供需信息方面相对于中间商、批发商和零售商等市场参与者存在明显滞后和局限性。具体表现在以下几个方面：

首先，农民对于市场的需求趋势和价格动态信息获取不充分。由于信息传播渠道不畅或者农民本身不具备及时获取和解读市场信息的能力，他们在决定种植何种作物、种植多少面积、何时出售农产品等方面容易作出偏离市场需求的决策。例如，当某种农产品因某种原因在市场上热销，价格走高时，农民可能无法迅速获知并据此调整生产计划，而在信息滞后一段时间后才开始扩大这类农产品的种植面积，这时市场很可能已经趋于饱和或需求已发生转向，导致农产品上市时遭遇价格下跌甚至滞销。

其次，农民缺乏专业的市场预测和指导服务。食材生产周期较长，而一旦决策失误，可能会造成整季乃至数季的经济损失。在实际的生产过程中，绝大多数农民往往依靠经验判断或是简单模仿邻近农户的种植行为，容易产生"羊群效应"，看到别人种植某种作物成功便盲目跟风，最终导致市场上产品过剩，供大于求，不仅无法获得预期收益，反而可能导致食材价格大幅下滑，严重影响农民收入和后续生产的积极性。

再次，农业产业链上下游之间的信息交流不通畅也是一个重要因素。农民不了解终端消费者的喜好变化、质量要求以及新出现的市场需求，无法将这些信息反馈到生产环节，也就无法精准匹配市场需求，导致产出的产品不一定能符合市场期待，进而影响到销售和收入。

最后，销售渠道单一。很多农户仍依赖传统的销售模式，如本地市场销售、散户收购等，无法对接广阔的全国乃至国际市场，销售范围和销售额受限。中物联食材供应链分会在产地调研中也发现，虽然直播、新零售等新型销售渠道已经兴起，但由于农村青年劳动力外流严重、农民老龄化严重，农民不懂得如何利用新兴的渠道，导致市场触达率低，也限制了生产者对市场信息的获取和对消费趋势的把控。

（二）科技成果转化率和普及率不高

我国农业科研机构研发的新技术、新品种等科技成果在从实验室走向田间地头的过程中，缺乏有效的转化机制、市场化运作模式和足够的配套资金支持，成果转化的速度和效果不尽人意。以种源为例，在优质种源、种苗的科研成果实际转化过程中，科研院所能够对接转化的资源不多，种苗培育、种植养殖技术研发成功后主要以政府推广、试点的方式落地，社会化大规模推广复制的机会不多。

我国农业科技成果普及率低表现在先进农业科技成果并未能广泛惠及大多数农民，尤其是偏远地区的农民，由于信息不对称、技术培训不足、资金匮乏等原因，导致许多高效的农业技术无法得到广泛应用。同时，作为食材生产者的农民素质参差不齐，在农村地区尤其是边远山区，普遍存在文化程度较低的现象，农民对新技术、新知识的理解和接受能力较为有限，这也在很大程度上制约了农业科技成果的推广和应用。

（三）产地基础设施相对落后

我国食材产地发展还面临着农业基础设施老化，如水利、农机设施老化，物流基础设施薄弱等问题。

农田水利设施是保障农业生产的基础，包括灌溉系统、排涝设施等。然而，在不少地区，这些设施由于建设年代久远、维修保养不足等原因，出现老化、失修现象，使得灌溉效率降低，防洪抗旱能力减弱，影响了农业生产的稳定性。现代化农业机械对于提高农业生产效率、降低成本至关重要。然而，在部分农村地区，农业机械设备老旧，无法满足现代农业生产的需求，同时也缺乏高效、节能、环保的新型农机具，导致农业生产效能不高，加重了农民的劳动强度。

随着农产品加工业和市场流通体系的发展，产地冷链设施建设的重要性日益凸显。但是，我国不少农产品产地的冷藏储存、冷链运输设施不完善，导致农产品在采摘后的存储和运输过程中损失严重，新鲜度和品质得不到保障，间接影响了农民的收入和农产品在市场上的竞争力。同时，产地物流基础设施尤其是田头基础设施用地由于土地性质还存在一定的模糊地带。产地尤其是田头用地一般为农业用地，与物流基础设施用途存在矛盾，建设用地难、使用不够便捷等问题突出。

（四）资源瓶颈限制

资源瓶颈是制约我国农产品产地发展的重要因素之一。

首先，土地资源限制。随着工业化和城镇化快速推进，非农建设用地需求剧增，优质耕地资源受到挤压。一方面，农业用地不断被占用于工业、住宅、交通等非农建设；另一方面，农田碎片化严重，耕地质量下降，这对保持农产品产地的稳定性提出了巨大挑战。为了缓解这一问题，国家实施严格的耕地保护制度，提倡节约集约用地，同时鼓励适度规模化经营，发展现代农业，提高单位面积土地的产出效率。

其次，水资源匮乏已经成为我国农业生产的一大短板，特别是在干旱和半干旱地区，农作物灌溉用水需求与水资源供应之间的矛盾愈发尖锐。水资源分配不合理、灌溉设施陈旧、节水灌溉技术推广不足等问题，都直接影响了农业生产的连续性和稳定性。解决水资源短缺问题，需要推进水资源高效利用和节水灌溉技术革新，同时倡导生态补偿机制，维护和修复水源地生态环境。

再次，生态资源瓶颈。长期的高强度农业生产活动，包括过量施用化肥、农药，以及不合理的耕作制度，导致土壤养分流失、盐碱化、酸化等土壤退化问题频发，同时加剧了地下水和地表水污染。这些问题不仅损害了农产品产地的生态环境，而且直接降低了农产品品质，影响了农业的可持续发展。为此，必须推行绿色可持续农业，实施测土配方施肥、有机肥替代化肥、病虫害绿色防控等措施，改善土壤生态环境，保障农产品产地的生态安全和永续利用。

最后，劳动力资源短缺。一方面表现为农村劳动力老龄化严重，劳动力有效供给减少，且由于老年人体力、精力的限制，劳动效率和农业生产力受到影响，不利于农业的可持续发展和现代化进程。另一方面也表现为劳动力技术水平较低，在掌握和应用现代科技知识、农业机械操作、现代农业管理理念等方面的技能普遍不足，这也限制了农产品生产效率和质量的提升。

（五）食材供给结构性过剩

食材供给相对于市场需求来说大多呈过剩状态，产品滞销和积压为"常态"。具体到四类食材，肉类、水产品和蔬菜供需失衡度为正，分别为 2.29、1.34 和 2.89，说明三者的供给远远超过均衡膳食营养需求，且肉类和水产品的供给分别超过各自需求的 2.29 倍和 2.89 倍。巨大的肉类和蔬菜供给需要较为完善的食材供应链体系与之相适应。奶类的供需失衡度为-0.73，说明奶类的供给规模比合理营养膳食需求小 73%（见表 2-6）。如何从时间、区间、品类等方面统筹考虑，实现供需的相对均衡是降低食材价格剧烈波动以及降低流通成本的关键。

表 2-6　我国居民食材需求量测算

类目	膳食指南标准（克）	中间值（克）	人口数量（亿）	需求量（万吨）	供需失衡度
肉类	43~71	57	14.097	3215.88	2.29
奶类	300	300	14.097	15436.22	-0.73
水产品	43~71	57	14.097	3859.05	1.34
蔬菜	300~500	400	14.097	20581.62	2.89

注：1. 供需失衡度指标用以反映食材的供需关系。其中，正数表示供给大于需求，负数表示供给小于需求。
2. 膳食指南标准来源于《中国居民膳食指南（2022）》。
3. 由中物联食材供应链分会整理。

（六）食材质量和食品安全

随着消费者对食品质量要求的提高，农产品安全生产、质量监管和追溯体系建设任务艰巨。产地端作为源头，在把控食材品质和食品安全上是第一道防线，但目前仍然存在一定的问题和挑战。

首先，在农产品安全生产方面，由于农业生产分散、农户规模较小，食材生产者在遵守食品安全标准方面存在一定的困难。例如，农药和化肥的合理使用、动物饲料和兽药的管理等。

其次，在质量监管挑战方面，质量监管体系的全覆盖和执行力度是个挑战，特别是在广大的农村地区，监管网络的铺设、检测设施的配备以及监管人员的数量和能力都需要进一步提升。同时，由于食材生产周期长、环节多，实时监控和现场检查的难度较大。

最后，追溯体系构建不易。质量追溯体系的建设是一个复杂系统工程，涉及从田间到餐桌的全程跟踪，需要建立统一的标准、强大的数据库和信息系统，确保每一批食材都能准确记录和追踪其生长、加工、运输和销售的全过程。目前，我国虽已在积极推进食材追溯体系的建设，但由于各种原因，包括数据采集、共享、真实性验证等技术难题，以及相关的法律、法规和管理制度有待完善，追溯的实际效果和覆盖率仍需进一步提升。

（七）产地农产品品牌建设不足

根据农业农村部数据，2023年我国农业目录体系初步形成，全国精品培育品牌144个，省级目录区域公用品牌1100余个，企业品牌1700余个，产品品牌约2000个。截至2023年底，我国累计批准地理标志产品2508个，核准地理标志作为集体商标、证明商标注册7277件，地理标志专用标志经营主体总数达2.6万家。我国农产品品牌建设有了较大提升，但品牌影响力和市场认知度仍有待提升，很多优质农产品未能转化为经济效益。主要表现为以下几点：

首先，缺乏具有广泛影响力的农产品品牌。虽然我国农产品品牌数量众多，但缺少具有广泛影响力的品牌。而且市场上的农产品五花八门，同一种类产品还有产地、品质等差异，许多农产品产地虽然拥有优质的农产品资源，但由于品牌建设滞后，缺乏有效的品牌故事、包装设计和市场推广策略，导致消费者对其认知度和信任度不高，优质农产品的价值未能得到充分认可和体现，无法吸引足够的市场份额和高价购买力。

其次，品牌塑造和传播乏力。现阶段的多数区域公用品牌，基本上处于初级"形象包装"阶段，不仅仅是品牌设计、品牌定位，主题与传播概念都是一种初级包装模式，往往缺乏系统的品牌策划和营销手段，不能有效传达自身产品的独特性、品质优越性和文化内涵，导致在激烈的市场竞争中难以脱颖而出，农产品价值无法通过品牌溢价得以放大。

三、食材产地发展趋势

（一）规模化与标准化生产

农产品产地正在逐步向规模化、标准化和专业化方向发展，在政府鼓励政策下，食材产地土地流转加速，家庭农场、农民合作社和农业产业化联合体等新型农业经营主体不断发展，食材生产经营逐步趋向规模化、集约化，有利于实现机械化、标准化、专业化生产。

（二）智慧农业与科技驱动

农业生产将进一步融入现代科技元素，充分利用现代信息技术和生物科技，包括物联网、大数据、人工智能等先进技术的应用，实现精准农业，提高农业生产效率和产品质量。例如，无人机喷洒、智能农机、远程监控、智能种植管理系统等在农业生产中的应用将更加广泛，以此提高农业生产效率，减少资源浪费，提升农产品品质和安全性。

（三）绿色可持续发展

随着消费者食品安全和环保意识的增强，绿色、有机、生态、环保的农业生产模式越来越受到重视。农产品生产将更加注重土壤和生态环境保护，发展绿色、有机、循环农业，减少化肥、农药使用，推广病虫害生物防治、轮作休耕、节水灌溉等可持续农业技术，保护和恢复产地生态环境，实现农业生产和环境保护的和谐共生。

（四）产地加工与产业链延伸

农产品产地不仅仅局限于初级生产，而是通过引进深加工技术和设备，延长产业链，提高农产品附加值，打造从田间到餐桌的完整产业链条。

（五）产地品牌建设与市场营销

注重农产品产地品牌的创建和推广，通过地理标志产品、原产地保护等制度建设，提升产地农产品的市场竞争力。同时，借助电子商务、直播带货等新型销售模式，拓宽农产品销售渠道，提高农产品知名度和销量。

（六）全产业链开发

农业将由单一的种植或养殖环节向全产业链发展，包括农产品初加工、精深加工、冷链物流、电商销售等环节，以实现产业链条的延展和增值。

（七）国际接轨与开放合作

随着全球化的深入，农产品生产也将更加注重与国际接轨，引进先进的农业技术和管理经验，积极参与国际农产品市场竞争，同时，加强与各国在农业技术、人才、市场等方面的交流合作。

第二节 食材加工情况分析

中国食材供应链加工体系的发展历程充满了创新与变革，尤其在应对食品安全、品质保障、资源高效利用以及环保可持续等多方面挑战的过程中，展现出强大的韧性和发展潜力。然而，随着全球食品消费模式的演进与市场竞争格局的变化，如何进一步优化食材供应链的资源配置、提升加工技术水平、强化品质监控以及实现绿色环保生产，成为中国食材供应链加工体系当前面临的重大课题。

本节重点梳理了我国食材加工行业发展情况、存在的行业问题以及未来行业趋势，旨在为相关产业政策制定者、企业决策者以及广大消费者提供翔实的信息参考与洞见启示。

一、中国食材加工现状分析

（一）食材加工市场规模稳步增长

2023年食材加工市场规模达到12.77万亿元，同比增长7.59%。其中，加工食材市场规模达到5.82万亿元，同比增长7.62%。主要类别有：肉类制品、蛋类制品、乳制品、蔬菜类制品、水果制品、水产制品、粮食等，综合加工增值比为2.52∶1。2023年规模以上农产品加工业企业超过9万家。

1. 粮食加工业

我国粮食加工业保持稳定增长，发展效益明显提升，节粮减损有所推进。2023年前三季度，规模以上粮食加工与制造业营业收入超过1.3万亿元，同比增长约8%。加工企业规模化、专业化程度逐步提升，面粉加工行业加速整合，大型企业持续扩张产能，三大面粉加工企业产量约占全国30%。品类多样化、市场细分化持续加速，速冻食品、方便食品、传统主食等专用粉以及营养强化面粉、绿色面粉、预混合粉等产品类型不断丰富，专用面粉产量已达到面粉总产量的约30%。大米加工企业通过香气固化和营养强化提升大米适口性和功能性，并细分寿司米、低糖米、高锌米、高锶米、生态米等新品类。杂粮加工企业不断涌现，燕麦、荞麦和豆类食品抢占市场。目前，中国粮食加工业由粗放向精细加工转型，如益海嘉里新型循环经济产业模式，米糠利用率达60%~70%，实现了从传统粗放型加工模式向精深加工的"吃干榨净"式加工模式转变。未来随着粮食产业的不断发展，市场竞争更加激烈，将由国内局部竞争转向国内、国际全方位竞争，将由单纯生产能力的竞争转向"生产能力+流通能力+创新能力"的竞争。

2. 肉类加工业

当前消费者对肉制品的需求已从数量安全和质量安全转变到营养健康新层面，经过长期发展，畜禽加工产业已基本建立了以市场需求为导向，以畜禽宰后保鲜、物流、加工等为主体，相关服务业为支撑的全产业链发展业态。产业持续加速创新升级步伐，科技投入逐年提高，技术创新能力显著提升，颠覆性、前沿性、引领性技术不断涌现，更多研发领域科技创新实现并跑领跑。众多行业龙头企业纷纷布局个性化营养市场，坚持品质高端化、口味差异化的产品开发方向，产品结构日趋多元化。畜禽产品安全保障能力显著加强，《市场监管总局关于2023年市场监管部门食品安全监督抽检情况的通告》数据显示，2023年全国肉制品合格率高达99.19%，高于总体抽检合格率，产业整体质量安全水平大幅提高。低碳发展进入关键期，清洁生产和绿色发展理念不断迸发新活力，绿色制造、生物制造等新型制造模式引领产业提档升级高质量发展。

3. 乳制品加工业

我国乳制品产量总体保持增长态势。2023年乳制品产量3054.6万吨，同比增长3.1%，产值约3900亿元，基本维持上年水平。其中各品类发展分化，常温奶呈现复苏增长，巴氏奶增长潜力较大，企业加速布局，酸奶产品整体增长面临压力。随着消费者对于乳制品行业高质量产品需求持续增加，乳制品企业不断加大对产品的研发投入，相继推出各类新口感、添加新菌种、高营养价值的新品，持续打造高品质、高优质奶源、高蛋白等产品矩阵，为消费者提供了多元化的消费选择，进一步促进乳制品加工转型升级。

4. 果蔬加工业

中国的果蔬加工行业市场中，果蔬罐头产品已在国际市场上占据绝对优势和市场份额，如橘子罐头占世界产量的75%，占国际贸易量的80%以上；蘑菇罐头占世界贸易量的65%；芦笋罐头占世界贸易量的70%。蔬菜罐头出口量超过120万吨，水果罐头超过42万吨。中国脱水蔬菜出口量居世界第一，年出口平均增长率高达18.5%。2023年，中国脱水蔬菜出口21.39万吨，出口创汇4.46亿美元。出口的脱水菜已有20多个品种。近年来，水果零食产品开始流行，市场上开始出现芒果干、柠檬干等水果零食产品。水果零食已经成为食材加工业一个新兴、潜力巨大的细分市场。

5. 水产品加工业

水产品加工业产值表现出稳步上升的态势。全国水产品加工业总产值由2018年的4336.8亿元增长到2022年的4784.6亿元[1]，实现复合增长率2.49%。水产品加工率基本稳定在38%左右，低于发达国家70%的加工率水平。全国水产品加工企业基本保持在9300家左右，其中规模以上企业保持在2500家左右。其中，海水加工品产量占据了主导地位，同时淡水加工品也在逐年增长。早期由于冷链设施技术尚不完善，我国水产品消费市场主要集中在生产地和沿海地区。随着冷链物流行业布局逐渐完善，水产品的储藏和运输能力大幅度提升，在保证水产品鲜活性的同时，水产品的销售网络扩展到水产品产地以外的其他地区，水产品消费市场逐渐由沿海城市向内陆城市扩散。随着我国居民对预制菜接受程度的提高及消费升级态势的持续，我国水产品加工率有望进一步提升。

（二）食材加工产业体系逐步调顺

我国食材加工产业以优化结构布局为导向持续发展：一是向优势产区集中布局。截至2023年，全国认定中国特色农产品优势区共计308个，其中，广西、河北、四川、山东、湖北等省份的特色农产品优势区数量位于前列，分别为18、17、17、17和15个。打造特色农产品品牌达1.2万余个。二是食材初加工发展加快。在农机购置补贴、农产品产地初加工补贴等政策实施带动下，我国农产品初加工机械装备得到了较快发展，保有量逐年增加。据农业农村部农机化总站数据，2023年全国农产品初加工机械拥有量达5900多万台套，其中农产品初加工作业机械达1589.65万台套。我国农产品初加工机械化率已达41.64%，有7个省份农产品初加工机械化水平已超过50%，粮油初加工机械化率达50%以上。三是食材精深加工水平逐步提升。我国食材精深加工产能向粮食生产功能区、重要农产品生产保护区、特色农产品优势区、现代农业示范区和现代农业产业园布局，推动农产品就地就近转化增值。四是农产品及其加工副产物综合利用水平不断提高，食材加工潜力、提升增值空间不断挖掘。五是食材加工企业逐步向前端延伸带动农户建设原料基地，向后端延伸建设物流营销和服务网络，企业积极打造全产业链。

（三）食材加工基础设施不断完善

总体来看，我国食材各环节基础设施的不断完善为我国食材加工行业更加高效奠定了坚实的物质基础。近年来，农业农村部积极引导各地建设农产品初加工、冷

---

[1] 数据来源中研网、头豹研究院。

藏保鲜设施建设。据农业农村部数据，农产品产地冷藏保鲜设施建设项目实施以来，项目区产地产后损失率平均由 22.7% 降低到 7.1%，项目区建设主体生鲜农产品储藏周期平均延长 87.3 天。不仅为供应链提供"稳定器""蓄水池"，也促进了食材产业的稳健发展。此外，随着科技的进步，我国食材机械化作业设施发展迅速，如自动分拣、切割、烹饪、包装等流水线作业，不仅提高了生产效率，而且确保了食品加工的标准化和一致性。

（四）食材加工相关技术条件日趋先进

我国食材加工产业愈发重视提升科技创新能力。一是完善了加工技术研发体系，建设了一批农产品加工技术集成基地。二是加工技术不断提升，推动了农产品加工产业的快速发展，如低温冷冻、气调包装、生物防腐等技术的应用愈发广泛，有效延长了食材的保质期，保障了食材从加工到食用过程中的新鲜度和营养成分。三是副产物产品不断涌现，拉动了整个农产品加工业的产值，如粮油加工中麦麸提取物产品的开发，低档茶、碎茶、茶叶废弃物中活性成分的提取及综合利用，开发日用化工品、保健品等。四是农产品加工领域的经营管理队伍、科技领军人才、创新团队、生产能手和技能人才有所增加，一定程度上加速了科技成果转化推广。

（五）食材加工主体组织化水平不断上升

伴随着我国食材加工体系不断完善，我国食材加工主体组织化水平也在不断上升，集团化趋势明显。一是越来越多的中小型食材加工企业开始向规模化、集约化方向发展，通过并购重组、联盟合作等方式，形成具有一定规模的加工集团，提升生产效率和市场竞争力。二是产业化联合体形成，由大型龙头企业牵头，与农户、合作社、加工企业等结成产业化联合体，通过订单农业、股份合作等方式，实现从种植养殖、原料采购到加工、销售的全程产业链组织化运作。三是专业合作社不断壮大，农民专业合作社通过集体采购、共同加工、统一销售等形式，降低生产成本，提高食材附加值，保障成员收益。据国家统计局数据，2023 年全国农副食品加工业规模以上加工企业达到 2.4 万家，同比增长 5.02%。

（六）食材加工政策体系不断健全

我国食材加工体系不断完善离不开日趋完善的食材加工政策体系的支持。我国政府在食材加工政策体系方面的成就主要有：一是税收优惠政策。具体包括，自产食材进入加工、流通领域免征营业税。不断降低食材增值税税率，允许收购食材扣抵进项税额；减税范围不断扩大。涉农企业所得税优惠惠及产供销各个环节。对食材交易市场在房产税和城镇土地使用税方面给予优惠。二是财政资金投入。近年来，国家将中央和地方财政支农资金的一定比例，投入食材加工基础设施建设上，并逐年呈上升趋势；同时还投入大量的人力和物力，给予建设及科研支持。三是保有强大的食材价格宏观调控能力，通过临时收储、市场化收购加补贴、最低收购价等政策工具保持对食材价格的强大调控能力。四是初步建成了食材质量标准制定、分级、认证、追溯体系。我国政府对食材加工的政策支持、管理体系不断完善，对营造更加完善的食材加工环境起到了重要作用。

（七）预制食材产业快速发展

随着技术进步和需求升级，餐饮与食品相向而行，预制菜应运而生。作为餐饮和食品加工融合发展的产物，预制菜本质是通过规模化食材和配方，将餐饮制作环节标准化，并使菜品制作全流程从后端［B 端（企业端）餐厅、C 端家庭厨房］转移到前端（食品加工企业）。2023 年预制菜首次被写入中央一号文件，获得快速发展。25 个省份出台了相应的预制菜产业发展政策。同时，资本方面也进行了大量的布局，通过设立预制食材产业基金为预制食材产业发展注入"金融活水"。从公开信息来看，2023 年预制食材相关基金设立数量持续增长，设立区域主要集中在产业发展较为成熟的广东、山东和河南。企查查数据显示，我国预制菜相关企业达 6.4 万余家，2023 年新注册企业 4136 家，同比增长 46%（见图 2-10）。经测算，预计 2023 年我国预制菜市场规模将达 5100 亿元，2026 年将升至万亿元级别。

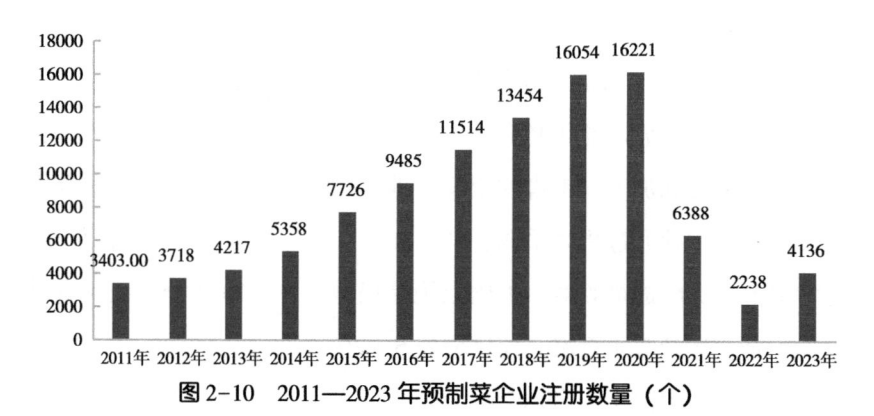

图 2-10　2011—2023 年预制菜企业注册数量（个）

2011年	3403.00
2012年	3718
2013年	4217
2014年	5358
2015年	7726
2016年	9485
2017年	11514
2018年	13454
2019年	16054
2020年	16221
2021年	6388
2022年	2238
2023年	4136

数据来源：中物联食材供应链分会整理。

（八）食品质量安全水平不断提高

随着社会公众对食品质量与安全关注度的持续提升以及国家对食品安全监管力度的不断加大，我国食材质量安全水平在过去几年里得到了显著提高。各级政府严格贯彻实施《食品安全法》等相关法律法规，建立健全食品安全追溯体系，从源头把控到生产加工再到市场流通的各个环节，全方位保障食品的质量安全。上海市于2023年3月出台《重点监管食用农产品动态清单管理办法》，对重点监管食用农产品实施动态清单管理，将风险较高、问题较多的食用农产品列入《重点监管食用农产品动态清单》，实现科学、精准、动态治理。

食材生产企业积极响应国家号召，严格执行食品安全标准，引进先进的质量管理体系和检测技术，不断提升自身的生产管理水平，确保食材的安全可靠。2023年食品监督抽检不合格率为2.73%，较2022年2.86%下降0.13个百分点。从抽样食品品种来看，消费量大的粮食加工品，食用油、油脂及其制品，肉制品，蛋制品，乳制品等五大类食品，监督抽检不合格率分别为0.52%、0.80%、0.81%、0.14%、0.13%，均低于总体抽检不合格率。与上年比，餐饮食品、饼干等25大类食品抽检不合格率有所降低，但蔬菜制品、调味品等八大类食品抽检不合格率有所上升。

二、食材加工产业问题分析

（一）精深加工水平有待进一步提升

我国食材加工仍以初加工为主，加工副产物综合利用不足现象普遍，精深加工率较低。例如粮油、水果、豆类、肉蛋、水产品等的深加工率大约在30%，远低于发达国家超过70%的水平。与此同时，食材产后损耗较大，也反映出精深加工环节亟待加强，目前我国食材加工环节年损耗率在12%左右，分品类看，果蔬类加工损耗率在15%左右，肉类加工损耗率为7%，水产品加工损耗率为9%。此外，农产品梯次加工技术缺乏，关键酶制剂和配料仍依赖进口，60%以上的加工副产物没有得到综合利用，产品附加值较低。在多数农产品或其副产物加工开发不足的同时，少数农产品又存在过度加工问题，突出表现为粮食过度加工。粮食碾磨加工中，大米出品率应在70%~75%，小麦面粉应达80%以上，但由于片面追求"精、细、白"的产品外观，我国大米、小麦面粉平均出品率仅为65%。由于粮食过度加工，每年损失150亿斤以上，不仅造成营养损失，更造成粮食资源浪费。

（二）食材加工技术创新能力仍然较弱

中国食材加工装备发展的关键瓶颈在于研发投资力度不足、科技积累薄弱以及技术创新能力不佳，这直接导致了装备设计制造与实际工艺需求之间存在明显断层。由于研发投入的局限性，加工装备的原创力和革新速度受到了显著抑制，具体体现在创新基础设施建设和领军型企业的缺失，进而加剧了行业内低端产品过剩的问题，大量性能单一且技术含量偏低的产品充斥市场。

许多中小型加工装备制造企业依然徘徊在对国外先进技术简单模仿的层面，自主研发拥有独立知识产权的高质量产品数量有限，缺乏自主知识产权也使得企业在市场竞争中处于劣势地位，难以获得更高的利润。与此同时，农产品深加工领域的工艺技术研发也暴露出了结构失衡的现象，过去的投资策略侧重于工艺流程的优化和创新，相对忽视加工装备的研发，造成了工艺进步与装备升级不同步的局面。某些先进的加工工艺由于缺乏与其高度匹配的国产装备支持，或是即便有对应装备但高昂的成本阻碍了广泛应用，进一步凸显了工艺技术与加工装备之间的协调性难题。

（三）品牌价值与经济增长效益不同步

我国虽然优质的特色食材众多，加工企业却普遍规模小、实力弱，造成了品牌林立、经营分散的局面，在很多地方是区域品牌优于产品品牌，产品品牌又优于企业品牌，但区域品牌的维护性较低，严重影响了食材品牌的发展，也不利于增加产品的品牌附加值，例如，"五常大米"风靡全国，成为东北大米的代表，但短短几年后，市场在售的"五常大米"数量远超出五常地区的产量，使消费者难辨真伪，大大降低了区域品牌的价值。我国许多优质和特色的食材是以初级产品形态在市场上销售，生产、加工及包装销售过程中的科技含量很低，产品的特质不能充分体现，价格提不上去，附加值也处于很低的水平，产品品牌认可度不高，缺乏品牌效应。例如，吉林省的人参由于精深加工能力不足，产品创新能力不强，长期以来只能以原参形态为主进行销售。近年来，虽然吉林省下大力气发展"长白山人参"品牌，但精深加工能力仍与韩国人参产业有较大差距。此外，多数企业对食材产业品牌的战略地位和作用的认知不足，仅停留在抢注商标、多做广告、翻新包装、提高价格等层面，品牌营销的精度和深度不够，也没有采取有效的差异化战略，使宣传效果大打折扣。

（四）食材加工业标准化程度不高

当前我国食材加工业的标准化体系尚不能满足我国食材加工业的发展新需求。

一是缺乏系统性和整体性。虽然国家出台了食材质量分级导则的标准，不同的食材有各自品类分级的行业标准、团体标准等，但当前生产者产后分级时在参照国家标准的基础上，更多会依据客户的标准要求进行分选，导致规范标准不统一，或带来食品安全风险等问题。二是先进技术标准、智能化生产方式等新业态标准亟须完善，例如针对预制菜的国家标准还未出台，不能满足其产业转型升级的需求。三是国际标准化影响力不足，尤其在主导关键农业技术标准方面，缺少国际标准话语权。

（五）区域发展不平衡

全国300多个重点农产品加工龙头企业中，存在区域发展不平衡的现象，主要表现为中西部地区少，沿海地区多。如西藏、青海和宁夏分别为5个、6个和8个，合计不足20个；而沿海的山东则多达44个，浙江多达30个。东南沿海地区占有70%的大型农产品加工企业集团，这种现象造成了食材原料产地与加工企业相分离。既有资源又有巨大市场潜力的中西部区域，农产品加工企业集团则为数不多，失调的地域格局使农产品加工业总体资源与优势无法充分发挥。

三、食材加工产业未来趋势分析

（一）食材加工转化率将大幅提升

随着现代农业加工设施和技术的升级发展，食材加工转化率已经达到了67.5%，显示出食品加工业正在向高质量发展阶段迈进。此外，食品生物技术的发展被视为未来食材工业健康发展的主要支撑，这包括了现代生物技术在食品原辅料制备、食品加工中的应用，以及食品发酵和酿造等传统生物转化过程。这些技术的进步预示着食材加工转化率有望进一步提高。例如，利用基因工程技术对食品原材料进行改良，可以提高蛋白质或碳水化合物等营养成分的含量和质量，从而提高食材加工的效率和质量。合成生物学的应用可以拓展食物的边界，推动新食品的加速创新。通过合成生物技术，可以创造新的生产模式和经济形态，进一步提高食材加工转化率。同时，食品工业智能制造的引入，通过实现生产过程的自动化、智能化和信息化，提高了生产效率、质量和安全性，有助于加工转化率进一步提高。

（二）食材加工模式将更趋向智能化、自动化与数字化

首先，智能化技术将在食材加工过程中发挥决定性作用，通过引入人工智能、物联网和机器学习等先进技术，实现精准监控、智能决策和高效运作。比如，智能生产设备能够自动识别食材质量，精确控制温度、湿度、切割精度等参数，极大地

提升了加工效率和产品质量。

其次，自动化生产线将进一步普及和深化，从初级的机械化逐步迈向全自动化，减少人工干预，降低劳动强度，确保生产过程的连续性和稳定性。高度自动化的流水线不仅大幅提高了产能，而且有效降低了因人为因素导致的产品质量问题。

最后，数字化转型则贯穿于食材加工的全过程，从源头追溯至终端消费。利用大数据、云计算等技术，实现对食材来源、生产、存储、运输直至销售的全程信息管理，既保障食品安全可追溯，又能根据实时数据反馈优化生产计划与资源配置，提升整体运营效能。例如，蒙牛乳制品行业通过实现检验信息化管理，配合企业资源计划（ERP）系统，实现生产工序自动化管理，从而提高了生产效率和质量数据追溯能力。伊利集团与施耐德电气合作，利用MOM（manufacturing operations management，制造运营管理）系统进行能源管理解决方案，作为工业和信息化部2015年智能制造试点示范项目中唯一的乳品企业，展示了数字化转型的成功案例。为推进农业数字化转型，2023年农业农村部启动农业农村信息化示范基地工作，在政策支持下，食材加工行业将加速数字化转型。

（三）食材加工将向标准化、品牌化、规模化快速发展

食材加工行业的标准化将进一步提升。随着消费者对食材品质、食品安全和用餐效率的要求不断提高，餐饮业的连锁化、规模化发展趋势背后是对食材标准化程度的不断追求。通过工厂化中央厨房的统一采购、处理和加工模式，有效规范了食品加工生产的各个环节，实现了菜品制作过程中的初处理、洗净、切配等工序的标准化，从而保证了产品品质。根据中研网数据，2018年我国中央厨房安装量约5425套，同比2017年的4635套增长了17.04%，2023年预估我国中央厨房安装量突破10000套，中央厨房的行业产值从2015年的81.5亿元增长至132.2亿元，预计2023年我国中央厨房行业产值有望达到245.4亿元，中央厨房的建设将进一步加快，有助于进一步推进食材加工行业的标准化。

品牌化也是食材加工行业的一个重要发展方向。近年来，政府出台了一系列激励农业产业化的优惠政策，其中对农产品品牌建设和农产品"三品一标"认证等方面分别给予了一定奖励，农产品品牌建设被摆在了突出的位置，支持力度明显加大。两年多来，各地农业农村部门大力推进农产品"三品一标"，取得积极成效。截至2023年底，全国绿色、有机、地理标志和"名特优新"农产品认证登记数量较2020年底增加36%，是历史增长最快时期。一些具有传统认知的特色农产品品牌建

设取得了阶段性成效，如阳澄湖大闸蟹、五常大米、洛川苹果、盐池滩羊、库尔勒香梨等。

规模化生产是食材加工行业的另一个显著趋势。由于国家扩大内需政策的推进、食材需求刚性以及供给侧结构性改革红利的逐步释放，未来食材工业仍将保持平稳增长，产业规模稳步扩大，继续在全国工业体系中保持"底盘最大，发展最稳"的基本态势。

（四）食材加工的产品类型呈现多元化发展

在聚焦主产品的基础上，产品种类进一步丰富，市场领域进一步拓宽。

营养功能化产品呈增多趋势。针对不同群体的易吸收、营养全面、低脂养颜、易消化、热量高等不同消费需求的功能产品种类和数量逐渐增多，食材精深加工产物及天然植物提取物需求量呈上升趋势。如国家重点龙头企业晨光生物科技集团股份等农产品精深加工、天然植物提取类企业的利润率呈逐年增多趋势。

预制类产品需求呈上升趋势。随着快节奏生活的普遍发展，人们对预制类产品的需求量逐渐增加。一方面，消费者在超市、便利店购买半成品食材的习惯逐渐养成，预制菜作为即热即食或者简单加热即可食用的产品，成为商家和消费者的热门选择。另一方面，餐饮业为了提高效率和降低成本，纷纷采用预制菜来简化厨房操作流程，加速出餐速度；同时，外卖行业的兴起也为预制菜提供了广阔的市场空间。

产品的安全性也受到越来越多企业的重视。企业普遍建有食品安全检验室，用于食品成分及微生物检验，食品安全可追溯将越来越被重视。

第三节　中国食材供应链流通体系分析

一、中国食材流通行业概况

我国经济正在进入高质量发展阶段，食材产业链优化助力经济发展。我国的国情、农情处于"大国小农"阶段。虽然涉及的食材产量丰富、品类繁多，但供需相对分散，导致规模化经济形成较少，物流成本相对较高。受历史及地理因素影响，农业经济是我国经济的重要支柱，贴合我国实际，但小农经济的形式难以迅速作出变革。因此，食材供应链的发展能够有效促进我国经济的发展。食材供应链的发展中一个重要的维度就是食材流通的发展，食材流通的发展不仅能降低农业生产和食材流通过程中的物流成本，提高食材流通速度，还能为经营主体提供真实、准确的有效信息，减少市场运营过程中的不确定性和盲目性，提高农民的组织化程度和食材的市场竞争力，使食材在流通过程中实现增值。此外，还能提高食材的标准化和质量安全，减少食材在运输过程中的损耗，降低和杜绝食材公共安全事件的爆发，有利于保障城乡居民的根本利益，稳定增加种植养殖端的收入，推动农业的产业化、现代化进程，提高农业的整体效益。

食材流通环节主要包含产地预冷保鲜、短驳运输、存储、长途运输、中转及末端配送等（不含产地端生产/采摘），如图 2-11 所示。

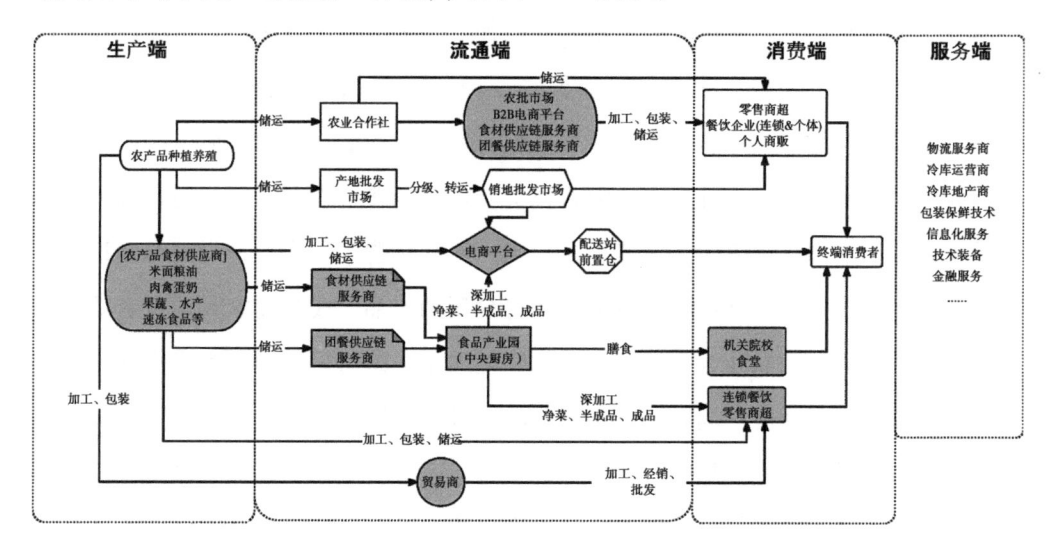

图 2-11 食材流通环节业务图谱

资料来源：中物联食材供应链分会。

预冷：该过程需要考虑不同食材的特有属性，这关系到预冷方法的选择、预冷的完成时间、预冷的能耗等。预冷能够有效提升初级食材的状态，产地预冷能够降低 18% 的流通腐损量。但冷链具有不可逆性，如果预冷环节出现问题，那么之后的储藏、运输、配送环节即使做得再好，也无法弥补对产品品质的损害。

运输：此环节为产地城市到目的城市间的长途运输过程，一般包括空运、海运、铁路运输及公路长途干线运输，运输更关注的是时效性。

存储：包含常温存储及冷库存储，存储环节主要包括收、发、存、温度监控、装卸搬运、包装、分拣、流通加工等操作环节，综合型强的园区及集散中心都具备此功能。

中转：从始发城市到终端客户配送过程中往往因货量无法实现整车直运而存在中转环节，如顺丰、京东的一级/二级转运中心，专线运输的始发/目的中转中心，一二级农批市场等。此环节需要根据食材的属性，采用不同类型的中转冷库保存，以避免因中转导致的货损。

配送：此环节主要包含末端城市配送、快递配送、终端宅配、及时配送等不同配送环节，根据B端、C端等不同的客户及不同的购买方式，根据货量及客户订单需求，选用不同的配送方式完成末端配送环节。

将各环节与实际相结合，物联食材供应链分会对食材从产地农户开始流通，最终抵达消费者手中的场景构建画像，如图2-12所示。

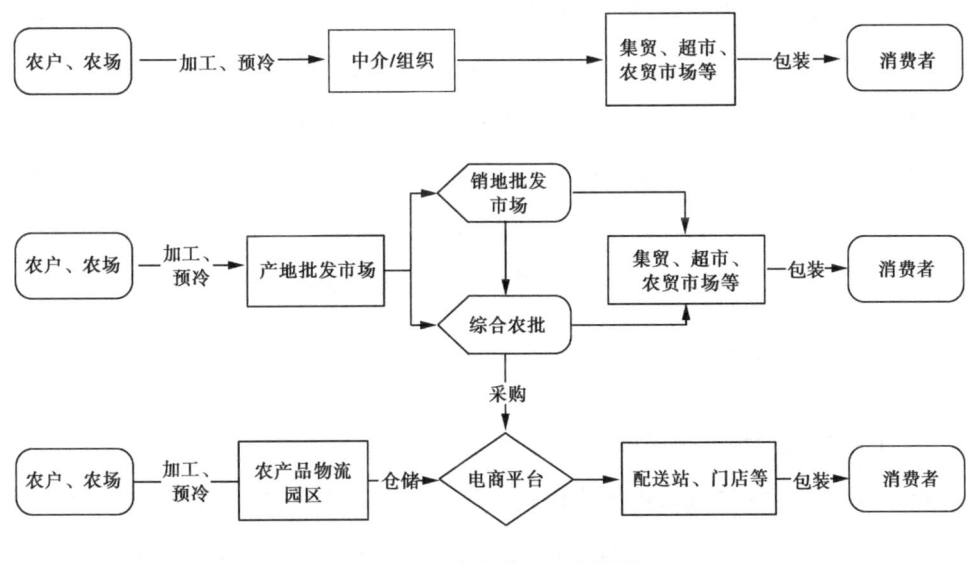

图 2-12　食材流通画像场景

二、中国食材流通行业政策利好

2023年以来，出台的食材流通政策主要围绕深化供销合作社改革、优化绿通政策、实施减税降费、强化食材加工流通业、发展现代乡村服务业以及培育乡村新产业新业态等方面展开，旨在通过一系列政策"组合拳"，提升食材流通效率，保障市场供应，促进农业产业升级，服务乡村振兴战略。

（1）深化供销合作社改革。2023年，我国多个省、市发布了深化供销合作社改革的相关政策文件，通过创新合作机制、加强组织体系建设、提升服务能力等措施，进一步发挥供销合作社在农产品流通、农业社会化服务、农村电商等方面的作用，服务"三农"发展。

（2）推动农村电商高质量发展。2024年3月5日，商务部、中央网信办、财政部等联合印发《关于推动农村电商高质量发展的实施意见》，未来5年内，我国将会培育100个左右农村电商"领跑县"、培育1000家左右县域数字流通龙头企业、打造1000个左右县域直播电商基地、培育10000名左右农村电商带头人。

（3）强化食材加工流通业。2023年，中央财办等部门发布《关于推动农村流通高质量发展的指导意见》，其中提到，到2035年，要建成双向协同、高效顺畅的农村现代流通体系，商贸、物流、交通、农业、供销深度融合，农村流通设施和业态深度融入现代流通体系，城乡市场紧密衔接、商品和资源要素流动更加顺畅，工业品"下行"和农产品"上行"形成良性循环。

（4）实施减税降费。2023年财政部和税务总局宣布继续实施农产品批发市场和农贸市场的房产税优惠政策，以支持农产品流通体系建设。

（5）"绿通"政策大调整。2023年1月，交通运输部、国家发展改革委、财政部、农业农村部等部门联合发布政策，对鲜活农产品运输"绿色通道"（简称"绿通"）政策进行调整，旨在提升服务质量和规范车辆查验，并公布了最新的《鲜活农产品品种目录》，明确了享受高速公路免费通行待遇的农产品种类。

三、中国食材流通行业发展现状

（一）食材流通环节市场情况

近年来，我国食材流通市场规模持续扩张。2023年，食材流通市场规模达到6.10万亿元，同比增长11.78%。消费者对农产品初级食材的需求由"量"转"质"，对流通端的技术水平提出更高要求。中国农产品初级食材的流通方式仍以农批市场为主，据中物联食材供应链分会统计，2023年农批市场在食材流通渠道占比为60%~70%。

市场流通主体组织化水平不断提高，尤其农产品批发市场突破地域限制，集团化发展趋势明显，行业集中度持续提升。据国家统计局数据，2018—2022年全国亿元以上农产品批发市场交易额从1.73万亿元增长到1.89万亿元，增幅9.25%（见图2-13），市场数量从853个减少至737个，降幅13.60%（见图2-14）。农产品批发市场持续推进交易方式变革与创新，稳妥推行配送制和电子商务等，节省买卖双方的交易费用，促进建立稳定的产销联系。除食材批发市场外，食材流通体制中其余主体也在逐渐壮大，组织化水平有所上升。

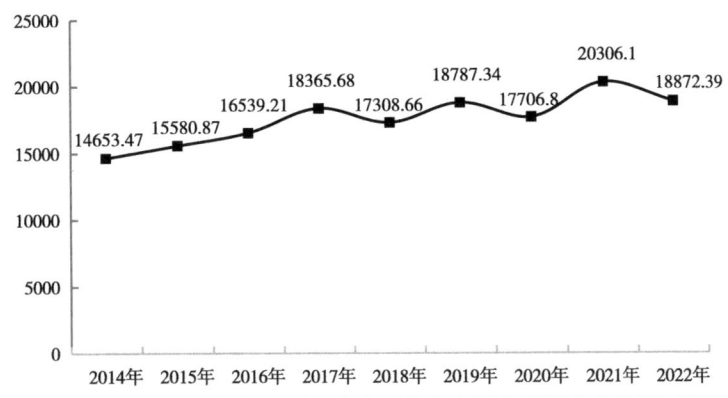

第二章　2023年食材供应链行业发展情况分析

图2-13　2014—2022年亿元以上农产品批发市场交易额变化情况（亿元）

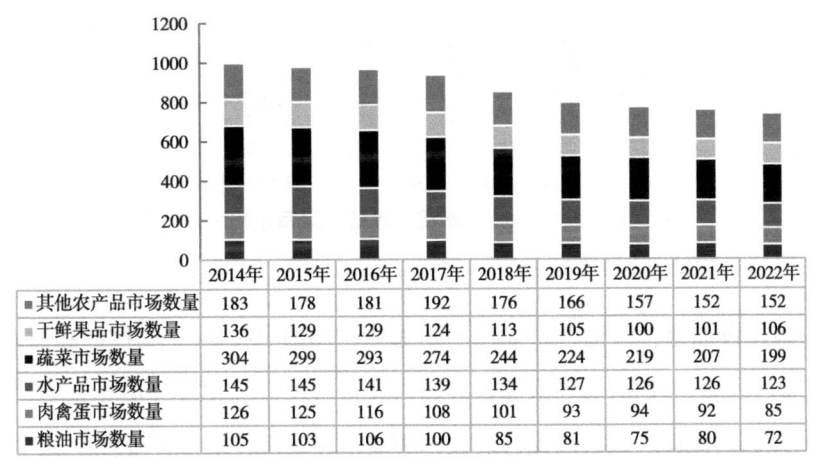

	2014年	2015年	2016年	2017年	2018年	2019年	2020年	2021年	2022年
其他农产品市场数量	183	178	181	192	176	166	157	152	152
干鲜果品市场数量	136	129	129	124	113	105	100	101	106
蔬菜市场数量	304	299	293	274	244	224	219	207	199
水产品市场数量	145	145	141	139	134	127	126	126	123
肉禽蛋市场数量	126	125	116	108	101	93	94	92	85
粮油市场数量	105	103	106	100	85	81	75	80	72

图2-14　2014—2022年亿元以上农产品批发市场数量变化情况（个）

（二）食材流通环节基础设施发展现状

物流基础设施建设投入加大，物流枢纽领域不断补强。2023年交通运输、仓储和邮政业等物流相关固定资产投资额同比增长超过10%，物流基础设施保障体系进一步完善。全年新增建设国家物流枢纽30个，累计形成125个覆盖全国、类型丰富的物流枢纽体系，为食材产业与物流聚集融合发展提供有力支撑。

农村物流网络日益健全，短板领域逐步加强。2023年全年建成1000余个县级公共寄递配送中心、28.9万个村级寄递物流综合服务站和19万个村邮站，邮快合作建制村覆盖率超70%。农村物流的发展有助于打破地理空间限制，解决产业集中度低、供应链条长等问题，让更多优质农副产品直面全国乃至全球消费市场。2024年，国家政策进一步提高快递服务乡村振兴的能力和水平，进一步完善县乡村三级寄递物流配送体系，将有效畅通农村地区"最后一公里"。

冷藏设施快速增加，冷链物流驶入快车道。天眼查数据显示，截至2023年11

月底，全国新增冷链企业 3200 余家，与 2022 年同期相比增加 2.4%。中物联冷链物流专委会公布的数据显示，2023 年我国冷链需求总量预计达到 3.5 亿吨，同比增长 6.1%。在冷链需求逐步企稳回升带动下，冷链基础设施也在加快发展。2023 年冷藏车保有量预计达到 43.1 万辆，同比增长 12.8%；冷库总量预计达到 2.28 亿立方米，同比增长 8.3%（见图 2-15）。

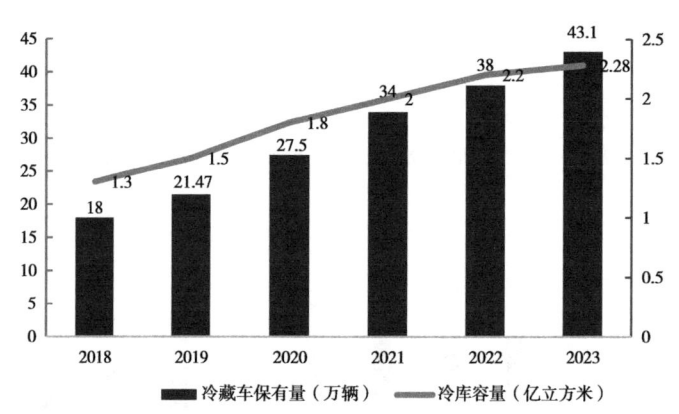

图 2-15　2018—2023 年我国冷藏车保有量和冷库容量

数据来源：中物联冷链物流专委会。

产业园建设加速，流通节点韧性不断加强。2023 年，农业农村部和财政部深入贯彻落实党中央、国务院的决策部署，加大支持力度，强化指导服务，创建了 50 个国家现代农业产业园，并累计支持建设了 300 个国家现代农业产业园，其中，四川、广东、黑龙江、山东、新疆、江苏、河南等地的园区创建数量排名较为靠前。这些产业园不仅带动了各地建设多个省市县产业园，而且示范引领了乡村产业振兴，取得了明显成效。在产业发展方面，国家现代农业产业园通过创新产业融合发展机制，推进全产业链优化升级，培育了一批集中度高、效益好的主导产业，如吉林榆树玉米、四川自贡水稻、辽宁台安生猪等。这些产业规模逐步做大，类型更加多样，成为区域产业发展的"领头羊"。截至 2023 年 12 月底，已累计建成 60 个产值超 100 亿元的产业园，平均产值达到 80 多亿元。产业园的建设能够加强食材流通节点的韧性，助力供应链的标准化及监管体系更加完善，促使中国食材流通发展成为推动经济向高质量新格局迈进的重要手段。

（三）食材流通环节技术发展现状

食材流通环节技术发展现状表现为多方面的创新和进步。首先，冷链物流技术的应用是提升食材流通效率的关键，它不仅能够保证食材的新鲜度，还能有效降低损耗率。其次，数据分析预测技术可以优化库存管理、采购和运输等环节，提高了整个供应链的效率和响应速度。最后，供应链管理技术的发展，如食品供应链管理系统（SCM）的应用，进一步优化了供应链流程，降低了成本，提高了效率。电子商务平台和移动应用的普及，使得食材流通更加便捷，消费者可以更快速地获取信息，同时也为供应商提供了更广阔的市场。区块链技术的应用则在于提高供应链的透明度和可追溯性，每一笔交易都可以被记录和追踪，从而增强了消费者的信任度。随着技术的不断进步，人工智能也开始被应用于食材供应链的各个环节，从生产、加工到流通、存储等，大大提高了作业效率，实现了集约化作业。同时，数字化转型也在食品冷链领域得到广泛应用，通过技术驱动的自动化和机器人技术，提高了仓库的兑现率、拣货准确性，加快了食材的配送速度。未来，随着技术的不断创新和完善，食材流通环节的技术发展将更加成熟，能够更好地满足市场需求，推动食材供应链向更高水平演进。

（四）食材供应链模式发展现状

我国食材供应链模式发展呈现出多元化、融合化、开放化的鲜明特征，涌现出不同的供应链发展模式。

美菜网致力于用互联网思维创新升级中国食材供应链，采用"两端一链一平台"的模式，一头连接农业，一头连接餐饮。基于此种模式，美菜网坚持打造自己的生态供应链体系，通过全程精细化管理控制采购员采购、仓储、商品品控、配送、售后等多个环节，从而改变现有食材供应链，整合仓配资源与产品资源。在采购方面，深化源头直采，紧密联结农户与餐饮企业，构建长期稳定的供应链合作关系。在产业链中游，美菜网自建仓储与冷链物流体系，确保食材新鲜高效送达。其下游服务精准定位中小型餐饮市场，有效满足其多样化需求。

美团快驴采用轻资产的"自营+平台"模式，其食材集采共配模式可以集合末端商户需求进行产地直采和"一批"直采，实现规模效应，缩短供应链条和环节，提高供应链效率。通过租赁高标准仓库和恒温仓库快速搭建仓储网络，自主研发仓配管理系统，自主运营仓储体系，保障生鲜品准时、安全、高效、快捷周转。针对餐饮客户，通过强大的用户偏好数据萃取共性需求，同时为餐饮客户提供新菜品开发，新店定位，季节性口味差异调整等多种服务功能。

四、食材流通环节痛点问题

我国食材行业处于高速发展的阶段，但食材流通环节仍存在很多痛点问题亟须解决。

(一) 各地团体标准难以统一

各地方标准、团体标准难以统一，无法实现流通环节高标准化。截至2023年，我国出台食材质量分级导则的标准按照不同食材进行划分，各自品类也有分级的行业标准、团体标准等100多个，但不互通。导致当前生产者在产后分级时在参照国家标准的基础上，更多会依据客户的标准要求进行分选。同时食材供应链的全程标准化体系还未能全面覆盖，还需进一步完善各类标准化体系的搭建。

目前国内缺乏整体性的规划，国内食材供应链逐步呈现出流通主体规模偏小，产业化和组织化水平还有待提高的特性。我国产地端已初步形成食材流通主体多元化的局面，家庭农场、农民经纪人、农民合作社、多级批发商、商贸企业、产销一体化企业、第三方物流公司等不同流通主体丰富了食材市场业务场景，但由于其规模小，大多处于松散状态，导致整个流通环节链条更为冗长，标准化难度大幅提升。此外，中国的食材在产地几乎没有包装，而是以简易方式运输到消费地的批发市场，食材的挑选、分级及包装没有严格统一的标准，因此，亟待加快食材流通过程中的标准化建设。

(二) 温控物流成本高

温控物流配送普遍存在配送成本高的问题，其原因在于配送路径和配送车辆货物装载率不佳。在冷链物流终端配送过程中，城市物流网络是相对分散的，用户所处的位置也十分分散，存在难以有计划地制定配送路线完成配送等问题，难以满足标准《鲜食果蔬城市配送中心服务规范》（GB/T 35105—2017）中规定终端配送过程应选择合理装卸载工具、制定合理配送路线完成及时配送的要求。此外，因不同时期生产的食材类型不同及客户季节性需求不同，导致出现不定期配送、配送环节杂乱现象。

据调研，某加工企业与第三方冷链物流合作，该企业所生产的短保产品在配送过程中车辆装载率仅为30%，存在运输资源浪费和较高的物流成本问题。究其原因，主要是由于其资源与需求的分布较为分散，而其产品属性对运输时效要求较高，导致了配送车辆空载率上升、配送路线过长、配送物资安排不合理，进而造成配送成本上升，货损率增加。因此，如何采取有效的方式方法，规划合理的方案，设计有效配送路径进行低温食材的冷链配送，成了目前亟须解决的一个重要问题。

(三) 渠道组织间的资源配置不合理

近年来，我国农超对接、电子商务、基地直供等新兴交易模式迅猛发展，但批发市场、零售市场和超市仍然为农产品流通的主渠道。由于各渠道组织间缺乏合作，区域市场割裂严重，获取的信息时效性差，产销信息交流不及时造成产销脱节，部分农产品出现价低且滞销现象。组织间的信息反馈功能未能发挥提高资源配置的作用，大量资源的耗费导致成本增加，制约了流通系统整体效率和效能的提升。各渠道组织的销售能力、管理能力、流通效率、基础设施等发展很不均衡，其中批发市场和零售市场较为分散，资源配置不合理。加强组织间的信息流通能够促进批发部门和零售部门资源的整合和优化，加速农产品批发市场和零售农贸市场转型升级，实现农产品流通渠道中资源的高效配置。

（四）流通基础设施尚待完善，食材损耗率较高

仓储、物流、交易场地等基础设施是农产品流通供应链商业模式发展的基础，但目前我国农产品流通供应链的基础设施体系存在诸多薄弱环节。从物流来看，除干货外的多数农产品的流通需要严苛的环境条件，然而流通环节设施很难满足其要求，我国备用制冷设备的冷链车辆占比较少，生鲜农产品的冷链运输率较低。数据显示，我国各类农产品冷链平均流通率仅为30%左右，冷藏运输率约为53%，远不及美国和欧洲水平。从仓储和交易产地来看，食材产地温控物流网络不完善，产地规模化、专业化的第三方温控物流企业数量少，在县、镇、村缺乏不同层级的温控集散中心、分拨中心和温控运力，仅有极少数农业龙头企业购置真空或风冷预冷设施，大部分生产者采用土建冷库配套多个冷风机快速打冷的方式代替实现预冷功能，效果与专业预冷设施差距明显。产地冷链设施设备存在季节性闲置，食材具有固定的生长周期。受季节性的影响，冷库、分级、包装等设施设备会随食材成熟上市高频使用，在食材未采摘时出现闲置的情况。

由于流通基础设施不完善，我国食材损耗率也比较高。2022年我国共损耗浪费4.6亿吨食物，其中收获后处理这一环节损失较为严重，达到1.57亿吨。从各品类食材看，我国奶制品冷链运输率与发达国家水平相近，损失率差距较小。规模以上企业的蛋类冷链运输率与发达国家差距较小，损失率偏高主要是因为在实际流通过程中搬运、存储、运输过程中的物理性损失较大。水产品及肉类冷链运输率分别约为69%和57%，流通损失率分别约为15%和12%，损失率平均为发达国家的2~3倍。我国果蔬冷链运输率仅为15%左右，流通损失率在众多品类中最高，约为25%（见图2-16）。其中，蔬菜是损失率最高的食材，2022年总体损失率达到34.4%，收获后处理是蔬菜损耗最严重的环节，占总损失的49.4%。一棵白菜，从地头到餐桌，可能只剩下一半不到。

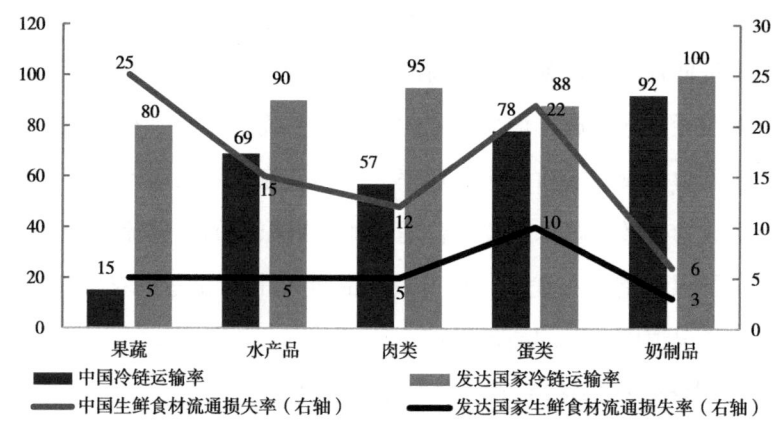

图 2-16 2022 年各品类食材冷链运输率及冷链运输中的食材流通损失率（%）

数据来源：国家统计局、中国物流与采购联合会。

（五）传统食材批发市场缺乏科学有效的运行机制

食材批发市场存在重复建设的问题。相邻区域内建设功能相同的农产品市场会引发恶性竞争，直接损失市场与摊位商户的经济利益，最终因经营不善而遭废弃，浪费土地资源。由于选址时缺少整体性的规划，运往批发市场的重型货车在进城时可能会造成交通堵塞。现存大部分农产品批发市场建设年代较久远，老化的设施难以与现代化供应链相结合，市场内部与外部的信息共享存在着严重的不足，各个交易主体较为混乱。一些市场缺乏农产品质量检测技术以及产地溯源系统未全面应用，无法为消费者提供可靠的质量检测结果，难以激发消费者的购买需求，损害市场的长远发展，造成了农产品批发市场的运行困境。

五、中国食材供应链流通趋势展望

中国食材供应链流通领域作为连接农业生产与餐饮消费的关键纽带，正展现出一系列深刻变革与创新发展的趋势，预示着一个更为高效、智能、绿色、个性化的食材流通新时代的到来。

（一）中国食材供应链模式更加短链化

短链化是未来食材供应链生态发展的重要方向，其重点是尽量缩短供应链环节，减少物流运输次数，降低物流成本，提高流通效率。通过加强食材购买者和销售者之间的联系，不断优化食材流通路径和仓储网点布局，密集物流网点，减少能源消耗。具体包括减少食材在运输中的装卸次数，缩短运输时间，高效解决购买者和销售者之间的信息不对接、沟通不畅通等问题。伴随智慧零售的发展、新一代物流的技术进步、全球产业链供应链的重构以及数字化升级的需求，流通环节更短的食材流通模式将在信息技术赋能下得到进一步普及。

云仓建设通过优化库存管理、提升配送效率和准确性、增强供应链透明度和协同工作，显著促进了食材供应链的短链化，将有望在食材供应链中得到进一步应用。云仓是通过整合社会闲置仓储资源、构建全国分仓而形成的网络体系，可通过中央云系统对整合后的下属分仓库存进行完美调拨分配和货物出入库（见图2-17）。当前，企业在供应链建设中多采用自建仓储或外包仓储两种模式，其中，自建仓储对于初创供应链服务平台企业而言，意味着一笔高昂的前期投入，并涉及自建管理系统的压力。对于采用外包仓储的企业而言，因供应商服务参差不齐，部分企业需要与多个仓储供应商合作才能满足其业务需求，尤其是容易发生仓储"爆仓"的节假日时期，采用外部仓储可能会造成商品配送延误等问题。未来，云仓"整合社会闲置仓储资源"的特性可以有效缓解企业自建仓储与外包仓储的弊端，对供应链企业有着促进订单提速、加强供应链时效、降低库存成本等优势。近年来，拼多多、京东、淘宝、天猫、字节跳动（抖音）等国内大型电商平台大力发展云仓建设，这对提升产业链供应链效率有重大意义。

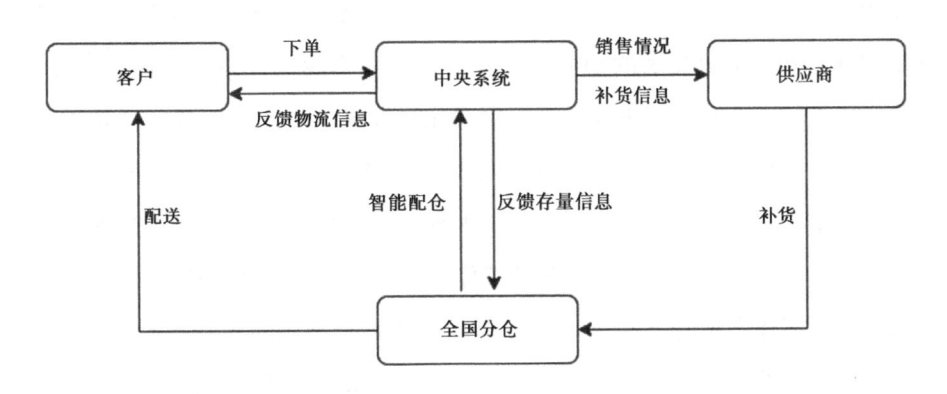

图 2-17　云仓供应链模式

资料来源：中物联食材供应链分会整理。

（二）食材溯源与食品安全监管的透明化进程将大大加快

食材行业高速发展的同时也频繁爆出供应链溯源体系的缺陷，在现有的溯源条件下，大部分农产品只能实现"孤立溯源"，全链条上的信息被分散在多人之手，彼此孤立，信息的真实性也难保证，难以实现真正的溯源。未来随着RFID（射频识别）、区块链技术有望融入食材供应链体系，我国食材溯源将会更加透明化、便捷化，食材从田间到餐桌的全程信息将得以精确记录并公开可查，消费者可以轻松获取产品来源、生产日期、检验报告等详细信息，增强消费信心。同时，监管部门能够实时监控供应链动态，精准打击违法行为，有效防范食品安全风险。

近年来，相关食材企业大力发展供应链溯源系统，大大推动了供应链溯源体系的发展进程。例如望家欢农产品集团建立了一套依托 SaaS（软件即服务）系统的溯源解决方案，并基于物联网与区块链的智能种植养殖体系以及农残联网快检仪、智能分拣电子秤、车辆管控信息化方案等溯源工具，将前端生产、质量检测、分拣称重、配送路线冷链温度等信息实时上传至集成系统，任意一方均无法随意篡改，保证溯源内容的可信度，将上下游供应过程中的各项交互信息实时集纳、存储固定，实现全链条溯源。

（三）供应链的数字化与智能化转型将深度重塑食材流通效率

随着比特时代到来，基于 5G 技术的高速发展，各大互联网大厂的进军将迫使食材供应链进行数字化升级，迈入数字化流通新阶段。一是软件的智能化发展。在过去很长一段时间，食材物流供应链发展仅仅是指操作者与被操作者之间的关系，即人通过操作设备来实现物流发展。传统物流供应链更多强调设备的机械化和自动化发展，着重强调设备等硬件的更新和发展，软件系统在物流供应链发展中几乎起不到作用。随着 5G 时代的到来，食材物流供应链更看重软件系统的智能化发展，呈现出软件与硬件融合发展的趋势，软件的作用越来越大，甚至占据了主导作用。如现阶段先进的无人仓系统集成、智能自动化仓库系统集成等工程。二是供应链的智能化发展。主要是指在供应链运行和发展过程中逐渐减少人的参与程度。一旦物流供应链整个过程实现智能化发展，将最大程度减少由于人为操作不当等因素造成的错误和影响，进而提高物流供应链的工作效率。三是供应链的数字化发展。5G 时代，供应链数字化发展必须在最大程度上利用大数据技术对供应链过程进行分析，不断提高供应链的数字化进程。四是数字协同化发展。在当前的食材物流供应链发展中，电子商务起到了巨大的推动作用。数字协同是指智能供应链和电子商务的深度融合发展要在开放物流供应链主要数据的同时，获取多元化隐性数据，并实现跨行业订单接入、服务协同分拨等。基于云计算、大数据、物联网等先进技术构建的一体化供应链信息服务平台，将实现订单、库存、物流状态的实时同步与智能分析，帮助链上各方精准预测需求、优化库存、快速响应市场变化，显著提升整体运营效能。

（四）供应链产业生态更加协同共生

伴随产业链纵深一体化的加深，平台经济的崛起，供应链各环节要素之间形成深度整合、高效协作的关系，将共同营造出一个更加紧密联结、互惠共赢、可持续发展的生态系统。一是食材供应链的各个环节，包括种植养殖、加工、仓储、物流、销售乃至消费反馈，将实现更高程度的纵向一体化。农业生产企业与下游的加工、流通企业通过资本、技术、信息共享等方式深度融合，打破传统的单一买卖关系，形成利益共同体。这种模式将有利于优化资源配置，减少中间环节，降低成本，提升产品质量控制力，同时也使产业链上下游能更好地响应市场需求变化，实现供需动态平衡。二是平台经济驱动资源整合。电商平台、供应链管理平台等新兴业态将发挥关键作用，通过搭建开放、透明的信息交互平台，实现农产品供应商、采购商、服务商等多方的有效对接。平台经济打破了地理空间限制，促进了跨区域、跨行业的资源整合，有助于形成规模效应，提高供应链整体运行效率。同时，平台提供的大数据分析、智能匹配等功能，有助于精准对接供需，减少信息不对称，进一步提升协同效应。三是共享经济理念融入实践。共享仓储、共享物流、共享农事服务等模式逐渐兴起，各类市场主体以租赁、合作、联盟等形式共享资源，降低单个主体的投资负担和运营风险，提高资源利用效率。例如，共享仓储可以解决季节性农产品储存难题，共享物流则有助于分散运输压力、减少空驶率，共享农事服务（如农机租赁、农业技术服务）则助力小农户获得专业化支持。

（五）流通环节的损耗率将会有所减少

近年来，我国实施了多项政策、法规、措施，降低食材损耗浪费，如2021年4月通过并正式施行的《中华人民共和国反食品浪费法》，涵盖食材生产、加工、运输、储存、销售、餐饮服务等全链条，要求各环节采取措施减少食材损耗。此外在农业设备、农业科技等方面同样针对损耗浪费进行了大量攻关。一是农产品产地仓建设不断加强，打通"最先一公里"，整合合作社、农户等农产品货源，实现源头直采，从而减少源头损耗。二是随着物联网、大数据、云计算等先进技术的应用，冷链物流将进一步智能化，实现全程温度、湿度、气体成分等环境参数的实时监测与调控，确保农产品在运输途中保持适宜的储存条件，显著减少因环境因素导致的质量损失。三是精简分销层级，通过电商平台、社区团购、产地直供等多种形式缩短供应链长度，减少食材在流通环节的停留时间，避免了传统多级分销中的多次搬运、储存造成的损耗。

第四节 食材消费情况分析

一、食材消费现状

2023年,我国食材消费市场规模达到9.36万亿元,同比增长10.31%。其中,零售食材消费规模达到7.25万亿元,同比增长8%。餐饮食材消费规模达到2.12万亿元,同比增长20.72%。

(一)餐饮端

2023年,国内餐饮消费持续恢复,促消费政策的推行和旅游业井喷带来餐饮业经营业绩大幅提升。根据国家统计局数据,2023年,我国餐饮收入首次破5万亿元大关,达到5.29万亿元,同比增长20.4%,年复合增长率达7.01%,对于食材消费的拉动作用明显(见图2-18)。

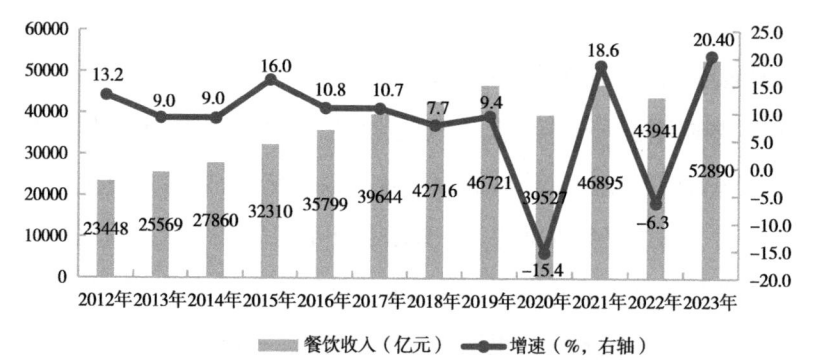

图2-18 2012—2023年餐饮收入及增速

数据来源:国家统计局。

2023年,对于餐饮行业注定是不平凡的一年,这种不平凡表现在一面是行业大盘的火热,另一面是市场竞争的加速和个体的内卷。面对复杂的环境,2023年我国食材消费端餐饮行业的发展呈现出以下新特征。

1. 餐饮连锁化率逐步提升

我国餐饮连锁化率持续提升。根据美团数据,我国餐饮连锁化率从2018年的12%提升至2023年的21%,提升显著(见图2-19)。虽然我国餐饮连锁化率达到了21%,但相较于其他国家的连锁化程度还有很大提升空间。公开资料显示,2023年瑞士、澳大利亚、新加坡、德国的连锁化率为30%~40%,法国、俄罗斯、韩国、英国的连锁化率为40%~50%，日本连锁化率已超50%，美国连锁化率达60%，加拿大的连锁化率更是高达65%。以上国家餐饮连锁化率较高的原因除餐品标准化程度相对较高、较容易复制外，也与其国民经济发展和消费者生活水平提升相关。随着我国经济的发展、食材供应链水平的提升、餐饮企业现代企业制度的建立和完善，相信我国餐饮连锁化率也会不断提升。

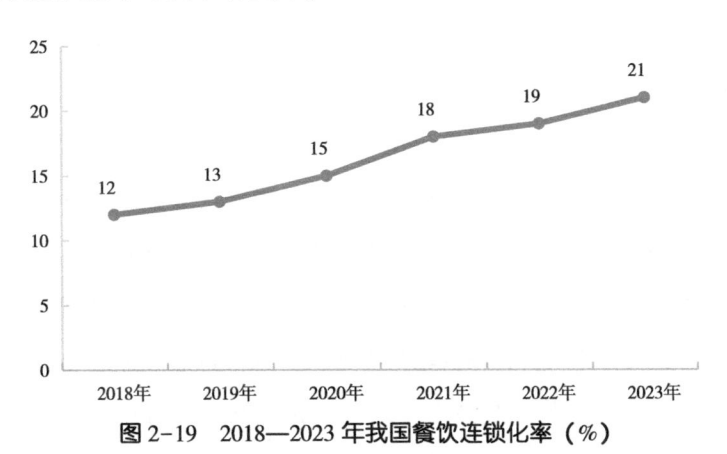

图 2-19 2018—2023 年我国餐饮连锁化率（%）

数据来源：美团。

2. 餐饮市场加速出清

食材消费端餐饮业迎来洗牌时代，大连锁迎风生长，众多中小企业或新进入者则亏损严重，关停、倒闭成常态，市场分化趋势明显。

从吊销企业数量的绝对值来看，2023年餐饮企业吊销数量创2020年以来的新高，企查查数据显示，截至2023年12月21日，国内餐饮企业注吊销数量超过126.5万家，是2022年全年餐饮企业注吊销量的2倍多。中物联食材供应链分会数据显示，从2023年6月到11月，有约35%的连锁餐饮品牌门店数量收缩至1家，其中大部分为小型连锁餐饮企业。从闭店率来看，东吴证券数据显示，我国餐饮企业闭店率逐年攀升，2019年餐饮企业闭店率为14.8%，而2023年闭店率为30.9%，闭店率上涨了1倍有余。

不同的餐饮业态也呈现出不同的发展趋势。中物联食材供应链分会会员企业哗啦啦的数据显示，除火锅品类外，大型连锁企业门店数量的增长率为5%~17%，而小型连锁企业门店数量则缩减1%~36%。其中，茶饮及烧烤业务加速洗牌，门店数量较2022年下降幅度超30%，火锅门店数量全面收缩，正餐大连锁拓店速度较快。供应链体系的健全与否、规模化程度的高低成为影响餐饮企业发展走向极其重要的因素。

3. 餐饮业态下沉与县域品牌逆袭并存

城乡餐饮消费差距逐渐缩小、消费分级现象（消费升级与消费降级现象共同存在）凸显，一线品牌下行与县域品牌上行并存，而这种下行既表现为从高线城市向低线县乡发展，也表现为从繁华商业中心向居民区、社区店辐射。

一线品牌"下凡"瞄准的是万亿元级的下沉市场。根据普华永道的数据，我国总消费规模为 39.44 万亿元，其中一线城市、新一线城市、二线城市的消费规模分别是 4.03 万亿元、6.52 万亿元、6.72 万亿元，据此可以估算出我国下沉市场的消费规模在 22 万亿元左右，是一个庞大的未被充分开发的市场。美团《2023 年县域生活服务消费报告》显示，2023 年前三季度，县域餐饮服务订单量五年复合增长率达 40.9%，县域居民餐饮（不含外卖）消费订单量较上年同期增长 43%，平台上有交易消费者人数相比 2022 年同期增加 49%，消费者年人均外出就餐频次为 13.6 次，相较 2019 年人均外出就餐频次增加 1.8 次。众多的餐饮品牌也看到了低线城市广阔的市场空间，纷纷布局低线城市。以星巴克为例，根据其开店计划，下沉市场是其新的重点区域。2023 年，星巴克已经在山西阳泉、江西萍乡、河南周口等经济较为一般的地级市，甚至在山东的县级城市——胶州县开设了门店。

以米村拌饭、塔斯汀、华莱士等为代表的县域品牌纷纷在一二线城市开店，走上了"农村包围城市"的道路，2023 年新增门店数量大增。以米村拌饭为例，极海品牌监测数据显示，截至 2023 年全国共有门店数量 1127 家，全年新增门店数量 438 家（见图 2-20）。截至 2024 年一季度，米村拌饭一线、新一线和二线城市门店占比总计已超过 60%（见图 2-21），作为一个从四线城市延吉起家的餐饮企业，门店数量最多的城市是一线城市北京，其次为二线城市沈阳，逆向扩张速度非常快。

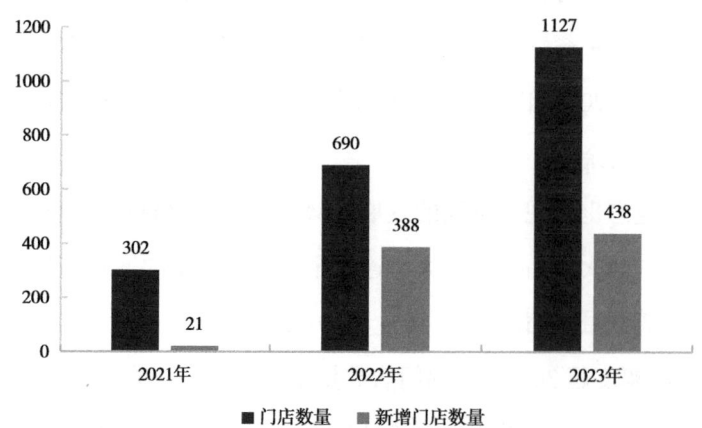

图 2-20 米村拌饭门店数量（家）

数据来源：极海品牌监测平台。

图 2-21 米村拌饭城市分布

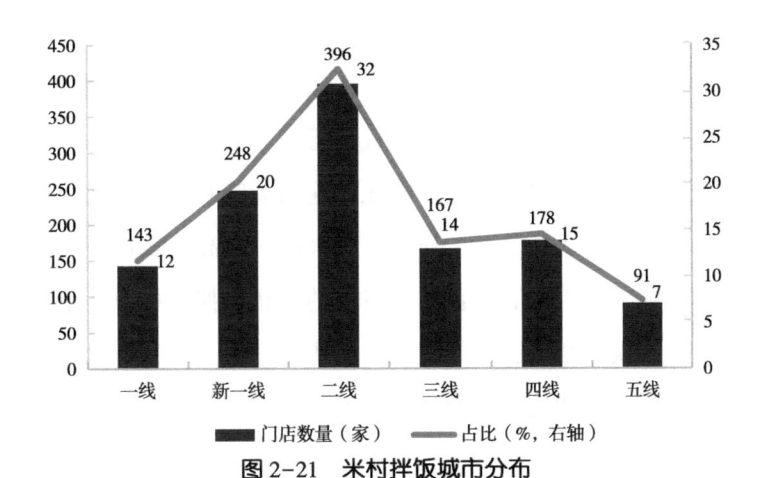

数据来源：极海品牌监测平台。

再如另外一个县域品牌塔斯汀，截至 2024 年一季度，全国共有门店数量 6960 家（见图 2-22），一线、新一线、二线城市门店数量占比为 52.8%（见图 2-23），其门店多集中于住宅区、学校周边，瞄准的也是喜爱性价比和便捷性消费人群。

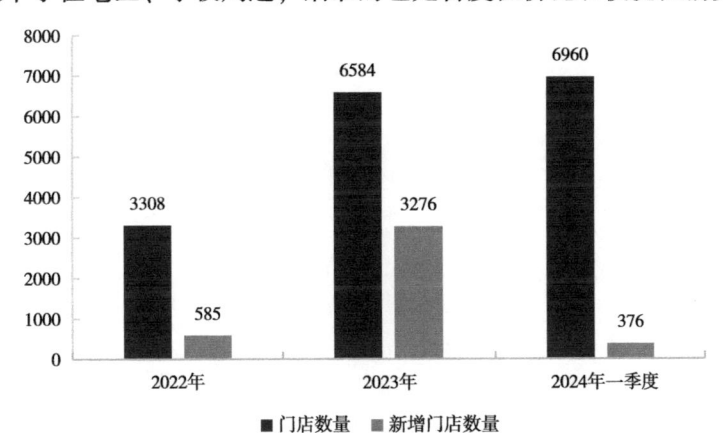

图 2-22 塔斯汀门店数量（家）

数据来源：极海品牌监测平台。

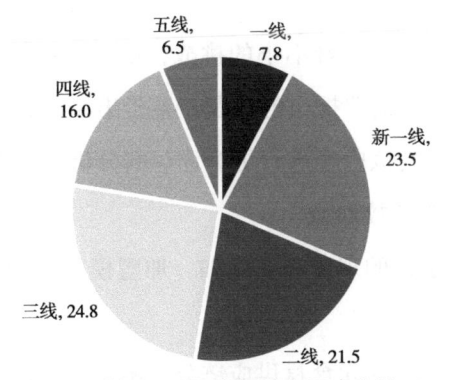

图 2-23 塔斯汀不同线级城市门店占比（%）

数据来源：极海品牌监测平台。

县域经济的发展、营商环境的不断改善为品牌下沉提供了发展空间，基础设施建设日益完善使得连锁品牌供应链下沉也成为可能。同时，随着乡镇居民收入水平的提升，城乡居民消费需求和习惯趋于同化，连锁品牌利用标准化、规范化的优势丰富了下沉市场消费者的选择。对于县域品牌来说，在高线城市开店瞄准的是一二线中低消费群体。随着一二线消费者消费习惯的变化，拥有极致性价比、高度标准化的快餐、小吃、茶饮等县域品牌更易获得消费者青睐，而极简的 SKU（最小存货单位）则有助于县域品牌快速建立起供应链上行通路。

4. 出海成为热潮

若论 2023 年餐饮市场的热搜词汇，"出海"必有一席之位，而且在 2024 年将会进一步延续。

我国餐饮品牌出海首选地以东南亚的新加坡、东亚的日韩、北美的美国为主（见图 2-24），主要原因在于这些地区是海外华人聚集区且收入水平较高，利于快速打开市场。

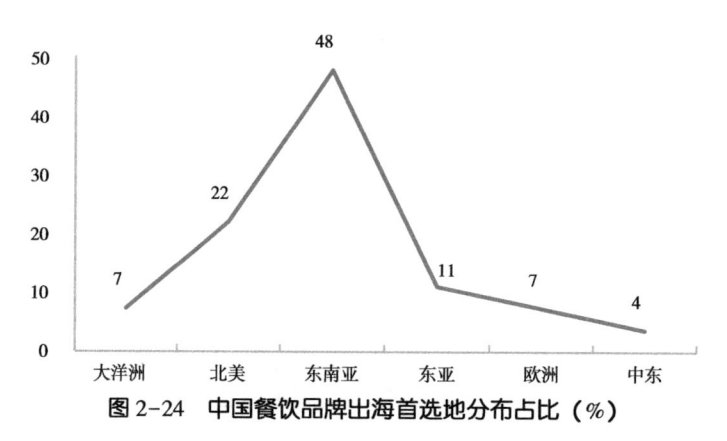

图 2-24 中国餐饮品牌出海首选地分布占比（%）

大洋洲 7，北美 22，东南亚 48，东亚 11，欧洲 7，中东 4

数据来源：公开资料，中物联食材供应链分会整理统计。

但我国餐饮品牌出海仍面临着不小的挑战，如适应性挑战、合规性挑战等，而企业应采用何种策略应对是需要探讨的话题。鉴于出海是 2023 年食材供应链行业的大热点，第三章第三节会就该内容进行更为详尽的分析与阐述。

5. 连锁餐饮企业纷纷开放加盟

2023 年，品牌拥抱加盟的现象正在增加，加盟模式有助于企业快速拓店，也有助于连锁化率的提升。

（1）品类分布。根据中物联食材供应链分会不完全统计，2023 年，开放加盟的品类以茶饮、咖啡和快餐类为主，占比分别为 27%、27% 和 36%。2023 年重点开放加盟的品牌见表2-7。

表2-7 2023年重点开放加盟品牌

品牌	加盟模式	品类	开放时间
喜茶	特许经营模式	茶饮	2022年
奈雪的茶	特许经营模式	茶饮	2023年
乐乐茶	特许经营模式	茶饮	2023年
海伦司	托管模式	小酒馆	2023年
瑞幸	带店加盟	咖啡	2023年
库迪	联营模式	咖啡	2023年
挪瓦	特许经营模式	咖啡	2023年
老乡鸡	特许经营模式	快餐	2022年
和府捞面	联营模式	快餐	2023年
陈香贵	—	快餐	2023年
张拉拉	—	快餐	2023年

数据来源：公开资料，中物联食材供应链分会整理统计。

注：瑞幸、海伦司为重新开放加盟的时间。

对于大部分的正餐品牌来说，直营是其主要的经营方式。而2024年伊始，随着海底捞、太二酸菜鱼宣布开放加盟，加盟的这股风还是吹到了正餐赛道。不同于小吃、快餐等赛道大力拥抱加盟的态度，正餐赛道开放加盟相对更加谨慎，多采取特许经营的模式，对加盟商的要求较高。

（2）主要的加盟模式。

①合伙人模式：指在品牌方总部进行统一管理的前提下，品牌通过与合伙人共同投资、共享收益的一种加盟方式。合伙人可以是企业外部人员、企业内部员工，如区域经理、店长、厨师、店员等，在该模式下不同品牌合伙人的出资方式、出资比例、分成/分红方式往往是不同的，同一品牌随着企业经营发展，合伙的具体形式也会发生变化。

以南城香为例，实行的是"门店承包制+岗位承包制"。总部和店长签订承包协议，根据门店上一年的盈利状况给店长定任务，店长按任务金额上交给总部承包费，多赚钱的部分和总部店长分成。同时，很多岗位也实行承包制，不同岗位按照业绩进行抽成。

以米村拌饭为例，根据其最新的合伙人招募公告，事业合伙人负责门店位置及外部关系处理，门店运营由米村拌饭统一指派具备门店管理能力资质的店长来进行运营管理，在分红方式上，事业合伙人分纯利的85%，公司团队分纯利的15%。

合伙人模式能够让员工与企业保持一致的目标，把公司的事当成自己的事，员工与企业心往一处想、劲往一处使，有利于品牌的快速发展。

②特许经营模式：是一种类直营的加盟模式，由品牌总部向加盟商收取加盟费，投资、经营基本以加盟商为主，品牌对加盟商进行统一的管理，如统一的标识、统一的产品品质、统一的服务规范、管理标准等，这种模式对加盟商的管理经验要求较高。

如麦当劳及海底捞、喜茶、老乡鸡等均采用特许经营模式，品牌方对加盟商的统一管理目的在于加盟门店与直营门店执行同样的运营标准，有利于品牌形象的维护。

③联营模式：品牌方不收加盟费、品牌管理费，主要从加盟商的门店收益（一般为毛利）中抽成，多采用阶梯式抽成的形式。其中，带店加盟是以联营合作模式为基础，面向租赁合同期内正在经营的店铺或自有产权商铺的投资者推出的一种新型联营合作方式。联营模式以库迪为代表，带店加盟模式以瑞幸为代表。

④全托管模式：加盟商把门店托管给总部，由总部统一管理，总部承担选址、装修、招聘、培训、运营、市场等事务，降低了加盟商的经营风险，典型的代表有西少爷、七八冷面等。

（3）加盟面对的挑战。直营和加盟两种模式各有优缺点（见表2-8）。2023年，众多品牌面临增长压力，而加盟有助于快速拓店，成为众多品牌的"第二增长曲线"。但是，对于直营转加盟，品牌也面临着一定的挑战。

表2-8 直营、加盟模式对比

模式	适用场景	优 势	劣 势
直营	强调服务和调性的品牌正餐	1. 品牌效应强、盈利能力强 2. 易于供应链管控，易于品控	重资产投入，扩店速度慢，投资回收周期长
加盟	茶饮、小吃、快餐等易于标准化的品类	1. 运营模式比较轻，易于快速拓店 2. 品牌方主要负责供应链建设和运营管理，租金和人力成本均由加盟店负责	1. 供应链管理难度较大 2. 容易影响品牌口碑

首先，供应链管理难度加大。直营模式下的供应链管理方式无法完全复制，开

放加盟后要加强全流程管控力度，尤其是供应链稳定性和品质管控。其次，品牌形象风险加大。加盟商的管理水平和经营能力参差不齐，如果品牌管控不力可能导致品牌形象受损。再次，食品安全问题风险加大。加盟商可能对食品安全标准执行不力，导致食品安全问题。最后，门店增加可能导致市场竞争的加剧。

（4）餐饮加盟的新变化。随着越来越多的品牌认识到加盟的重要性，餐饮品牌对加盟的态度也发生了新的变化。首先，加盟门槛越来越高，要求有餐饮从业经验、有一定的资金实力。其次，对加盟商的管理愈加规范。运用数字化工具对加盟商进行管理，强化供应链管理和品质管控。最后，品牌方更加倾向于与加盟商实现合作共赢。加大对加盟商的支持力度，不再局限于挣快钱、挣加盟费和管理费。

（二）食材零售端

根据国家统计局数据，2023年，我国人均食品烟酒消费支出为7983元，其中食品类消费支出占比最大，中物联食材供应链分会根据历年各支出项占比情况进行预测，2023年，人均食品消费支出预计为5301.5元，对比2022年的4917.1元增长7.82%。而根据历年统计数据来看，在食品类消费支出中食材消费支出占比约97%，可以推算出2023年，我国人均食材消费支出将达到5142.5元（见图2-25）。

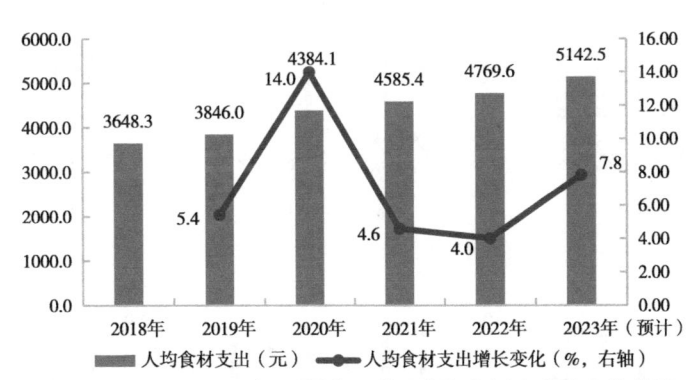

图2-25 2018—2023年（预计）我国人均食材支出及变化情况

数据来源：国家统计局，中物联食材供应链分会。

1. 主要食材消费渠道分析

Statista数据显示，2023年我国主要食材品类消费渠道占比如图2-26所示。其中新鲜肉类线下消费占比高达93.7%，其余新鲜蔬菜、水果，鱼类及海产品，牛奶，鸡蛋的线下渠道占比维持在80%~85%之间。我国肉类消费主要以热肉和冷鲜肉为主，尤其是南方地区喜食热肉，而这一类肉更多的是通过农贸市场触达消费者。

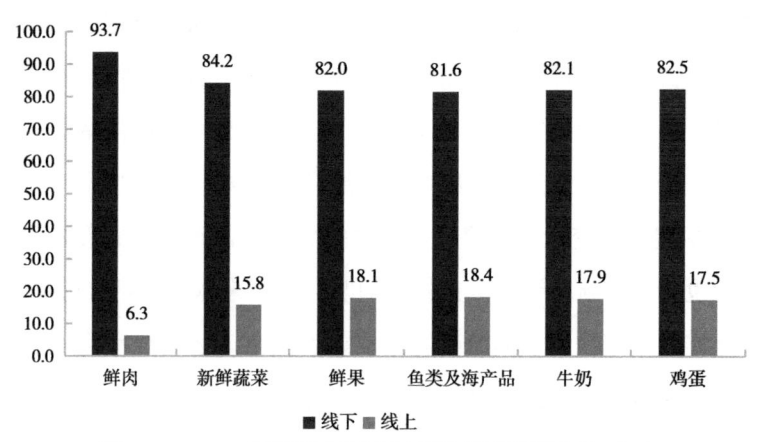

图 2-26 2023 年我国主要食材品类消费渠道占比（%）

数据来源：Statista。

我国食材消费一直以来都是以线下渠道为主、线上渠道为辅，线上渠道占比在 2020—2022 年快速提高，2023 年随着防疫政策的调整，线上渠道的占比开始下降，从长期来看，随着电商、直播等业态的发展，线上渠道占比将呈提升态势（见图 2-27）。

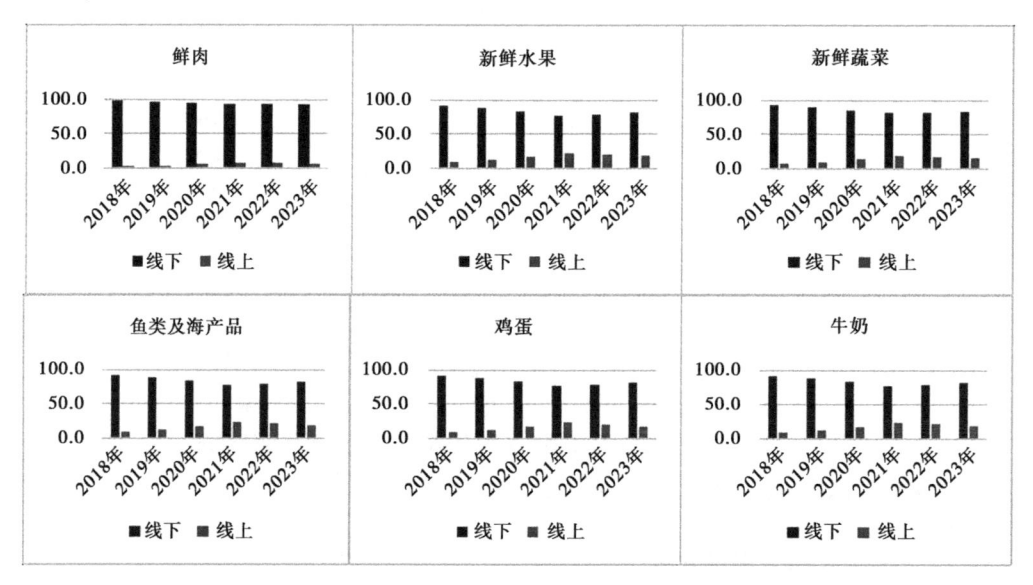

图 2-27 主要食材品类 2018—2023 年线上线下消费额占比（%）

数据来源：Statista。

2. 食材零售端发展新特征

（1）超市便利店洗牌加剧。作为食材主要消费端之一的餐饮业在 2023 年迎来了大洗牌，零售企业也面临着类似的境遇，企业破产重组或关闭门店屡见不鲜。公开资料数据显示，2023 年家乐福（中国）关闭 147 个门店、大润发关闭 106 个门店、联华超市关闭131个门店，业绩不佳或亏损是主要原因之一。

（2）生鲜专门店拓店速度放缓。对于生鲜专门店，头部的几家企业如锅圈食汇、百果园、钱大妈、鲜丰水果等，2023年门店数量持续缓慢增长。公开数据显示，2023年，锅圈食汇新增门店数量1086家（见图2-28）、百果园新增门店数量443家（见图2-29），但对比历年新增数量，增速明显呈放缓趋势。

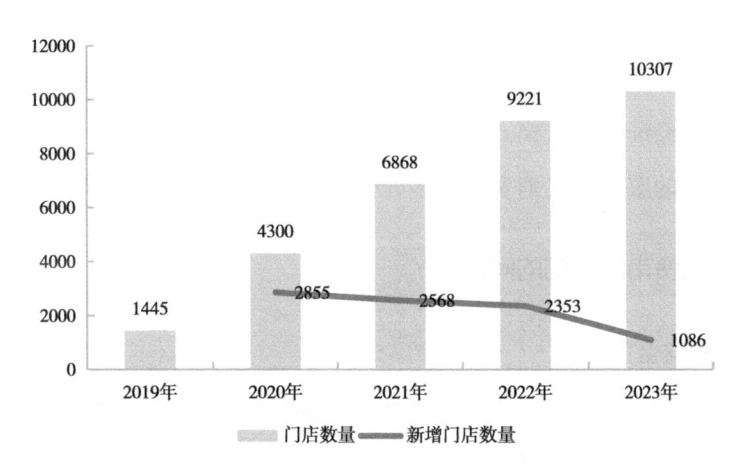

图2-28　锅圈食汇2019—2023年开店情况（家）

数据来源：公开资料。

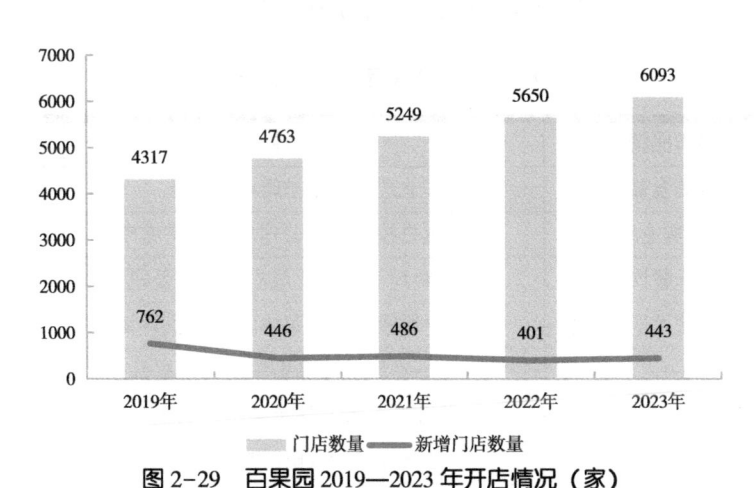

图2-29　百果园2019—2023年开店情况（家）

数据来源：公开资料。

生鲜专门店主要依靠加盟商进行门店扩张。加盟模式有利于企业扩张，但劣势同样明显，主要表现在企业对加盟门店的管控力度相对较弱，导致一些加盟店不服从总部的管理要求，引发一系列问题，尤以食品安全问题最为严重，如百果园爆出腐烂水果问题，对企业品牌形象造成破坏。

(3) 生鲜电商硝烟再起。2023年，沉寂了一段时间的生鲜电商赛道再次引发关注，赛道头部玩家动作频发。2023年初，叮咚买菜宣布2022年四季度首次实现盈利，并实现2023年全年盈利。2月份，京东低调重启京东买菜业务。5月份，阿里将定位社区电商的淘菜菜与即时零售平台淘鲜达合并升级成为淘宝买菜。2023年底，美团买菜更名小象超市并向全品类扩充，美团买菜（现小象超市）继2023年2月重启扩张计划之后，全年新开华东两城，即苏州和杭州，在叮咚买菜大本营加速扩张。纵观这些企业的"打法"，我们发现新一轮生鲜电商的竞争不再沿用烧钱模式，或者历史已经证明烧钱模式并不持久且行不通，这一轮竞争比拼的是如何用更低的成本、更好的服务满足消费者更多元化、更高品质的消费需求。

二、食材消费市场面临的问题

（一）食品安全问题

食品安全是行业底线。然而，2023年众多品牌被爆出食品安全问题，其中不乏行业头部品牌。经中物联食材供应链分会不完全统计，2023年餐饮行业中因食品安全问题引起较大社会舆论反响的事件有十多起，其中团餐行业7起（见表2-9）。团餐因涉及就餐人员数量多、影响范围广更加受到社会关注。

表2-9 2023年餐饮行业重大食品安全事件

分类	涉事品牌	事件	发生时间
团餐	江徽美食餐饮	华北理工食堂被曝吃出鼠头	10月
	金谷园实业发展	家长突击校外配餐公司发现全是冻肉	9月
	峡禾餐饮	鼠头鸭脖涉事企业成立新餐饮公司	8月
	华士外语艺术职业学校	广州一职校食堂饭菜内吃出胶质异物	7月
	—	重庆一医院被曝盒饭中吃出老鼠头	6月
	—	焦作师专食堂烤鱼被指现蛆虫	6月
	箐禾餐饮	江西高校食堂鼠头鸭脖事件	6月
社餐	超岛火锅	超岛火锅假羊肉事件	9月
	张亮麻辣烫	张亮麻辣烫假羊肉事件	8月
	半天妖烤鱼	半天妖垃圾桶捞出涮肚重新加工端上餐桌	3月
	蓝蛙	蓝蛙餐厅后厨乱象	3月
	塔斯汀	塔斯汀生肉门	10月
	蜜雪冰城	蜜雪冰城喝出蟑螂等异物、篡改食材有效期等	5月

数据来源：公开资料，中物联食材供应链分会整体统计。

食安问题为何年年抓、年年有？分析原因主要有几方面：一是经营者法律意识淡薄、行业自律不足。为了获得更大的利润空间，放松食品安全管理；缺乏食材采购、加工、运输等环节的标准化流程与作业规范。中物联食材供应链分会在实际的企业调研中发现，现在团餐行业的招投标愈发规范，这杜绝了很多灰色交易的存在，但目前大多数的招标仍以低价为最主要的评价标准，就会导致许多企业为了中标不断压低报价，但实际运营后面对盈利压力，就会在食材上压缩成本，食品安全风险极高。二是监管力度不足。虽然近年来我国在食品安全监管方面的政策法规日趋严格，但缺乏有效的动态监管，监管透明度也有待加强，相关的处罚标准似乎也较难达到让涉事企业方疼到痛改前非的程度。以江西鼠头鸭脖事件为例，在相关通报中仅说明对涉事企业和法人进行顶格处罚，但是并未说明顶格处罚的具体内容。而在事发两个月后，涉事企业又成立了新的餐饮公司，此次事件的处罚对其是否真的起到震慑作用无法确定。三是对于一些加盟模式的餐饮品牌，加盟商不服从品牌总部的管理要求，容易为了自身利益进行不合规的操作，引发食品安全问题。

（二）餐饮行业无序竞争

餐饮行业目前还存在一定程度上的无序竞争现象，大量新入局者纷纷采取低价甚至超低价策略以期望能够快速站稳脚跟，此举在一定程度上冲击了市场正常的运行秩序。对于个体来讲，价格战并不是一种长久的竞争策略，没有雄厚的资金基础无法通过持续的低价挤走同业、抢夺市场空间。而一旦通过一段时间的价格战养成了消费者的低价心智，再重新调整价格势必带来消费者的大量流失。对于行业来讲，单纯依靠价格手段进行竞争不仅会影响到行业的整体利润空间，导致菜品质量、服务质量下降，也会破坏健康的市场竞争环境，劣币驱逐良币，不利于餐饮行业的长期稳定发展。

（三）成本压力巨大

对于餐饮企业来说，食材采购成本、人力成本和房租成本是三大成本来源。2023年，食材采购成本相对平稳，对比2022年略有下降，中物联食材供应链分会数据显示，2023年，样本餐饮门店平均采购成本占比为42.4%，对比2022年的44.3%下降近2个百分点（见图2-30）。

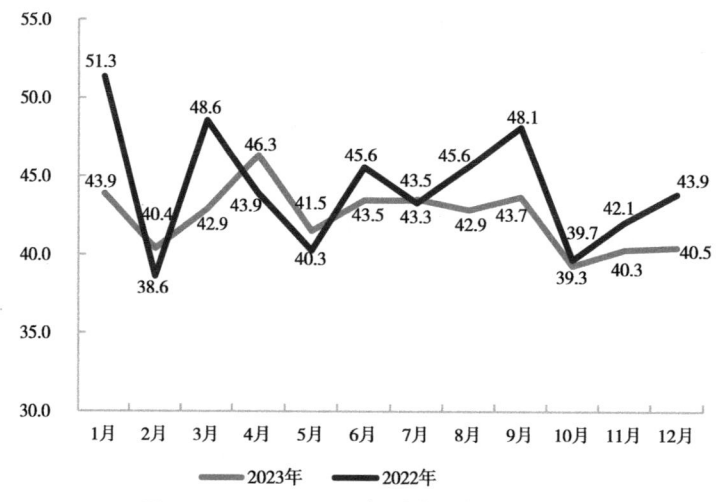

图 2-30 2022—2023 年采购成本占比（%）

数据来源：中物联食材供应链分会。

2023 年，随着防疫政策的变化，消费逐渐复苏，餐饮行业新进入者众多，对商铺租赁需求增加，带动商铺租金成本上扬，给餐饮企业经营带来不小的压力。

中指研究院数据显示，2023 年上半年百街商铺（全国 15 个重点城市 100 条商业街商铺）平均租金为 24.33 元/平方米·天，结束连续三年下跌态势，涨幅为 0.02%；2023 年下半年，百街商铺平均租金为 24.35 元/平方米·天，环比小幅上涨 0.10%。2023 年上半年，百大购物中心（百 MALL）商铺（全国 15 个重点城市 100 个典型购物中心商铺）平均租金为 27.02 元/平方米·天，环比止跌转涨，涨幅为 0.29%；2023 年下半年，百 MALL 商铺平均租金为 27.10 元/平方米·天，环比上涨 0.32%。

（四）家族式管理

自改革开放以来，我国餐饮业发展经历了初期起步阶段、数量型扩展阶段、规模化连锁发展阶段、品牌战略提升阶段等几个阶段，行业取得了长足发展，但很多餐饮企业在公司的管理上依然沿用家族式管理，重人情轻制度。这种管理方式在一定时期是有效的，但随着企业的高速发展，这种管理方式便会束缚企业的发展。中国科学院大学孙玉麟教授认为，家文化既是这些企业成功的基石，又是未来发展的天花板。如何完成从家文化为主到组织文化为主的过渡，是餐企必须过的一个坎。

三、食材消费趋势

（一）餐饮端

1. 连锁化率持续提升，行业洗牌将进一步加剧

2023 年，餐饮业面临多次倒闭潮，淘汰掉一批抗风险能力差的企业。餐饮企业

并购浪潮加剧，2022—2023年小龙坎并购蜀大侠、奈雪的茶收购乐乐茶等案例至今仍为行业津津乐道，通过并购能够较为快速地整合资源、弥补自身的短板，有利于市场拓展。2024年，在更加内卷的环境下，并购整合能够更快地增加企业自身的竞争力，也会成为大型连锁企业的选择。

2. 主动求变或成餐饮企业破局利器

面对新的竞争环境，越来越多的餐饮企业选择主动出击，改变经营方式、积极拓展新市场。

追求千店、万店成为餐饮企业的目标，从直营转加盟或开放加盟成为扩店的主要手段。2024年3月初，海底捞开放加盟成为行业讨论的热点。一般来说，正餐品牌对于开放加盟相对谨慎，是否会有更多的正餐品牌追随海底捞的脚步需要持续关注。

另外，在国内市场成为红海的前提下，海外市场已经成为餐饮企业瞄准的蓝海，2024年将会延续2023年的出海征程，积极开拓海外市场。

3. 餐饮竞争将转向品牌的竞争、供应链的竞争

中物联食材供应链分会会员单位哗啦啦的数据显示，2023年，大连锁门店数量提高8%，而小连锁的门店数量则下降11%。大的餐饮品牌在营销能力、菜品研发能力、供应链能力等综合实力上具备更大的竞争优势，抗风险能力相对也会更强。餐饮的竞争不再仅仅只是口味的竞争，而是如何能够保证不同门店口味、品质的一致性和菜品的安全性。另外，由于消费者对"质价比"的追求，2024年"薄利多销"将会是主流，也提高了对供应链的要求。越来越多的餐饮企业也开始意识到供应链将成为未来的核心竞争因素。

4. 自建供应链成为越来越多大型餐饮企业的选择

越来越多的餐饮企业认识到供应链的重要性，供应链体系建设将会成为头等大事。由于自建供应链需要较强的资本实力，中小型餐企主要依靠社会化资源。2024年越来越多的大型餐企选择自建供应链，"产地种植养殖+中央厨房+门店"模式将越来越普遍，自建种植养殖基地、自建工厂、中央厨房更有利于食材的品质和供应的稳定性。

（二）食材零售端

1. 零售折扣化

2024年，食材零售企业开始主打低价省钱策略，商超零售折扣化趋势明显，如永辉出现折扣区、盒马宣布折扣化经营等都在昭示着这一趋势。生鲜电商也开始谋划折扣化，2024年4月，叮咚买菜在上海开出首家奥莱店，定位社区食品商店，以生鲜类产品为主，品类覆盖蔬菜、水果、肉禽蛋、标品、预制菜、烘焙等多个品类。

折扣化并不意味着低质低价，而是追求高质低价。为实现高质低价，垂直供应链整合将会是食材零售企业在供应链管理上的关键，通过产地直采、自建工厂、极简包装等多种手段降低采购成本、优化流通成本。以盒马为例，以前主要是依托经销商进行商品售卖，现在更多依靠自身开发产品，找到源头工厂，采用OEM（原始设备制造商）、ODM（原始设计制造商）的形式，去掉中间环节来降低价格，引领新消费；同时，盒马也在尝试自建工厂，通过多种方式降低成本并保证产品质量。

2. 自有品牌成新增长引擎

食材零售企业在2024年将继续深耕自有品牌建设，如盒马、叮咚买菜、小象超市等纷纷加码自有品牌建设。全美自有品牌制造商协会（PLMA）披露，2022年，美国自有品牌销售额增长了11.3%，自有品牌产品的销售占比为20.5%。具体到商超企业，公开资料显示，山姆自有品牌的销售占比达到了30%，这一数据远远超过国内大部分本土超市企业。我国食材零售企业在自有品牌建设方面还有很大的发展空间。

单纯的OEM模式只是自有品牌建设的初级阶段，越来越多的食材零售企业选择自建供应链，以加强成本控制和质量管理。同时，洞察消费趋势、发掘市场的好产品、提出好的产品需求也是企业在自有品牌建设过程中应该重点关注的。

3. 线上线下深度融合

强化线上线下一体化销售模式，拓宽食材销售渠道将会是食材零售企业在2024年的选择，不少企业已经开始尝试，如叮咚买菜试点线下店等。电商平台和实体店铺将进一步深度融合，通过线上下单、线下提货或配送到家的方式为消费者提供良好的购物体验，扩大市场占有率。

4. 内容电商持续火热

2023年，内容电商在食材品类发力。据拼多多2023年第二季度公布的数据，拼多多农产品的销售额同比增长了80%。2024年中央一号文件提出，要实施农村电商高质量发展工程，推进县域电商直播基地建设，发展乡村土特产网络销售。可以预见，借助社交媒体和内容平台，通过直播带货、短视频展示等形式进行食材推广和销售将继续带动食材销售的增长。

第五节 食材进出口情况分析

一、食材进出口贸易政策[1]

(一) 进口政策

近年来，我国已经与171个国家和地区建立了海关检验检疫合作关系，签署农产品食品准入类国际合作文件近400份，取得注册（登记）资格的境外食品农产品相关企业超过10万家，200多个国家和地区向中国出口食品农产品。2023年，我国对外发布涉及食材产品检验检疫要求的海关总署公告多达一百多个，涵盖肉类、水产品、坚果、新鲜水果、蜂蜜、乳制品等国外优质食材。

依据《食品安全法》第九十二条规定，"进口食品应当符合中国食品安全国家标准。进口的食品应当经出入境检验检疫机构依照进出口商品检验相关法律、行政法规的规定检验合格"。中国作为世界贸易组织（WTO）、世界动物卫生组织（WOAH）、联合国粮食农业组织（FAO）等多个国际组织的成员国，应遵守相关国际条约、协定，参照相关国际标准、指南和建议，包括《技术性贸易壁垒协定》（TBT协定）、《实施卫生与植物卫生措施协定》（SPS协定）、《国际食品法典》、《陆生动物卫生法典》、《水生动物法典》、《植物检疫措施国际标准》等。此外，海关总署等国家部委与出口国家（地区）主管部门通过议定书等双多边协议的形式确定的检验检疫要求也是进口食品监管的重要依据，进口食品应符合这些双多边协议和公告中规定的检验检疫要求。

1. 进口监管政策情况

进出口食品安全是国家食品安全战略的重要组成部分。为深入贯彻习近平总书记关于食品安全工作的一系列重要指示要求，全面落实《中共中央 国务院关于深化改革加强食品安全工作的意见》《"健康中国2030"规划纲要》等政策部署，海关作为进出口食品安全监管部门正在积极推动实现进出口食品安全治理体系和治理能力现代化。

我国进口食品安全监管分为进口前、进口中、进口后三个环节，更加强调进口

---

[1] 作者：优合集团优顶特研究院冯冠副院长。

食品出口方及进出口商的主体责任，让检验检疫部门"回归"监管职责。第一个环节是进口前准入。按照国际通行做法，将监管延伸到境外源头，向出口方政府和生产企业传导和配置进口食品安全责任，是实现全程监管、从根本上保障进口食品安全的有效途径。第二个环节是进口时查验。进口商或代理商通过"互联网+海关"、国际贸易"单一窗口"向海关报关并提交相关材料。申报完成后，海关在口岸对入境货物进行审单布控，对货物进行检验检疫，一般为现场检验检疫，有必要的进行实验室检测。第三个环节是进口后监管。通过输华食品国家（地区）及生产企业食品安全管理体系回顾性检查制度，境内外发生食品安全事件或者疫情疫病可能影响到进出口食品安全的，或者在进出口食品中发现严重食品安全问题的，海关采取风险预警及控制措施：有条件的限制进口，包括严密监控、加严检验、责令召回等；暂停或禁止进口，对问题产品就地销毁或作退运处理；启动进口食品安全应急处置预案。

2. 进口法规标准情况

2022年1月1日，海关总署出台新的《中华人民共和国进出口食品安全管理办法》（以下简称《进出口食品安全管理办法》），其中"食品进口"部分共29条，较原来的17条有大幅增加。该部分根据修订后的《食品安全法》及其实施条例，结合近年来海关强化监管、优化服务的各项措施和监管实际，明确了进口食品安全的监管制度，就进口食品境外国家（地区）食品安全管理体系评估和审查的启动、内容、方式、终止和延期、通报结果等作出具体规定；对进口商建立境外出口商、境外生产企业审核制度提出要求；还对进口食品合格评定、进口食品指定口岸和指定监管场地、进口食品口岸现场查验、进口食品中文标签管理、进口食品不合格处置、进口食品风险控制措施等重要监管制度予以明确。

《进出口食品安全管理办法》列明了海关针对进口食品实施的合格评定活动，具体包括：向中国境内出口食品的境外国家（地区）食品安全管理体系评估和审查、境外生产企业注册、进出口商备案和合格保证、进境动植物检疫审批、随附合格证明检查、单证审核、现场查验、监督抽检、进口和销售记录检查以及各项的组合。

2023年，随着海关总署《中华人民共和国进口食品境外生产企业注册管理规定》和《进出口食品安全管理办法》深入实施，我国进口食品安全进入常态化管理阶段，2023年我国进口食品方面的新法规主要集中在关于各类食品进口检验检疫要求的公告方面，总计仅130余份。许多国家新的食材被允许进口至我国，例如洪都拉斯香蕉、伊朗苹果、芬兰禽肉、巴基斯坦干辣椒等。

进口食品需要符合中国食品安全国家标准的要求。我国持续跟踪种植养殖、生产加工、储运、餐饮等各环节食品安全标准的需要，2023年食品安全国家标准立项39项、征求意见120项、对外发布85项，牢牢守护我国消费者"舌尖上的安全"。

3. 进口食材政策展望

展望未来，进口食材供应链政策将更趋严格与规范。根据《食品安全法》及《进出口食品安全管理办法》的指引，未来政策将重点强化进口食材的源头追溯、食品安全监管和风险评估机制。通过完善进口检验检疫现代化治理体系，优化进口食材的准入门槛，确保食品安全。同时，政策将推动供应链数字化升级，利用大数据、物联网等技术手段提升监管效率。此外，加强国际合作、共同制定食品安全标准，也将成为未来政策的重要方向。总体而言，进口食材供应链政策将持续优化，为消费者提供更加安全、优质的食品选择。

首先，从政策层面来看，预计国家将继续出台多项政策以促进食材供应链行业的发展，特别是进口食材供应链。这些政策可能覆盖食材产地发展、加工流通、基础设施建设、标准建立、食材安全、食材消费、进出口贸易以及金融支持等多个关键层面。这样的政策环境将为进口食材供应链行业的健康有序发展提供有力保障。

其次，针对进口食品市场的特定领域，预计会有更多的政策关注。例如，加强进口食品的安全监测与检测，以确保消费者健康和食品安全。针对可能存在的风险，比如来自某些地区的食品放射性污染等，可能会有专门的措施来加强监管和防范。

再次，随着国内消费者需求的增加、互联网的普及和物流配送的发展，进口食品市场规模有望继续扩大。政策可能会进一步支持进口食品市场的稳定发展，鼓励更多的优质进口食材进入国内市场，以满足消费者多样化的需求。

从次，考虑到餐饮业对食材的需求波动以及生鲜业态的转型升级，政策可能会更加关注食材供应链的灵活性和适应性。这可能包括优化食材采购策略、推动供应链的数字化转型，以及提升食材流通的效率和质量等方面。

最后，随着全球经济形势和国际贸易政策的变化，进口食材供应链行业也将面临一些不确定因素。因此，政策可能会更加注重引导企业密切关注市场变化，制定适应性的策略和政策，以应对潜在的风险和挑战。

（二）出口政策

《食品安全法》规定，出口食品生产企业应当保证其出口食品符合进口国（地区）的标准或者合同要求，中国缔结或者参加的国际条约、协定有特殊要求的，还应当符合国际条约、协定的要求。《进出口食品安全管理办法》还规定，进口国家或地区暂无标准，合同也未作要求，且中国缔结或者参加的国际条约、协定无相关要求的，出口食品生产企业应当保证其出口食品符合中国食品安全国家标准。

1. 出口监管政策

近年来，海关作为出口食品的主要监管部门，落实国家"放管服"总体要求，完善出口食品原料种植养殖场及生产企业备案管理，取消出口食品生产企业行政许可，加强对出口食品企业的事中、事后监管，监督出口食品企业落实食品安全管理的主体责任，通过破解技术性贸易壁垒、对外推荐注册等手段持续帮助食材企业实现出海愿景。

《进出口食品安全管理办法》的"食品出口"部分共19条，明确了对出口食品安全监管的各项措施；对出口食品企业推荐对外注册和境外通报核查等予以明确；根据近年来中国出口食品贸易不断增长、质量安全水平持续提升的实际，对出口食品生产企业卫生控制、出口食品生产企业监督检查、出口食品现场检查和监督抽检、出口食品风险预警控制措施等方面提出制度要求。海关依法对出口食品实施监督管理，监管的措施包括：出口食品原料种植养殖场备案、出口食品生产企业备案、企业核查、单证审核、现场查验、监督抽检、口岸抽查、境外通报核查以及各项的组合。

食品出口前，出口食品企业、出口商应依法向产地或者组货地海关提出出口申报前监管申请，海关受理食品出口申报前监管申请后，依法对需要实施检验检疫的出口食品实施现场检查和监督抽检，符合要求的出口食品，由海关出具证书，准予出口。出口食品经海关现场检查和监督抽检不符合要求但可进行技术处理的，经技术处理合格后方准出口；不能进行技术处理或者经技术处理仍不合格的，不准出口。

日常情况下，海关会对出口食品备案企业、种植养殖场的食品安全管理体系运行情况进行核查。除了正常的资料审查、现场检查等方式，也会采取"互联网+核查"、采信第三方报告等便利措施，最大限度地减少对企业正常经营的干扰。如果出口食品因安全问题被国际组织、境外政府机构通报的，海关会组织开展专门的通报核查，核实境外通报信息真实性、研判通报原因，帮助企业找准问题点，强化企业质量主体意识，帮扶企业破解国外技术性贸易措施，避免系统性行业性风险，保障出口食品质量安全。

2. 全球食品法规变化趋势

进出口食品检验检疫合规离不开对世界贸易组织（WTO）及自由贸易协定等多

双边框架下技术性贸易措施规则以及世界动物卫生组织（WOAH）、国际植物保护公约（IPPC）、国际食品法典委员会（CAC）等组织的国际标准的研究。加强技术性贸易措施影响评估、趋势预判、监测预警、通报评议、交涉应对等相关基础支撑技术研究，将更好地提升运用规则能力，进而维护食品领域国家安全和发展利益。

《实施卫生与植物卫生措施协定》（SPS协定）是世界贸易组织的一则多边贸易协定，旨在确保食品安全、动物和植物的生命健康，并承认各成员国为保护本国食品安全、动植物健康而制定自己的SPS措施的权利。2023全年，共有65个成员向世界贸易组织（WTO）提交了1994份SPS通报，与2022年共计2175份相比减少了8.32%。2023年，SPS通报数量排在前十位的成员分别是：巴西195份，日本164份，加拿大134份，欧盟125份，泰国105份，坦桑尼亚98份，美国98份，乌干达96份，新西兰75份，肯尼亚66份。这些前十位成员的通报数量（共计1156份）占通报总量的57.97%。

3. 出口食材供应链政策展望

展望未来，出口食材供应链政策将更加注重质量与安全，以符合国际标准和进口国要求。在《食品安全法》和《进出口食品安全管理办法》的指引下，政策将加强出口食材的全过程监管，从源头到餐桌确保食品质量安全。通过完善出口检验检疫制度，提高出口食材的品质和竞争力。同时，政策将鼓励企业采用先进的生产技术和管理方法，提升食品安全管理水平。此外，加强与国际组织的合作、积极参与国际食品安全标准的制定，将有助于提升我国出口食材的国际地位和影响力。总之，出口食材供应链政策将持续优化，推动食品产业健康发展。

首先，随着全球经济的逐步复苏，预计出口食材供应链政策将更加注重促进贸易便利化和优化营商环境。国家可能会出台更多政策，简化出口流程，降低出口成本，以提高我国食材在国际市场上的竞争力。

其次，出口食材供应链政策可能会更加注重质量安全和标准化建设。这包括加强出口食材的质量检测、完善出口标准和认证体系，以确保出口食材的质量和安全性，满足国际市场的需求。

再次，考虑到可持续性和环保因素在国际贸易中的日益重要性，预计政策也会强调绿色供应链的建设，这可能包括推广环保包装、降低物流环节的碳排放、鼓励使用可再生能源等措施，以提升我国出口食材供应链的环保形象。同时，政策可能会支持出口食材供应链的数字化转型和创新发展。通过推广电子商务、智能物流等先进技术，提高供应链的效率和透明度，有助于提升我国食材在全球供应链中的地位。

最后，随着国际市场的变化和竞争格局的调整，政策也可能针对特定出口食材或地区制定差异化政策，以更好地适应市场需求和应对竞争挑战。需要注意的是，具体的政策内容和实施细节还需根据国内外经济形势、市场需求和行业发展状况等因素进行综合考虑和制定。因此，对于出口食材供应链企业而言，密切关注政策动态，加强行业合作，提升自身竞争力，将是应对未来市场变化的关键。

二、食材进出口贸易规模

据海关数据，2023年我国农产品进出口额3330.3亿美元，同比基本持平。其中，出口989.3亿美元，同比2022年增长0.9%；进口2341.1亿美元，同比减少0.3%；贸易逆差1351.8亿美元，同比减少1.2%。粮食、蔬菜及食用菌、干鲜瓜果及坚果、肉类、食用水产品、乳制品等主要食材进出口额2017.6亿美元，其中出口428.2亿美元，同比减少3%；进口1589.4亿美元，同比减少3%。由于近两年全球性通胀及其治理的措施难以协调、地缘政治因素难以预测，国际市场产品供给动能不足、国际协调机制应对不充分，农产品贸易环境较为复杂，贸易增长缺乏强动力。

从食材进口结构来看，中国食材进口按贸易额从大到小依次是粮食、肉类（包括杂碎）、食用水产品、干鲜瓜果及坚果、乳制品，由于蔬菜进口极少，此处不进行分析。2023年，肉类（包括杂碎）和乳制品进口呈现下降趋势。肉类（包括杂碎）进口数量738万吨，同比下降0.3%，进口金额275.3亿美元，同比下降13.2%，这是连续第四年呈现下降趋势，其中猪肉及猪杂碎下降幅度较大，进口金额64.5亿美元，同比下降51%，主要因为国内猪肉产量逐渐回升到正常水平，国内自给率大大提高，对进口猪肉依赖度下降。乳制品进口数量287.7万吨，同比下降12%，折合生鲜乳1718万吨，同比下降10.4%（干制品按1∶8、液态奶按1∶1折算），进口额120.8亿美元，同比下降13.2%。乳制品进口下降原因主要在于国内乳品市场需求疲软，原奶供给过剩，与此同时，国际市场乳品价格大涨，乳品进口成本上升。食用水产品进口量增价跌，2023年，食用水产品进口数量487万吨，同比增长11.5%，进口金额193.9亿美元，同比持平。目前中国已经是全球最大的水产品进口国，伴随国内水产品消费水平不断增长，进口需求持续增加，2023年海关总署发布了16份关于进口食用水生动物、养殖水产品、野生水产品的检验检疫要求，允许进口相关国家符合要求的水产品。与此同时，由于美国等主要市场消费疲软以及产量增加，国际市场的主流海鲜品种价格出现下跌。粮食、干鲜瓜果及坚果呈现增长趋势。干鲜瓜果及坚果进口数量774.4万吨，同比增长2.8%，进口金额176.4亿美元，同比增长12.1%。粮食进口数量16196.4万吨，同比增长11.7%，进口金额823亿美元，同比增长1%。其中，大豆累计进口数量9940.9万吨，同比增长11.4%，进口金额597.6亿美元，同比下降0.5%。详见图2-31、图2-32。

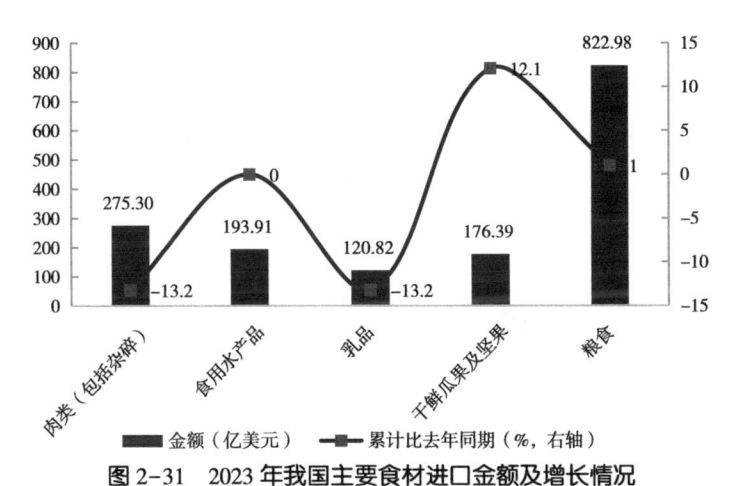

图2-31 2023年我国主要食材进口金额及增长情况

数据来源：中物联食材供应链分会整理。

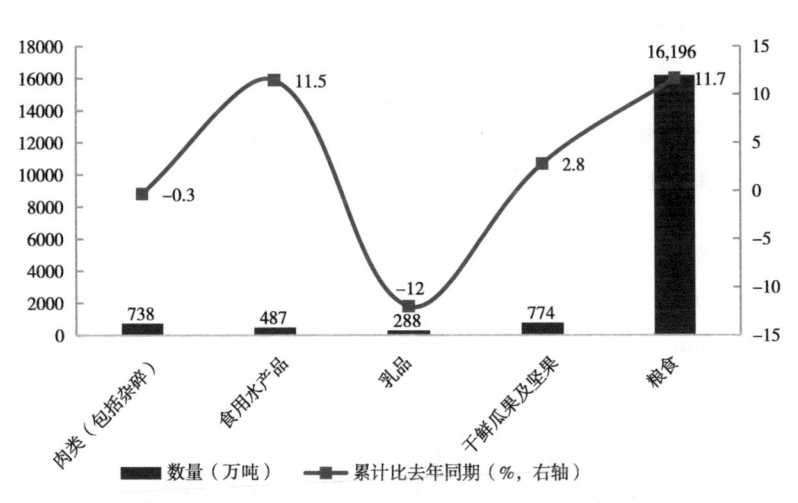

图2-32 2023年我国主要食材进口数量及增长情况

数据来源：中物联食材供应链分会整理。

中国食材出口按贸易额从大到小依次是食用水产品、蔬菜及食用菌、干鲜瓜果及坚果、粮食、乳制品。2023年，食用水产品和粮食出口额大幅下降，其中食用水产品出口量增额跌，出口数量370.2万吨，同比增长0.1%，出口金额198.7亿美元，同比下降12%。其下降原因主要是高通胀造成各国消费普遍疲软以及贸易战导致中国水产品在美国市场萎缩。伴随着近年来中国水产品出口单价下降、进口单价提升，中国水产品竞争优势将在国际市场中有所下降。粮食出口量价齐跌，出口数量261.8万吨，同比下降18.2%，出口金额17.6亿美元，同比下降5.1%。主要原因在于同期粮食进口价格出现下跌，而出口价格上涨。蔬菜及食用菌、干鲜瓜果及坚果、乳制品均有不同程度上涨，表明其供给能力不断增强。蔬菜及食用菌出口数量1057万吨，同比增长13.2%，出口金额133亿美元，同比增长8%。干鲜瓜果及坚果出口数量404万吨，同比增长21.1%，出口金额57亿美元，同比增长8.8%。乳制品出口数量5.8万吨，同比增长30%，出口金额2.66亿美元，同比增长35%。详见图2-33、图2-34。

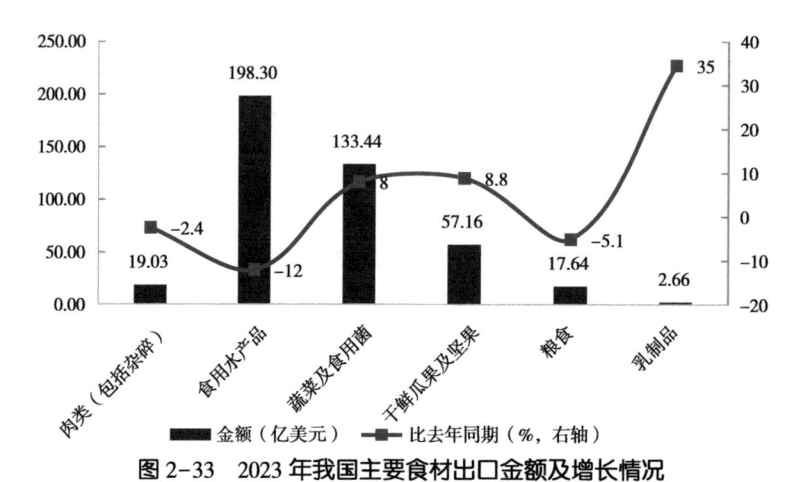

图2-33　2023年我国主要食材出口金额及增长情况

数据来源：中物联食材供应链分会整理。

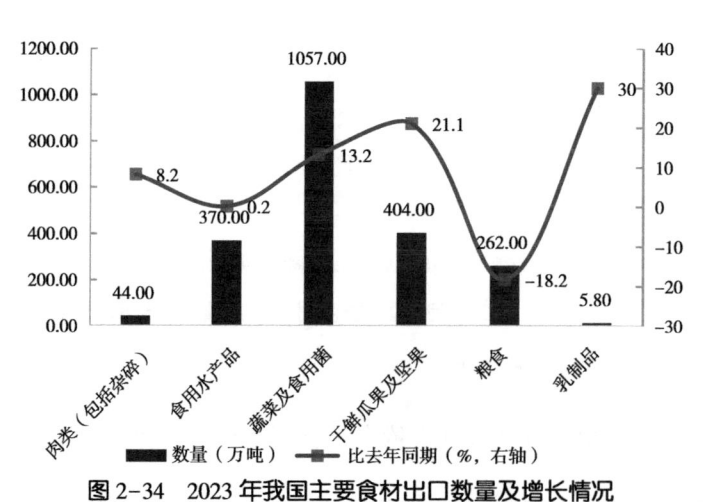

图2-34　2023年我国主要食材出口数量及增长情况

数据来源：中物联食材供应链分会整理。

三、食材进出口贸易趋势

（一）出口产品结构转型升级

整体来看，我国食材进出口的产品结构正在经历转型升级，从初级食材向精深加工食材转变。产品结构的优化与升级对于提高企业的国际竞争力至关重要。特别是对于食材供应链行业而言，随着消费者对健康、便捷和品质的要求日益提高，传统的以初级食材为主的出口模式已逐渐不能满足市场需求，许多企业开始调整自身的产品结构，转向具有较高附加值的深加工食材，以及即食、即烹的预制菜品类，从而提升产品的出口价值与国际市场的竞争力。

中国食品土畜进出口商会数据显示，2023年，我国预制菜出口金额为1732亿元，占全国农产品出口总额的27%。从企业来看，公开资料显示，2023年1—7月，冠海水产出口预制菜1.7亿元，同比增长18.5%；2023年1—8月，国联水产在RCEP（《区域全面经济伙伴关系协定》）市场出口预制菜7470万元，同比增长12.7%；惠发食品出口预制菜331万元；春雪食品出海业务营收5.53亿元，占总营收近20%。从地区来看，山东省和广东省作为我国预制菜产业大省，近两年预制菜出口势头迅猛。据海关统计，2023年1—7月，山东省烟台市实现预制菜产品出口20.6亿元；2023年1—4月，荣成市出口海带产品货值超过3400万元，同比大幅增长43%。据广州日报消息，2023年1—11月，广州海关共检验检疫出口熟肉制品、酸菜鱼、鱼腐鱼蛋等预制菜产品货值约18.2亿元。据佛山市政府公开发表的数据，2022年，顺德预制菜产业营收超87亿元，其中出口金额约14亿元。福建省马尾海关在2023年共监管服务出口水产品预制菜1035批次，总货值约12.8亿元。

（二）贸易伙伴关系革新

虽然我国整体的食材进出口贸易格局相对稳定，但"一带一路"共建国家的贸易地位和重要性显著提升。商务部数据显示，我国与共建"一带一路"国家贸易往来更加密切，农产品进出口贸易额达到1380亿美元，占我国农产品进出口贸易额的41.44%，其中，出口467.3亿美元，同比增长3.5%，出口增长远超对欧盟、美国等传统市场份额。

同时，随着区域经济合作深化，我国食材外贸"朋友圈"不断扩大。海关总署数据显示，2023年，农食产品进口再度扩围，海关新增准许51个国家和地区146种次优质农食产品输华。

（三）数字化转型

数字化转型本质上可以实现对传统产业的升级换代，使传统企业与整个社会当前的市场行情、消费习惯等相适应，食材进出口供应链也是如此。

1. 跨境电商发展势头强劲

2023 年，全球线上购物用户预计达到 26.4 亿，占全球总人口比重约为 30%。2021 年，全球跨境电商规模约为 17.4 万亿美元。在经济全球化背景下，进出口食材供应链数字化转型发展已成为不可逆转的趋势。消费者愈发重视购物的便利性、透明度和个人需求的满足程度。根据海关总署披露的数据，2023 年我国跨境电商进出口贸易额达到 2.38 万亿元，增长 15.6%，其中进口额为 0.55 万亿元。在农产品跨境贸易方面，2022 年我国农产品跨境进出口贸易额为 81 亿美元，增长 25.9%。数据表明，我国的食材跨境电商即将步入中高速发展阶段，发展势头强劲，潜力巨大。

2. 国际数字贸易规则加速供应链各环节数字化

与数字贸易有关的多双边规则不断完善。以 RCEP 规则为例，其设有电子商务专章，在区域内积极推广无纸化贸易、电子认证和电子签名，在跨境信息存储和数字领域形成了基本共识，为跨境电商支付结算带来更大便利。根据 RCEP 海关程序和贸易便利化措施，一般货物在抵达后 48 小时放行，快件和新鲜易腐货物争取 6 小时放行。对于来自区域内的跨境电商小包、快件和通过跨境电商渠道进出口的生鲜产品贸易都带来了极大便利，不仅大大节省了通关时间，而且有效降低物流损耗，促进了国际贸易数字化水平的提升。数据显示，在跨国贸易中，超 50% 的服务贸易和 12% 的货物贸易是通过数字技术实现的。根据世界贸易组织（WTO）预测，数字经济将推动全球贸易在十年间增加 34%。

第三章
2023 年食材供应链行业热点领域分析

本章集中探讨了食材供应链领域的三大革新趋势：数智化转型的加速推进、ESG（环境、社会与治理）理念的深度融合，以及食材供应链出海。第一节详细剖析了我国食材供应链行业数智化发展的情况，涵盖了数智化概念、政策环境、现状、问题与发展趋势，并提供了数字化转型的成功案例供其他企业参考和学习。第二节分析了 ESG 在食材供应链领域的发展与应用，具体从 ESG 理念、起源与发展、食材供应链行业 ESG 发展现状及企业实践案例等几个方面展开，向从业企业和人员展示了 ESG 的面貌。第三节紧随 2023 年行业热点，对食材供应链出海的多个方面进行了细致的分析，包括海外发展环境、出海现状、出海的机遇与挑战等，同时，通过大量的行业调研与访谈，挖掘成功经验与做法，总结形成出海策略，为我国食材供应链企业全球化布局拓展提供思路与借鉴。

第一节　食材供应链数智化发展情况

一、食材供应链数智化发展的概念及意义

(一) 数智化相关概念

食材供应链数字化是指运用数字技术赋能订单管理、采购、仓储以及物流配送等食材供应链环节，以推动数字技术与食材供应链深度融合，进而逐步解决食材供应链效率较低、标准化程度较低以及管理方式较为传统化等难题。

食材供应链智慧化是指通过应用新一代信息技术，如人工智能、大数据、物联网等，对食材供应链的各个环节进行数字化、智能化改造和升级，以提高供应链的效率、透明度和响应速度。这种转型不仅能够提升食品生产和配送的效率，还能增强食品安全管理，满足消费者对于高品质、高安全标准食品的需求。

(二) 食材供应链数智化发展的必要性

1. 食材供应链痛点亟须数智化解决

近年来，在国家政策的有力支持下，农产品总量不足矛盾已经得到缓解，但受小农经济生产方式与传统体制机制的影响和束缚，农业发展质量和效率较低、竞争力不强等问题仍未得到根本性改变。纵观食材供应链，其痛点分布在生产、采购、仓储、分拣、配送及溯源等多个环节，如在分拣环节，传统分拣的步骤烦琐，耗时费力，分拣效率较低；现场管理混乱，时常发生错分、漏分等现象，食材的分拣管控难度较大。因此，为了降低食材流通成本、提高供应链整体运作效率，亟须通过数字化手段提供食材供应链优化升级的系统化解决方案。

2. 数字产业化催生食材供应链数智化新需求

当前，数字经济已成为我国经济发展中创新最活跃、增长速度最快、影响最广泛的领域，推动生产生活方式发生了深刻变革。十年来，我国数字经济规模从11万亿元增长到45.5万亿元（见图3-1），数字经济占国内生产总值比重由21.6%提升至39.8%，数字经济规模连续多年位居全球第二，新技术、新产业、新业态、新模式不断涌现，推动经济结构不断优化、经济效益显著提升。食材供应链作为连接食材生产者与消费者的关键桥梁、创造社会经济效益的重要力量，积极顺应数字产业化大潮，聚焦自身转型发展，在优化数字产业布局、创新驱动发展、产投协同、协

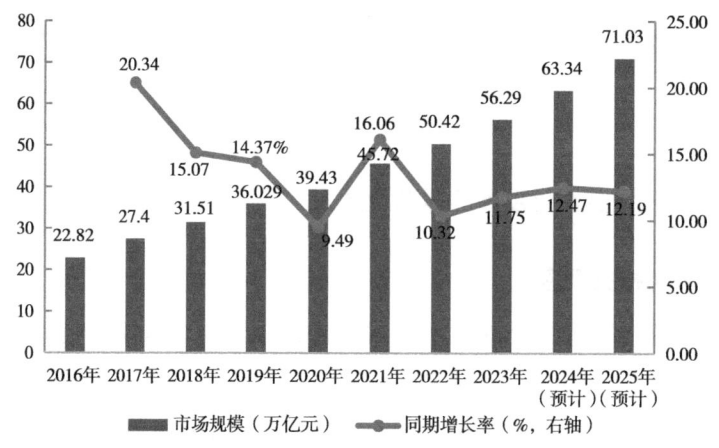

同价值创造、管理架构、考核体系等方面形成新需求。

图 3-1 2016—2025 年（预计）数字经济增长规模

数据来源：中国信通院、艾媒数据中心。

3. 数据要素赋能食材产业发展

数据要素与传统生产要素相结合，可以加速科技与生产融合。有研究显示：在信息传输、软件和信息技术服务业，数据要素投入每增加 1%，产出就增加 3%；在科学研究和技术服务业，数据要素投入每增加 1%，产出就增加 1.57% 左右。数据要素带来的经济增长效应将不亚于第一次工业革命时期资本成为新生产要素带来的巨变。数据要素通过优化供应链管理、提升食品安全与质量控制、准确预测市场需求等多个方面，为食材产业发展提供了强大的赋能作用。

二、食材供应链数智化政策环境分析

（一）国家食材供应链数智化相关政策

在 2024 年全国两会中，"大力推进现代化产业体系建设"和"加快发展新质生产力"写入政府工作报告，并列入 2024 年十大工作任务的首位。同时，政府工作报告也提出要"加快推进新型工业化，提高全要素生产率"。供应链是产业经济循环大动脉，而供应链数智化发展是推动新质生产力发展的重要举措，也是把握数字化革命的重要抓手和引领全球化竞争的重要支撑。近年来，国家出台了一系列有利于食材供应链数字化发展的政策文件，给食材供应链各个环节的数智化建设营造了良好的政策环境并提供了政策福利。这些政策主要聚焦以下几个方面：

一是加强农业信息化建设。国家鼓励农业信息化建设，加强农业信息监测预警和综合服务，推进农业生产经营信息化。2022 年，农业农村部印发《"十四五"全国农业农村信息化发展规划》，旨在推进"十四五"时期农业农村信息化加快发展，更好支撑农业农村现代化和乡村全面振兴。该规划鼓励、引导现代信息技术在农业农村生产、经营、管理和服务等各环节各领域的应用创新，推动信息技术与农业农村深度融合。

二是支持农产品供应链参与主体智能化改造。自 2019 年以来，商务部开展了农产品供应链体系建设，升级改造了 50 多家农产品批发市场和 2000 多个零售终端，打造了 300 多个跨区域特色农产品供应链。2021 年财政部、商务部发布《关于进一步加强农产品供应链体系建设的通知》，提到对公益性农产品批发市场开展信息化和智能化改造，推动实施电子结算，加强买卖双方经营和交易信息登记管理，促进人、车、货可视化、数字化管理。

三是夯实乡村数字化发展基础。2023 年，中央网信办、农业农村部等 5 部门联合印发《2023 年数字乡村发展工作要点》，部署了 10 个方面 26 项重点任务。其中，夯实乡村数字化发展基础方面，加快补齐乡村网络基础设施短板、持续推动农村基础设施优化升级、稳步推进涉农数据资源共享共用。强化粮食安全数字化保障方面，推动粮食全产业链数字化转型、运用数字技术保障国家粮食安全。同时，因地制宜发展智慧农业，加快农业全产业链数字化转型、强化农业科技和智能装备支撑。

四是提高供应链数字化效率。国务院办公厅印发的《"十四五"现代物流发展规划》中提到，加强数字化供应链前沿技术、基础软件、先进模式等研究与推广，探索扩大区块链技术应用，提高供应链数字化效率和安全可信水平。2024 年 1 月，工业和信息化部等 7 部门印发《关于推动未来产业创新发展的实施意见》，提出以传统产业的高端化升级和前沿技术的产业化落地为主线，积极培育未来产业，加快形成新质生产力，并从技术创新、产品突破、企业培育、场景开拓、产业竞争力等方面提出了到 2025 年的发展目标。

五是加快数字人才培育。2024 年，人力资源社会保障部、中央组织部、中央网信办、国家发展改革委、教育部、科技部、工业和信息化部、财政部、国家数据局印发《加快数字人才培育支撑数字经济发展行动方案（2024—2026 年）》，明确紧贴数字产业化和产业数字化发展需要，用 3 年左右时间，扎实开展数字人才育、引、留、用等专项行动，增加数字人才有效供给，形成数字人才集聚效应。

这些政策和规划体现了国家对食材供应链数字化转型的重视和支持，旨在通过信息化、智能化手段提升食材供应链效率和管理水平，促进食材产业链高质量发展。

（二）地方食材供应链数智化相关政策

北京市出台的《2024年北京市制造业数字化转型实施方案》提出，以智能制造为主攻方向，以数字化赋能为重要手段，在"新智造100"工程的基础上，构建制造业数字化转型体系，北京市对中小企业数字化升级改造和上云上平台给予资金补助。同时，聚焦中小企业数字化转型的共性需要，精选一批通用性数字化转型产品，以中小企业服务券等形式给予补贴，提升企业数字化转型意愿，降低数字化转型成本。

重庆市出台的《2024年重庆市制造业数字化转型行动工作要点》提出，组织100家企业实施智能制造咨询诊断"回头看"行动，推动1500家企业开展智能制造能力成熟度评估；建设100个数字化车间、10个智能工厂和10个双化协同示范工厂，集聚200家系统解决方案服务商；培育5个行业产业大脑、8个未来工厂。重庆将加快建设产业大脑能力中心和一批行业产业大脑，聚焦"33618"现代制造业集群，通过"揭榜挂帅"方式推动区县（园区）、链主和领军企业等多元主体推进食品及农产品加工等行业大脑建设。

山东省出台的《山东省制造业数字化转型提标行动方案（2023—2025年）》提出，推动规模以上工业企业加速数字化转型，评估诊断和服务体系基本建成，实现标志性产业链和重点产业链工业互联网平台全覆盖，建设50个以上省级"产业大脑"，打造一批对标领先水平的标杆示范，两化融合发展指数达到125左右，走在全国前列；制造业数字化转型指数保持全国领先。此外，在现代食品等重点产业，推广数据建模、数字孪生、工业元宇宙等创新应用，引导企业打通生产经营全过程数据链条，打造一批技术引领、集成协同、绿色低碳的数据驱动型"晨星工厂"。

三、食材供应链数智化现状分析

（一）食材生产环节数智化

国家始终把智慧农业作为新时代新征程加快农业现代化的大事要事来抓，采取切实措施，加力推进智慧农业建设。据农业农村部数据，2022年全国农业生产信息化率达到27.6%，较上年增长了2.2个百分点，其中，大田种植、畜禽养殖及水产养殖信息化率分别为21.8%、34%、16.6%，智慧农业已贯穿到农业发展的各领域各环节。累计支持建设31个国家智慧农业创新中心、分中心和97个国家智慧农业创新应用基地。2023年，遴选认定94家农业农村信息化示范基地，精选推介30个智慧农业典型案例，有效示范带动农业产业数字化转型。当前，物联网、智能装备、遥感监测、人工智能等数智化技术与食材产业正在深度融合、加快迭代，数字化应用持续深入。

无人机作业技术以无人机为载体，集成无人机系统，通过远程控制，执行无人机农药喷洒、播种施肥等田间作业，具备自动定量、精确控制等优势，有利于发展大规模农田种植。近年来，无人机应用加快，保有量逐渐提升。农业农村部数据显示，2022年，中国植保无人机保有量从2021年的12.1万架增长至16万架（见图3-2），增长32.23%，作业面积从10.71亿亩次增长至14亿亩次，增长30.72%。

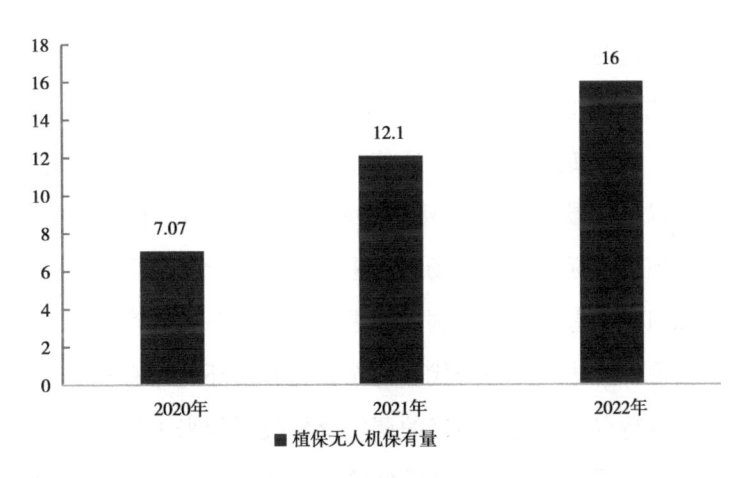

图3-2　2020—2022年中国植保无人机保有量（万架）

数据来源：农业农村部。

农机自动导航驾驶技术以无人驾驶拖拉机、智能播种机为载体，集成全球定位系统（GPS）、地理信息系统（GIS）技术等，主要应用于农业生产活动的耕整地及播种环节，实现农机在农田行驶、掉头、耕种作业、质量监测的全过程无人化。目前，无人驾驶技术已经广泛涵盖拖拉机、播种机、插秧机、收割机、运粮机、喷雾机、运输机等多种农业机械，据中国卫星导航定位协会数据，2022年装备北斗终端的国产农机在全年粮食生产中发挥了重要作用。在夏收时节和秋粮收获阶段，分别有5万多台和1.2万台基于北斗的收割机跨区作业，区域覆盖了黑龙江、吉林、内蒙古、河北、河南、山东、安徽等小麦、水稻和玉米主产区，所形成的2000万亿条北斗农机大数据，有力支撑了跨区作业顺利实施，显著提升了农业生产效率。国内实现L4级无人驾驶的智慧农机落地数量不多，但应用范围正在逐步扩大，从试点试验向常态运行发展。据悉，目前引入一套农机自动驾驶系统，无人农机实现全天候24小时不间断作业，可有效提高作业效率30%以上，节约人力成本约2万元/年，提高土地利用率5%~10%。

农业机器人技术以智能机器人为载体，集智能化控制系统、辐射传感器、无人机、农业机器视觉系统和人工智能等技术于一体。据智研咨询相关数据，近5年我国农业机器人需求量保持38.6%的增长。2019年我国农业机器人产量从2015年的3250台产量增长至17000台，预计2023年我国农业机器人产量约31193台。2019年我国农业机器人市场规模从2015年的1.24亿元增长至4.97亿元，预计2023年我国农业机器人市场规模增长至8.21亿元。

养殖环境监测技术可以自动监测调控生产环境，改善动物的健康水平，提高生产效率。以生猪养殖为例，国内外大量的科学实验和生产实践表明，环境因素对生猪生产的影响占比达到了20%~30%，涉及对温度、湿度、光环境、氨气及硫化氢等多方面的监测。随着传感器、移动通信和物联网技术的发展，通过传感器获得环境参数，将之传输到云端，并在手机、PDA（掌上电脑）、计算机等信息终端进行显示，已成为规模化、标准化养殖场普遍采用的信息化管理手段。然而，对获取的大量监测数据如何科学有效地加以利用，进一步指导畜牧生产，是当前亟待解决的突出问题。以猪舍、立体式鸡舍为代表的圈舍类养殖环境具有多变量共存、结构复杂及密集程度高等特点，为建立精确的调控分析模型带来了诸多困难，国内已有相关研究取得了一定进展，但如何提高模型的泛化性和健壮性是在实际应用中面临的关键挑战。

（二）食材加工环节数智化

近年来，我国食材加工企业数智化转型速度不断加快，但与工业和服务业数字化相比，智能工厂在食材加工制造应用领域渗透率仍然较低，融合应用场景相对较少。工业和信息化部数据显示，截至2023年底，我国已培育421家国家级示范工厂以及1万多家省级数字化车间和智能工厂。

自动化生产线可以实现食材的高效加工、包装及质量控制。自动化设备如机器人、视觉检测系统、高速分拣机以及智能物流系统等，在确保生产安全卫生、提高生产效率、降低成本和增强产品一致性方面发挥了关键作用。特别是在一些标准化程度高、产量大的食材类别中，如乳制品、肉类加工等，自动化生产线的渗透尤为明显。随着技术的进步和成本效益的提升，越来越多的中小型食材加工企业也开始采用自动化解决方案，这意味着自动化在整个行业中逐渐普及。此外，对于食材安全的严格监管和消费者对高质量产品的需求也驱使食材加工业不断加大在自动化技术上的投入。

监控控制与数据采集系统（SCADA）和制造执行系统（MES）可以实现实时的数据汇集和设备连接，做到实体与虚拟、线下与线上、自动化与智能化交互。通过采用SCADA系统，伊利集团打通了工厂内水处理、配电、中控、锅炉以及前处理等多个环节的信息数据流通渠道，实现了集中控制和监控。而该系统实时监控的功能，可使员工快捷、及时掌握生产动态，同时使能源设备的逻辑控制得以优化，在提升生产效率的同时还能降低设备停机时间，减少能源损耗。此外，还可以借助该系统的数据分析，对设备进行故障预警，进而确保设备在故障突发时得以快速维护。而MES系统则被称为整个生产环节的大脑，是一个包括ERP和数据采集等多个系统的集成性平台，在线上就能完成大部分工作，提升整个生产流程的透明度，促进各环节的有效衔接。MES系统通过将所有生产设备和系统相连接，对产品生产过程进行准确的全流程实时监控，在提高产品生产速度和执行效率的同时，保证产品得以稳定安全地生产。该系统还可以实现数据共享，通过将企业内部的信息和生产过程中的数据链接到一起，实现数据共享，并结合生产与运营流程，在平台上实现决策分析，制定针对性的生产与服务方案，提升决策的准确性。

区块链技术、物联网技术等可以构建一个全面、透明、可信赖的食材质量追溯体系，有助于克服信息不对称，降低监督成本，提升农产品的安全性，增强消费者信心。目前，我国农产品质量安全追溯的科研水平，在国际上处于领先的位置，农产品追溯已经有了很好的产业和技术基础，到了全面系统规划和整合的阶段。当前，追溯技术以及实施条件比较成熟，应用比较广泛。例如，浙江省推出"浙食链"溯源码，消费者通过扫码便能了解商品的出厂检验情况、监督抽检结果、合格证明和消毒证明等信息。厦门市将10.5万家食品生产经营主体的52.5万种食品纳入追溯系统，追溯覆盖面超过90%。据农业农村部数据，截至2023年，国家农产品质量安全追溯管理信息平台入驻企业已达54万家，部省两级农产品追溯平台（系统）入驻企业累计达到120多万家，产地农产品追溯"一张网"格局初步形成，农产品追溯在品牌保护、产销对接等工作中已开始发挥作用。截至2022年底，全国约半数农产品批发市场开始实施食品安全信息化追溯管理，11个省份市场监管部门建成农产品追溯平台。

（三）食材流通环节数智化

农产品流通数字化现状表现为多方面的技术应用和平台建设，以及电商模式的创新与发展。

食材流通智能仓储技术主要通过应用现代信息技术和物联网技术［包括但不限

于仓库管理系统（WMS）、RFID 托盘管理系统、智能传感器和设备等]，实现对食材仓储管理的智能化、自动化，旨在提高仓储效率，降低错误率，减少人工操作的烦琐性，并通过数据分析帮助企业更好地理解销售趋势，预测未来的库存需求。具体来说，农产品智慧仓储管理系统能够根据监测到的环境信息自动控制相应设备，调节仓库内的温度、湿度、二氧化碳含量，为食材创造出最佳的存储环境；全自动化运行，无须人工参与，节省大量劳动力，降低管理成本。此外，基于物联网技术的农产品智能仓储管理系统，通过系统的总体硬件和软件设计方案，解决了传统仓储管理效率低下的问题。

农业农村部 2022 年 10 月发布的《农业现代化示范区数字化建设指南》中提到，加快建设产地云仓，完善集物流管理系统、自动化技术、运营标准于一体的智能仓储体系，推进农产品网店、仓储、分装、运输、配送等各环节数字化管理。可以看到，自 2016 年《智能制造工程实施指南（2016—2020）》发布开始，智能仓储在食材行业快速发展，据第三方产业咨询服务机构头豹研究院预测，我国智能仓储市场规模 2023 年可突破 1500 亿元（见图 3-3）。

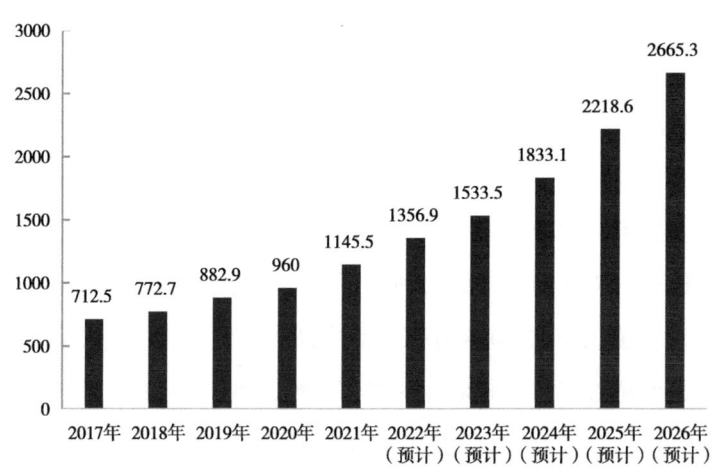

图 3-3　我国智能仓储市场规模（亿元）

数据来源：头豹研究院。

大数据分析作为数字化转型的关键工具，在农产品流通企业中得到广泛应用。首先，在企业决策方面，大数据驱动的决策范式转变，特别是在 O2O（线上到线下）即时服务这种新型商业模式中，通过跨域融合物流部门、其他运营部门以及外部环境信息构成全景式数据，放宽传统决策范式的经典假设，实现从无差异化配送时间到个性化服务的转变。通过收集和分析大量的市场数据，企业可以了解消费者的需求趋势、产品偏好及竞争对手的最新动态，从而更精准地制订产品策略和市场推广计划。此外，大数据分析还可以帮助企业进行风险预测和评估。通过对供应链、市场和环境等数据进行分析，企业可以识别潜在风险，并采取相应的预防措施，以确保经营的稳定性和可持续性。

智能化物流管理系统让供应链管理更加透明。大部分餐饮食材都属于生鲜产品，具有不易储藏、保鲜期较短的特点，为了保证食品安全，需要在流通过程中保持车辆跟踪定位、车厢温控记录等。智能运输管理系统可对冷链车进行 GPS、温度、视频全运输流程监控，实时掌控食材运输环境，牢牢把控食材安全；同时可对车辆、司机进行管理，对作业操作规范、运输进度做到全程监管并及时反馈，降低食材损耗，保证供应链的稳定性。通过可视化平台，可以实时查看订货数量，对食材类型数据进行分析，同时掌握各基地收货进度、拣货指令数量，以及食材未到货、未拣货、已拣货、已复核状态。可方便管理层实时掌握重要数据，提升企业决策效率和工作效率。以新希望集团为例，公开信息显示，2021 年 10 月，新希望六和集团与民生电商签订合作协议，开启了数字化粮仓的建设，民生电商通过旗下民熙科技推出的供应链数字化综合服务平台"民农云仓"为新希望粮仓中数百万吨的玉米、大豆、水稻等粮食提供智能监管及资产数字化服务。从民熙科技所采用的模式来看，其利用区块链技术，链接新希望及产业中各方上链以及金融机构，打造多方互信的联盟链网络，将智能监管仓内实时采集的粮食数据进行多维度交叉安防验证，并加密传输到联盟链各节点的账本中，通过智能合约规则形成可信数字仓单。

智慧供应链系统可以通过数字技术和算法，提高生产计划准确性和库存管理效率。通过构建智慧供应链系统，优化产销协同、采购协同、产能分布、仓储管理和物流情况等场景，更灵活地适应市场变化，提高供应链管理水平，推动数字化转型。蒙牛利用智慧供应链系统先进的技术和算法预测用户需求，提高预测准确性，特别是在 KA（重要客户）渠道，预测准确率从 40% 升至 70%，让企业更好适应市场需求，提高运营效率，逐步实现产销协同。

（四）终端销售环节数字化现状

1. 餐饮终端数字化现状

2023 年，全国餐饮收入首次突破 5 万亿元，同比增长 20.4%，增速在社会消费品零售总额中领跑其他类型。疫情结束、经济复苏，餐饮业重迎新春天，但疫情曾造成的巨大冲击迫使餐饮企业开始对其供应链韧性的重要性进行反思，同时开始考量商业模式的变革乃至全局数字化升级。过去，餐饮企业引入数字技术大多只表现在数字点餐收银、排号订餐等应用场景。在新形势下，面对消费者的变化、商业生态模式以及整个行业应用技术的变化，餐饮行业正在加速与数字科技融合，现在数字化已经渗透到了餐饮行业选址、开店、选品、客服、费用控制、招聘培训等各个流程。

餐饮业供应链数字化转型的主要原因可以归纳为内外部两个方面：一是外部驱动力。近年来我国互联网技术的快速发展以及移动支付的广泛应用，使得消费侧数字化进程发展迅猛，商业模式创新为消费者带来良好消费体验的同时，亦催生了供给侧对数字化技术应用的迫切需要。二是内部驱动力。餐饮业是典型的中小微商户聚集产业，普遍存在供应链抗风险能力弱、经营模式单一、忽视用户运营、货品供应效率低、融资渠道受阻等短板问题，经营效益受到较大影响。

近年来我国的餐饮企业供应链数字化升级服务已获得长足进展，其发展历程可以分为三个阶段：

第一阶段：O2O 平台服务商主导的"到家"类型供应链数字化升级服务。

第二阶段：支付服务商由智能收款业务切入的"到店"类型供应链数字化升级服务。

第三阶段：由支付服务商主导的"到店"类型全链条供应链数字化服务。

提供支付服务的平台型企业作为餐饮业数字化新载体，通过平台推动数据要素化，能够充分利用餐饮数据为餐饮业赋能，培养行业人才，助力企业转型，为政府决策提供智力支持。

培养专业化人才方面，平台通过开展个体餐饮工商户线上培训、举办 CEO（首席执行官）培训班提升商户数字化经营水平，加大外卖运营师培训力度等，为行业发展培养专业人才。

提供数字化软硬件设施助力餐饮企业数字化方面，平台发挥信息技术和数据整合优势，利用微信、支付宝等重要流量平台，为餐饮企业提供数字化改造方案，精准定位客户群体，协助餐饮企业采用数字设备和软件系统，全面提升餐饮企业服务质量。如美团等平台企业推出针对大型餐饮品牌的企业级消费解决方案，帮助提升品牌内部数字化管理水平。餐饮连锁品牌企业通常管理着上万家门店，面临员工差旅、用餐、财务报销等巨量需求，通过使用企业级消费解决方案，将人员管理、财务管理全流程线上化，员工管理效率提升 56%，财务审核时间节省 85%，实现 100%合规透明管理。

为政府提供智力支持方面，平台整合餐饮业数据，为政府决策提供参考，并在引领行业发展中先行先试，探索经验。如美团、饿了么等企业积极推动餐饮业数字化专项试点行动，利用行业数据为政府主管部门建设数字大屏和行业各类监测指数，为商务部和地方商务主管部门提供"餐饮业数字化转型方案"。

此外，外卖成为餐饮业数字化发展的生力军，更成为餐饮业数字化发展的主力军。当前整个社会对外卖的认识不断深化，对外卖的价值认知不断提升。从线上交易到线下配送，外卖涵盖了营销、点餐、结算、出餐、配送、评价等各个环节的数字化。随着外卖快速发展，推动了餐饮企业门店管理数字化、供应链数字化。根据中国互联网络信息中心的数据，2022年中国外卖市场规模达到1.1万亿元，占社会餐饮（不含团餐）比例约为25%，2018—2022年复合增长率超过20%。随着直播、短视频等平台的加入，外卖领域衍生更多新型餐饮业数字化营销形式，餐饮业数字化也向供应链管理等不同环节渗透，推动线上线下融合商业模式的持续创新。外卖在数字化时代背景下对餐饮行业的促进作用越来越突出。

2. 零售终端数字化现状

在数字营销方面，面对疫情刺激下快速增长的线上消费，一些农产品流通企业顺势而为、创新求变，加快布局电子商务，强化品牌宣传，增强线上营销能力。针对疫情催生的新消费习惯，借助"互联网+"，探索直播带货、超级IP（知识产权）运营、短视频营销等新模式，实现需求与供给的精准对接。据商务部电子商务和信息化司数据，2023年全国农产品网络销售额达5870.3亿元，增长12.5%。分地区看，东、西、中部和东北地区农产品网络零售额占全国比重分别为63.9%、15.7%、14.9%和5.5%，分别增长11.8%、16.9%、13.1%和6.8%。

国内零售商普遍将数字化转型作为未来战略重心，大力投入数字化建设；同时门店层面的数字化有望迎来快速部署与发展，帮助零售企业实现降本增效及业绩增长目标。据中国连锁经营协会《中国零售数字化白皮书》数据，100%的受访企业提出门店数字化相关场景已经/希望得到助力；80%的受访企业认为门店数字化刚刚开始，未来将加大投资，持续发展；大数据、人工智能和边缘计算技术得到广泛的关注。从门店数字化场景应用维度分析，超市数字化场景应用更为广泛，整体场景覆盖率达到86%，百货与购物中心、便利店和专业店场景覆盖率分别达到66%、74%和77%。

四、食材供应链数字化发展面临的问题

（一）农村数字化设备落后

数字化供应链在农村等网络和通信设备不齐全的地方面临着较大的挑战，由于硬件设备缺乏，无法实现实时的网络连接，这阻碍了数据的及时采集和传输，在降低数据准确性的同时还会影响农产品供应链的效率。

（二）数字化供应链技术门槛较高

对于大多数农业生产者来说，其学习和使用数字化技术的门槛相对较高，需要熟练掌握相应的信息技术才能正确使用。同时，许多农业生产者可能会因为年龄、教育背景的影响对信息技术较为抗拒。

（三）数据安全问题难以解决

随着农产品供应链越来越依赖数字化技术，农产品的生产、采购、销售等信息将被大量收集和传播，这就带来了数据泄露的风险，可能会因为操作不当或者计算机病毒导致商业机密泄露，甚至使消费者的隐私受到侵害。

（四）数字化人才储备不足

数字人才是推动数字经济转型发展的根本要素，然而我国数字人才的储备始终不能满足发展的需要。据德勤测算，我国数字化人才缺口为2500万~3000万，且还在不断扩大。未来3年智能制造数字人才供需比预计从1∶2.2扩大至1∶2.6，约70%的受访智能制造企业目前数字人才占整体员工的比例不足10%。

一方面，因为行业进入门槛较低，行业内部为了争夺市场，恶性竞争不时存在，在部分大城市，还面临来自减量发展、腾退疏解的压力。另一方面，因为新一代信息技术正在加速与传统产业和实体经济深度融合，新技术、新产品、新业态、新模式不断涌现，电商、社区团购和基地直采等新型模式不断稀释市场份额，跨界竞争变成一种常态，直接导致了农产品流通行业出现数字化转型能力不够造成不会转、数字化改造成本偏高导致不敢转、数字化人才储备不足致使不善转的现象。

五、食材供应链数智化发展的趋势

（一）以消费者为导向将成为食材供应链数智化转型的核心动力

将消费者置于首位将是食材供应链数字化转型的核心动力。通过数据分析和构建消费者画像，发展数字化的C2M（消费者到制造商）能力，深入了解不同细分市场中特定人群需求，将洞察反馈到产品研发阶段，以更好满足消费者需求。企业发展过程中面临柔性生产、产品创新、敏捷物流、精准营销以及全渠道触达消费者等挑战，通过数字技术构建全渠道人群画像，成为解决挑战的关键。在存量时代的背景下，回归商业本质，实现从原有的产品分销逻辑向消费者中心逻辑的转变，将为企业带来更大价值增量。

(二) 信息化管理成为食材供应链优化升级的"刚需"加速器

尽管疫情防控措施优化后,消费需求正在稳步释放,但中国依然面临有效需求不足的情况。加之用工成本、能源成本以及房租成本等运营成本上升,食材供应链各级主体降本增效需求旺盛,这进一步促使食材供应链各级主体通过数字化方式来为业务拓展以及成本压缩寻找突破口。

从深层次看,行业发展经过多次探索,食材供应链业态至今未发生根本性改变,零散的中小型企业依旧是主力军。同时,绝大部分食材企业依然处于数字化转型的初级阶段,仅有少量的头部企业进入业务全流程的标准化、信息化发展阶段。对于未完成数字化转型的企业,其需求及痛点基本未发生变化,即初期需要满足单个或多个产品功能需求,中后期则衍生出企业经营管理需求。因此,在未来较长一段时间内,数字化升级依然是行业内各企业的刚需。整体而言,食材供应链企业首先需借助数字化工具提升企业自身的数字化能力,同时结合供应链环节中的仓库管理、运输管理、温控监管及定位管理等管理手段实现企业内部执行效率优化、运输质量可监控及订单信息可跟踪等管理目标,以更好地促进企业降本增效。

(三) 新技术新模式的不断涌现助力食材供应链企业大幅提升管理效能

超级仓库:基于物联网、大数据、数字孪生、人工智能、虚拟现实(AR)等技术,食材供应链领域未来有望出现数智化超级仓库,生产加工、存储分拣、进货出货的柔性管理与实时监控将成为可能。这将有利于解决食材供应链仓库质量参差不齐与区域分布离散等供应链发展难题。

大数据平台:当前中国尚未形成食材供应链相关的信息集合型大数据平台,因而难以对供应链中每个环节积聚的海量数据进行整合与输出,未来有望出现与食材供应链有关的大数据平台,该类平台将集成各类食材的数据,为产业内的参与主体提供如商品定价、采购比价等运营数据支持。

(四) 智慧监管升级,数智化赋能食材安全

中国食材的生产安全标准体系尚未健全,而食品安全作为餐饮企业的生命线,关乎人民群众的身体健康与生命安全。政府端高度重视食品安全管理问题,鼓励食材供应链进行信息化改造,2022年9月,国家市场监督管理总局颁布《企业落实食品安全主体责任监督管理规定》。随着区块链等数字技术应用的逐步成熟,食材供应链企业将通过引进数字化工具积极落实相关规定,实现食材供应链"全链条"式智慧监管,以进一步增强食品安全的保障能力。

六、食材供应链企业数字化转型案例

福建圣农控股集团有限公司（简称圣农集团）圣农集团创始于 1983 年，总部位于福建省南平市光泽县，是集自主育种、孵化、饲料加工、种肉鸡养殖、肉鸡加工、食品深加工、余料转化、产品销售、冷链物流于一体，横跨农牧、食品、冷链物流、投资、能源/环保、配套产业、兽药疫苗七大产业的全封闭白羽肉鸡全产业链集团。2021 年 5 月，福建圣农发展股份有限公司（简称圣农发展）被中国畜牧业协会智能畜牧分会评为"中国养殖数字化集成应用优秀企业"。近年来，圣农集团把更多资源投向数字化建设上，肉鸡饲养、加工、深加工等全产业链与大数据、人工智能技术深度融合，实现管理智能化、生产自动化、食品安全系统化、环保消防标准化。2023 年 3 月 14 日，圣农集团"SAP（企业管理解决方案）+智慧农场"项目正式启动，旨在打造圣农全产业链数字化管理平台，实现全产业链数字化管理，助力"数字圣农"迈向发展新阶段。

圣农集团的肉鸡养殖基地，凭借先进的智能地磅与门禁消毒系统，实现了养殖过程中的自动化称重与消毒，有效提升了生物安全标准。鸡舍内部自动化饮水、喂料与通风系统的应用，配合智能环控技术，确保了覆盖 316 个养殖场的 3688 栋鸡舍的全天候监控与温度调控。这一系统不仅能实时预警温度异常，每年节省用工成本高达 1000 万元，而且通过大数据分析，优化养殖参数，成功将死淘率降至历史最低点，实现了经济效益与养殖效率的双丰收。在饲料生产环节，圣农集团采用计算机全程控制的生产线，实现了从原料接收至成品产出的全封闭智能化流程，确保了饲料品质的一致性和安全性。孵化厂内，巷道式孵化设备通过自动调节温度与湿度，结合定时翻蛋机制与自动警报系统，大大提高了孵化成功率与雏鸡质量。而肉鸡加工厂的自动化屠宰线，包括自动打毛、清洗、掏膛及分割等工序，确保了高效率与高标准的食品安全。值得一提的是，万安孵化厂引入的智能物流仓储系统，利用机器人代替人工进行雏车盘与苗鸡筐的自动输送，进一步提升了物流效率，减少了人为错误，为整个孵化流程注入了更高的精准度与可靠性。

圣农集团的智能肉鸡加工厂作为行业创新的典范，采用了前沿的智能隧道速冻技术，以环保型制冷剂取代传统的氨制冷方式，不仅有效避免了冷气泄漏的风险，还通过实施"避峰就谷"的能源管理策略，在夜间低谷时段进行制冷速冻，大幅降低了氨的使用量，达 90%，同时实现了 30% 的能耗削减，充分展现了绿色生产与节能减排的双重效益。在工厂内部，自动化技术的应用水平较高，从产品称量、包装、封口到喷码、金属检测、X 光检测，直至最后的封箱与堆垛，全过程均由全自动包装线与堆垛机器人无缝衔接完成。这一系列高精度、高效率的自动化流程，不仅极大减少了对人工的依赖，更显著提升了生产效率与产品质量，标志着圣农集团在肉类食品深加工领域迈入了全国先进设备之列，树立了行业智能化生产的全新标杆。

在销售端，圣农集团深度挖掘消费者需求，利用大数据分析指导产品开发与定价策略。圣农集团不断优化 C 端渠道结构，近三年 C 端渠道复合增长率超 70%，其中线上及新零售业务表现尤为亮眼，复合增长率高达 300%。当前，圣农集团的现代农业规模化、特色化、科技化、生态化、观赏性程度不断提升，正依托互联网、物联网技术，向电子商务、生态旅游迈进，实现三产融合。

第二节 ESG 在食材供应链领域的发展与应用

一、ESG 概述

（一）ESG 理念

1. ESG 定义

2004 年，联合国秘书长安南邀请 50 家世界顶级投资机构的 CEO 参加国际金融公司与瑞士政府发起的倡议，讨论如何更好地作出投融资决策。同年，作为上述倡议的成果，联合国全球契约组织（UNGC）完成了题为"在乎者赢"的研究报告，并首次提出 EGS 概念。

ESG 是指环境、社会和治理三个方面，涵盖了企业在经济、社会和环境方面的综合表现，体现的是企业可持续发展的能力。其中，E 即环境，体现企业行为对于气候变化、废物管理、能源效率的作用和影响；S 即社会，体现的是企业对待员工、供应商、客户、社区和社会的方式，企业要在获得社会许可的情况下运营；G 即治理，关注的是在企业治理过程中，不同利益相关方之间的权利、责任、期望的规则和原则。

ESG 在环境、社会、治理基础上细化各种指标体系，被公司用来规范和监督自身行为，是一种新的价值理念和评价工具，深刻影响着实体经济发展的方向。ESG 的详细指标包括但不限于表 3-1 所示内容。

表 3-1 ESG 含义

指标分类	内容
E	生物多样性、气候变化风险、废弃物循环利用、碳排放、能源使用、土地使用、原材料来源、水资源管理、气候事件、绿色技术、绿色办公等
S	劳工权利、客户关系、员工关系、社区投入、健康与安全、产品质量、负责任的营销与研发、利益相关者的诉求、隐私数据保护、税收贡献、乡村振兴等
G	管理结构、股权结构、股东权利、决策过程、决策透明度、法律合规性、道德准则、薪酬体系、会计体系等

数据来源：公开资料。

2. ESG 评价体系

ESG 评价体系也可称为 ESG 评级，是一套用于衡量企业在环境、社会、公司治理等关键领域的管理能力的指标与工具。投资者可以通过 ESG 评级结果更加全面地了解企业的风险与发展潜能，同时，企业也可通过评级结果更好地发现自身的发展问题并予以改正。

ESG 评价体系目前尚无统一标准，各评级机构主要基于行业特点及主要组织机构的标准选取指标、构建方法论，形成评价体系。国外主流评级机构因发展时间较长，评价方法和体系相对较为完善（见表 3-2），我国 ESG 评级起步较晚，但也形成了一些较为国内市场认可的评价体系（见表 3-3）。

表 3-2 国际评级机构及评级方法

国际评级机构	评级所依据的数据源	评级方法	评级等级划分	评级时间
明晟	基于企业公开信息，包括企业 ESG 报告、企业官网信息，以及具有公信力的信息来源等	企业对与财务相关的 ESG 风险和机遇的管理水平	·领先水平：AA、AAA ·平均水平：BB、BBB、A ·落后水平：CCC、B	每年度更新一次，若企业有重大争议事件或关键 ESG 议题的指标数据获得更新时将及时调整评级
晨星	基于企业公开信息，包括企业 ESG 报告、企业官网信息，以及具有公信力的信息来源等	企业对于 ESG 风险暴露程度以及已控制风险的差距	·可忽略的风险：0~10 分 ·中等风险：20~30 分 ·低风险：10~20 分 ·高风险：30~40 分 ·严重风险：40 分以上	每月更新一次
路孚特	基于公共领域可核实的报告数据、企业 ESG 在行业中的相对表现，以及争议性表现评估	企业 ESG 在行业中的相对表现，以及争议性表现评估	·表现出色：75~100 分 ·表现良好：50~75 分 ·表现令人满意：25~50 分 ·表现不佳：0~25 分	每年度更新一次（基于大多数企业 ESG 报告为年度发布情况），若企业有重大争议事件或公司结构发生重大变化时，也会及时更新评级

续 表

国际评级机构	评级所依据的数据源	评级方法	评级等级划分	评级时间
ISS ESG	基于企业公开信息，包括企业ESG报告、企业官网信息，以及独立专家处获得与评级相关的信息等基于企业所处行业的关键ESG议题的重要性作赋权分析	基于企业所处行业的关键ESG议题的重要性作赋权分析	12点评分系统（D-至A+） ·表现优异：A+ ·表现不佳：D-	每年度更新一次，若企业发生争议、事故或合并等事件时将及时调整评级
富时罗素	基于企业公开信息、包括企业ESG报告、企业官网信息，以及具有公信力的信息来源等	根据企业所处行业调整评分权重，进一步将ESG评分调整转化为ESG指数	5分评分制	根据企业类型，每年3月评审富时发展指数、富时新兴指数企业，每年6月评审富时全指指数及罗素1000企业
碳信息披露项目（CDP）	基于企业公开信息，向测评企业提供的调查问卷	评分类别按主题对问题进行分组，在指标评分上CDP会根据企业高管作出的实质性管理行为对指标进行打分	领导力等级：A-及A 管理等级：B-及B 认知等级：C-及C 披露等级：D-及D	每年度更新一次

数据来源：海通国际。

表3-3 国内评级机构及评级方法

国内评级机构	评级所依据的数据源	评级方法	评级等级划分	评级时间
万得ESG	基于企业公开信息，包括企业ESG报告、企业官网信息以及具有公信力的信息来源等	基于企业实质性议题，突出行业ESG主要风险	7档评分系统（CCC至AAA） ·表现优异：AAA ·表现不佳：CCC	事实数据更新频率
商道融绿	基于企业公开信息，包括企业ESG报告、企业官网信息以及具有公信力的信息来源等	基于行业特征	10个级别评分系统（D-至A+） ·表现优异：A+ ·表现不佳：D-	每季度更新一次
中诚信	基于企业公开信息，包括企业ESG报告、企业官网信息以及具有公信力的信息来源等	基于行业特征	7个级别评分系统（C至AAA） ·表现优异：AAA ·表现不佳：C	每半年或每年更新一次

数据来源：海通国际。

（二）ESG 起源与发展

ESG 起源于企业社会责任投资，随着全球可持续发展意识的提升，ESG 已成为企业关注的重要议题。

ESG 的起源与发展轨迹参见图 3-4。

1960—1980年
01 随着西方国家的人权运动、环保运动和反对种族隔离运动的兴起，资产管理领域开始着眼于与这些运动核心价值观相一致的投资策略，包括聚焦于种族与性别平等、劳动者权益、商业道德以及环境保护等，逐步衍生出 ESG 投资。

1990—2000年
02 到了1990年代末至2000年代初，一些机构投资者开始将社会和环境因素纳入投资决策过程中，并提出了可持续投资的概念。

2004年
03 联合国全球7月组织发布 Who Cares Wins 报告，首次提出ESG概念。

2006年
04 联合国成立责任投资原则组织(PRI)，该组织提出6大原则、34项建议可行性方案，致力于倡导投资人通过ESG来衡量企业的社会责任表现。

2007年至今
05 ESG投资逐渐成为全球主流的投资策略和投资方法之一。

图 3-4　ESG 起源与发展

资料来源：公开资料、中物联食材供应链分会。

（三）ESG 与双碳战略目标

1. 双碳战略目标的含义

我国政府于 2020 年 9 月明确提出"30·60"双碳目标，即到 2030 年碳达峰，并提出到 2060 年实现碳中和，这是我国政府提出的旨在应对气候变化、实现绿色低碳发展的国家战略。其中，碳达峰是指在某一时间点，二氧化碳排放量达到历史最高值后开始逐渐下降；碳中和则是指在一定时间内，通过植树造林、碳捕捉与封存技术、购买碳汇等多种方式抵消自身产生的二氧化碳排放量，最终实现净零排放。

2. 双碳战略与 ESG 的关系

双碳是 ESG 的重要议题，是中国乃至全球面对气候变化挑战所提出的重大战略决策。同时，绿色低碳转型实践也是企业 ESG 报告/可持续发展报告披露的最重要的信息之一。双碳战略与 ESG 相互促进，共同推动企业向更可持续、更负责任的方向发展。具体表现如下：

首先，双碳战略直接对应 ESG 中的环境（E）维度，尤其是气候变化和节能减排方面。企业的碳排放管理、能源结构调整、清洁能源使用、环保技术创新等，都是实现双碳目标的具体实践，同时也是提升 ESG 评分的关键因素。

其次，虽然双碳主要聚焦于环境，但其实现过程中也会促进社会（S）和治理（G）方面的改善。例如，企业通过绿色转型带动就业、提升员工福利、增强与社区的和谐共生，这与社会维度相关。同时，为实现碳目标而制定的长期战略规划、透明的碳排放数据披露，以及有效的公司治理结构，均体现了治理（G）的重要性。

最后，随着双碳战略的实施，ESG 投资原则变得更为重要。投资者在评估企业时，越来越重视其在应对气候变化上的行动和成效，这促使企业更加重视 ESG 表现，以吸引更多的责任投资。

（四）食材供应链企业发展 ESG 的重要性

1. 满足监管要求与合规性

政府和监管机构日益重视 ESG 议题，出台相关法规要求企业报告 ESG 信息，以促进透明度和合规性。主动披露有助于企业避免法律风险，提升其在监管层面的形象。

2. 增强投资者信任

越来越多的主流投资机构开始关注并将 ESG 因素纳入决策、投资和评估的过程。如，高盛认为 ESG 因素是识别投资风险和抓住机遇的重要工具，对投资绩效至关重要。日本政府养老投资基金（GPIF）将 ESG 纳入投资决策作为该基金的五大投资原则之一。

截至 2023 年 6 月，联合国负责任原则组织（UN PRI）的签署机构超 5370 家，其中中国机构达 140 家；全球资产管理规模（AUM）排名前 50 的资管公司中，已有 43 家机构成为联合国负责任投资原则（PRI）成员。该投资架构中资产管理规模已超 120 万亿美元。ESG 已经成为撬动投资的重要支点（见图 3-5）。

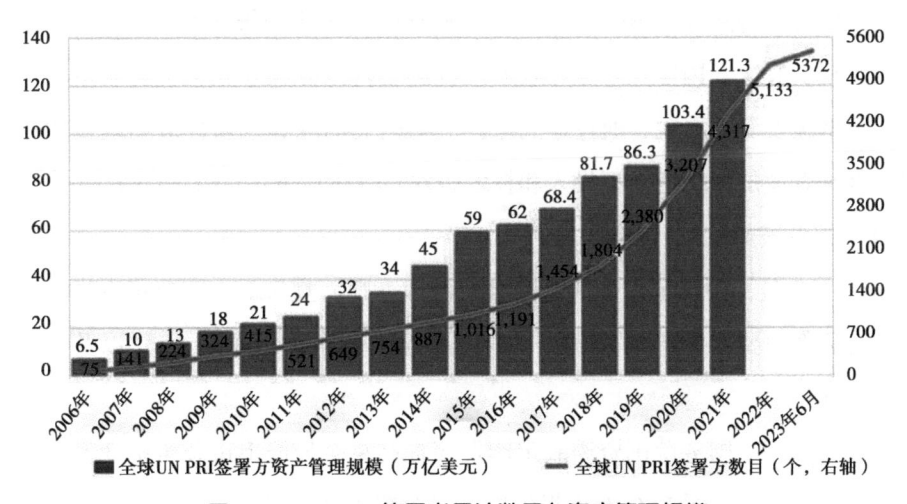

图 3-5　UN PRI 签署者累计数量与资产管理规模

数据来源：UN CRI，Wind（万得）。

3. 风险管理与价值创造

通过 ESG 报告，企业可以识别和评估潜在的风险，如环境风险、供应链中的劳工问题或公司治理结构的不足，进而采取措施减轻这些风险，保护和创造企业价值。

4. 提升品牌与声誉

积极的 ESG 表现和透明的信息披露能够提升品牌形象，建立正面的社会形象，这对于吸引消费者，尤其是那些偏好可持续产品的消费者尤为重要。

5. 促进利益相关方对话

ESG 报告提供了一个框架，帮助企业与投资者、客户、员工、社区及非政府组织等利益相关方进行有效沟通，理解各方期望，共同推动企业的可持续发展议程。

6. 内部管理和激励

公开承诺和报告 ESG 目标还能促进企业内部的文化变革，激励员工参与可持续实践，提高工作效率和员工满意度。

二、食材供应链行业 ESG 发展现状

（一）ESG 政策情况

1. 我国政策情况

随着 ESG 理念逐渐成为社会共识，我国政府构建了多层次、全方位的政策制度体系，推动 ESG 在中国的快速发展。从 21 世纪初开始，中国证监会、国务院国资委等国家单位和地方政府开始陆续出台相关政策引导、推动 ESG 在我国的发展。首先，相关监管机构陆续出台了各项政策促进企业 ESG 相关报告的披露，提高企业对 ESG 的重视。其次，国家及各地方政府出台低碳转型方案和相关支持政策，引导企业向绿色低碳发展。再次，通过建立绿色金融相关标准和创新性应用政策优化资源配置，鼓励企业加大绿色转型投入和技术研发。具体如下：

（1）信息披露政策。

2018 年 9 月，中国证监会《上市公司治理准则》规定：上市公司应当依照法律法规和有关部门要求披露环境信息（E）、履行扶贫等社会责任（S）以及公司治理相关信息（G）。

2022 年 5 月，国务院国资委制定印发《提高央企控股上市公司质量工作方案》，提出央企控股上市公司 ESG 专项报告披露"全覆盖"要求。

2022 年 11 月，中国证监会在《推动提高上市公司质量三年行动方案（2022—

2025）》中提出，建立健全可持续发展信息披露制度。

2023年7月，国务院国资委办公厅发布《关于转发〈央企控股上市公司ESG专项报告编制研究〉的通知》，进一步规范央企控股上市公司ESG信息披露工作。

2024年2月，上交所、深交所、北交所三大交易所同时发布《上市公司自律监管指引——可持续发展报告（试行）（征求意见稿）》，鼓励/要求A股上市企业发布可持续发展报告。其中，上交所和深交所采取了强制披露和自愿披露相结合的方式，报告期内持续被纳入上证180、科创50、深证100、创业板指数样本公司，以及境内外同时上市的公司应当披露可持续发展报告，鼓励其他上市公司自愿披露。北交所暂未对可持续发展报告作出强制性披露规定。

（2）低碳转型引导政策。

2022年3月，国务院国资委成立科技创新局及社会责任局，指导推动企业积极践行ESG理念，主动适应、引领国际规则标准制定，更好推动可持续发展。

2023年6月，国务院办公厅在《关于进一步构建高质量充电基础设施体系的指导意见》中提出，进一步构建高质量充电基础设施体系，更好地满足人民群众购置和使用新能源汽车需要，助力推进交通运输绿色低碳转型与现代化基础设施体系建设。

2023年6月，财政部发布《关于下达2023年可再生能源电价附加补助地方资金预算的通知》，提出电网企业应严格按照《可再生能源电价附加资金管理办法》，按月将相关资金拨付至已纳入可再生能源电价附加补贴清单的风电、太阳能、生物质等发电项目，并及时公开资金拨付情况。省级财政部门和电网企业应加强补贴资金的监管，及时纠正审计以及各类核查中发现的问题，对于涉嫌骗补及违规的可再生能源电价附加补助项目，应暂停项目补贴资金拨付，待有关部门核实定性后按有关规定严肃处理。

2023年8月，生态环境部办公厅等发布《关于深化气候适应型城市建设试点的通知》，鼓励2017年公布的28个气候适应型城市建设试点继续申报深化试点，并进一步明确试点申报城市一般应为地级及以上城市，鼓励国家级新区申报。

（3）绿色金融政策。

2016年8月，中国人民银行、财政部、国家发展改革委、环境保护部、银监会、中国证监会、保监会印发《关于构建绿色金融体系的指导意见》，提出要发展各类碳金融产品，促进建立全国统一的碳排放权交易市场和有国际影响力的碳定价中心，有序发展碳远期、碳掉期、碳期权等金融产品和衍生工具，探索研究碳排放权交易。

2020年10月，生态环境部、国家发展改革委、中国人民银行、中国银行保险监督管理委员会、中国证券监督管理委员会在《关于促进应对气候变化投融资的指导意见》中提出，稳步推进碳排放权交易市场机制建设，适时增加符合交易规则的投资机构和个人参与碳排放交易，在风险可控的前提下，支持机构及资本积极开发与碳排放权相关的金融产品和服务，有序探索运营碳期货等衍生产品和业务。

2023年9月，生态环境部、市场监管总局印发的《温室气体自愿减排交易管理办法（试行）》明确自愿减排项目类型及准入要求、项目所属领域：温室气体自愿减排项目应当来自可再生能源、林业碳汇、甲烷减排、节能增效等有利于减碳增汇的领域，能够避免、减少温室气体排放，或者实现温室气体的清除。同时，由生态环境部组建统一的全国温室气体自愿减排注册登记机构和交易机构，建设全国温室气体自愿减排注册登记系统和交易系统。

2023年10月，国务院发布《关于推进普惠金融高质量发展的实施意见》，明确了未来5年推进普惠金融高质量发展的指导思想、基本原则和主要目标，并提出了一系列政策举措。

2024年4月，中国人民银行联合国家发展改革委、工业和信息化部、财政部、生态环境部、金融监管总局和中国证监会印发《关于进一步强化金融支持绿色低碳发展的指导意见》（简称《意见》），提出8方面24项要求，统筹做好绿色金融大文章，积极支持绿色低碳发展。《意见》提出，未来5年，国际领先的金融支持绿色低碳发展体系基本构建；到2035年，各类经济金融绿色低碳政策协同高效推进，金融支持绿色低碳发展的标准体系和政策支持体系更加成熟，资源配置、风险管理和市场定价功能得到更好发挥。

2. 国外政策情况

（1）欧洲ESG政策，详见表3-4。

表3-4 欧洲ESG政策

发布时间	发布单位	政策名称	主要内容
2014年10月	欧洲议会和欧盟理事会	《非财务报告指令》	首次将ESG纳入政策法规，加强了环境议题在公司可持续发展问题中的地位
2016年12月	欧盟委员会	《职业退休服务机构的活动及监管》（简称IORP II）	在对IORP活动的风险进行评估时应考虑到正在出现的或新的与气候变化、资源和环境有关的风险
2017年5月	欧洲议会和欧盟理事会	《股东权指令》（新修订）	明确将ESG议题纳入具体条例中，并实现了ESG三项议题的全覆盖

续　表

发布时间	发布单位	政策名称	主要内容
2018年3月	欧盟	《可持续发展融资行动计划》	立足于三大目标提出了十项行动，以及22条具体行动计划和时间表，是欧盟第一版可持续金融战略文件
2019年11月	欧洲议会和欧盟理事会	《金融服务业可持续性相关披露条例》（SFDR）	所有范围内的金融产品都必须在合同前文件中披露其是否以及如何考虑可持续性风险的信息。具有ESG特点或投资于可持续投资的金融产品将必须在合同签订前文件和定期报告中披露信息，详细说明这些特征或投资目标，以及如何实现这些目标
2019年12月	欧洲银行管理局	《可持续金融行动计划》	旨在提升金融机构有关治理ESG风险的必要性认知水平，强调应重点关注ESG风险的长期性以及其估值和定价的不确定性
2019年12月	欧盟	《欧洲绿色协议》	明确了欧盟于2050年在全球范围内率先实现"碳中和"的远期目标
2020年2月	欧洲证券和市场管理局	《可持续金融策略》（ESMA）	将在四项活动中整合ESG相关活动的战略。继续呼吁对ESG建立认知的共识以及对ESG监管指标趋同的重要性
2020年3月	欧盟委员会	《可持续金融分类方案》	要求资产管理者和金融产品向利益相关者披露ESG相关活动。要求企业对外披露ESG因素遵守特定框架
2020年6月	欧洲议会和欧盟理事会	《欧洲议会和理事会2020年6月18日关于建立促进可持续投资框架的（EU）2020/852号条例并修订（EU）2019/2088号条例》	建立了欧盟范围内的分类系统或框架，旨在为企业和投资者提供共同的标准，以确定其经济活动在多大程度上可以被视为环境可持续。目的是为投资者、金融机构提供环境可持续性方面的披露
2021年3月	欧盟	《金融服务业可持续性相关披露条例》	反"洗绿"规则
2024年4月	欧洲议会	《企业可持续发展尽职调查指令》	要求在欧盟运营的公司就其环境和人权实践进行尽责管理，并采取行动，并要求企业全面审核设计或制造的"上游"合作伙伴，以及运输、储存和分销产品的"下游"合作伙伴

资料来源：中金公司、公开资料。

（2）美国 ESG 政策，详见表 3-5。

表 3-5 美国 ESG 政策

发布时间	发布单位	政策名称	主要内容
2010 年 2 月	美国证券交易委员会	《关于气候变化相关信息披露 要求公司就环境议题从财务角度进行量化披露公开遵守环境法的费用的指导意见》	与环保有关的重大资本支出等，开启了美国上市公司对气候变化等环境信息披露的新时代
2015 年 10 月	美国国会参议院	《第 185 号参议院法案》	要求美国两大退休基金停止对煤电的投资，向清洁无污染能源过渡，以支持加州经济脱碳
2015 年 10 月	美国劳工部员工福利安全管理局	《解释公告 IB2015-01》	就 ESG 考量向社会公众表明支持立场，鼓励投资决策中的 ESG 整合
2016 年 12 月	美国劳工部员工福利安全管理局	《解释公告 IB2016-01》	强调 ESG 考量的受托者责任，要求其在投资政策声明中披露 ESG 信息
2018 年 4 月	美国劳工部员工福利安全管理局	《实操辅助公告 No.2018-01》	强调了 ESG 考量的受托者责任，要求其在投资政策声明中披露 ESG
2018 年 9 月	美国国会参议院	《第 964 号参议院法案》	进一步提升对《第 185 号参议院法案》涉及的两大退休基金中气候变化风险的管控以及相关信息披露的强制性，同时将与气候相关的金融风险上升为"重大风险"级别。强制要求披露与气候相关的财务风险，应对措施及董事会的相关参与活动，以及与《巴黎协定》、加州气候政策目标的一致性等信息
2019 年 5 月	纳斯达克证券交易所	《ESG 报告指南 2.0》	将约束主体从此前的北欧和波罗的海公司扩展到所有在纳斯达克上市的公司和证券发行人，并提出 ESG 事项的披露要求，对各项指标包括的内容、计量方式、披露方式等进行说明，提供 ESG 报告编制的详细指引
2020 年 1 月	美国众议院金融服务委员会	《2019 ESG 信息披露简化法案》	强制要求符合条件的证券发行者在向股东和监管机构提供的书面材料中明确阐述 ESG 指标及与企业长期战略的关系

续 表

发布时间	发布单位	政策名称	主要内容
2024年3月	美国证券交易委员会（SEC）	《加强和规范投资者的气候相关信息披露规则》	要求企业在其注册声明和年度报告中提供某些与气候相关的信息。披露内容要求不仅需要涵盖企业的温室气体排放量，同时要阐明气候风险对公司商业、运营以及财务状况带来的影响。但对披露范围做了调整，无须披露范围3，范围1和2也不再严格要求强制披露

资料来源：社会投资价值联盟，公开资料。

（二）食材供应链企业 ESG 报告披露情况

1. ESG 报告框架

随着全球范围内对可持续发展和企业公民责任的日益关注，ESG 信息的披露已经成为企业与外界沟通非财务绩效的重要渠道。通过积极地公开其社会责任实践，企业能够增强信息透明度，促进与利益相关者的良性互动，并为其内外部运营创造一个有利的环境。正因如此，无论是出于主动还是响应监管要求，公布 ESG 报告的企业数量正在不断增加。

在进行报告编写时，企业可以参考以下几种主要的报告框架：

一是国际报告标准，例如《可持续发展报告标准》和美国可持续会计准则委员会（SASB）准则；

二是各大交易所的 ESG 信息披露要求，如纳斯达克的《环境、社会及治理报告指南》和香港联交所的《环境、社会及治理报告指引》；

三是其他参考框架，包括 MSCI（明晟）ESG 评级、FTSE Russell（富时罗素）ESG 评级等 ESG 评级体系。

这些框架和指南为企业提供了编写符合国际最佳实践的 ESG 报告的具体指导，帮助企业更有效地与投资者和其他利益相关者沟通其 ESG 绩效。

2. 我国食材供应链企业 ESG 报告披露情况

在中物联食材供应链分会统计的 74 家食材供应链行业上市企业（不含服务类企业，如物流服务企业、软件服务企业等）中，有 45 家企业完成 ESG 报告、可持续发展报告或企业的社会责任报告的披露，披露率为 60.8%，29 家企业未披露 ESG 相关报告，占比近 40%。Wind 数据显示，截至 2024 年 5 月 11 日，A 股共计 2094 家公司披露了 2023 年度 ESG 报告，披露率为 39.05%，同比提升 2.68 个百分点

（见表3-6）。食材供应链行业披露率较高的原因在于部分企业在港股或美股上市，对于披露要求更加严格。

表3-6 我国食材供应链上市企业报告披露情况

企业名称	是否披露ESG相关报告	首次披露年度	报告类型
泰森中国	未单独披露	2005	可持续发展报告
国联水产	否	—	—
惠发食品	否	—	—
龙大美食	否	—	—
仙坛	是	2023	社会责任报告
得利斯	否	—	—
味知香	是	2021	社会责任报告
千味央厨	否	—	—
安井	是	2021	ESG报告
双汇发展	是	2015	社会责任报告，其中2018年度、2019年度为ESG报告
万洲国际	是	2016	2016—2019年可持续发展报告，2020年至今ESG报告
圣农	是	2015	社会责任报告
益客	否	—	—
温氏	是	2016	社会责任报告，2022年开始披露环境信息报告
通威	是	2020	ESG报告
春雪	是	2021	ESG报告
福成	否	—	—
大庄园	否	—	—
金字火腿	否	—	—
新希望六和	是	2015	社会责任报告
新希望乳业	是	2020	社会责任报告
唐人神	否	—	—
海欣食品	是	2015	社会责任报告
好当家	是	2015	社会责任报告
新乡雨轩	否	—	—
雨润食品	是	2016	ESG报告
正大集团	否	—	—
首农	是	2022	社会责任报告

续 表

企业名称	是否披露ESG相关报告	首次披露年度	报告类型
顺鑫农业	是	2018	社会责任报告，其中2021年、2022年为ESG报告
盖世食品	否	—	—
上海梅林	是	2022	2022年社会责任报告，2023年ESG及可持续发展报告
佳沃	否	—	—
百洋股份	否	—	—
宁夏晓鸣农牧	是	2020	社会责任报告
牧原股份	是	2015	可持续发展报告、社会责任报告、ESG报告
东瑞食品	是	2021	社会责任报告
罗牛山	是	2015	社会责任报告
神农集团	是	2022	社会责任报告
长寿花	是	2017	ESG报告
益海嘉里	是	2020	2020年社会责任报告，2021年至今可持续发展报告
中水渔业	是	2023	ESG报告
开创国际	是	2022	社会责任报告
千禾味业	是	2022	社会责任报告
达美乐（达势股份）	是	2022	ESG报告
锅圈	否	—	—
海底捞	否	—	—
紫燕	否	—	—
巴比	否	—	—
广州酒家	是	2022	2022年社会责任报告，2023年ESG报告
豫园股份	是	2015	2015—2019年社会责任报告，2020年至今ESG报告
九毛九	是	2019	ESG报告
同庆楼	否	—	—
呷哺	是	2016	ESG报告
味千	否	—	—
全聚德	是	2022	2022年社会责任报告，2023年ESG报告
瑞幸	否	—	—
百胜中国	是	2022	可持续发展报告

续　表

企业名称	是否披露ESG相关报告	首次披露年度	报告类型
麦当劳	未单独披露	2017	ESG报告
周黑鸭	是	2016	ESG报告
永辉	是	2015	社会责任报告
天虹股份	是	2015	2015—2022年社会责任报告，2023年ESG报告
家家悦	否	—	—
物美	否	—	—
奈雪的茶	是	2021	ESG报告
顶新集团	否	—	—
华天饮食	否	—	—
汉堡王	否	—	—
乡村基	否	—	—
星巴克	是	2001	社会责任报告、全球社会影响绩效报告
唐宫	是	2017	ESG报告
稻香	是	2016	ESG报告
索迪斯	是	—	—
煌上煌	否	—	—
高鑫零售	是	2016	ESG报告

资料来源：公开资料。

（三）食材供应链企业ESG实践

1. 供应链风险与合规管控

第一，实行可持续采购策略。制定有利于环境保护和可持续发展的采购政策，引导供应商采用绿色、低碳的生产方式，建立可持续性采购的评估指标并持续进行监控和改进。如采用具备环境管理体系认证的供应商，选择对员工福利和安全有明确政策的供应商，选择符合环保标准、节能减排的产品/服务等。

第二，严格的供应商合规性管理。根据ESG标准审查供应商资质，确保供应商在ESG方面的合规性。

第三，生产过程的监控与优化。对食材生产过程中的ESG因素进行实时监控，不断优化生产流程，降低负面影响。

第四，产品追溯与透明度提升。建立完善的食材追溯体系，提高供应链透明度，让消费者了解产品的来源和生产过程。

第五，供应链绩效评估与改进。通过 ESG 绩效评估，持续改进供应链的整体表现。

2. 科技创新推动 ESG 发展

第一，推行绿色种植养殖技术。关注生态农业和可持续渔业，减少化学肥料和农药的使用，转而使用有机肥料和生物控制方法。例如，通过轮作、间作等方法改善土壤肥力，利用天敌或生物制剂来控制害虫。

第二，应用节能减排技术。通过提高设备设施能效、优化工艺流程、使用清洁能源等方式减少能源消耗和污染排放。例如，使用节能照明系统等。

第三，环保包装材料应用。使用可降解或可回收的材料来替代传统塑料包装，如聚乳酸（PLA）包装、纸质包装等。减少对石油资源的依赖，同时减少环境污染。

第四，智能监控与数据分析技术。利用传感器、互联网和大数据技术对环境质量、能源消耗等进行实时监控和分析，以优化资源配置和提高管理效率。例如，智能电网可以根据电力需求自动调节发电量，智能农业系统可以根据土壤湿度和天气预报自动调整灌溉计划。

三、食材供应链企业 ESG 实践案例

呷哺集团于 2014 年 12 月在港交所上市，截至 2023 年，已经披露 7 份 ESG 报告。历经多年探索，呷哺集团将 ESG 工作融入每个业务环节中，通过流程优化、设备更新、技术创新、数字化应用等措施达到节能降耗、减少碳排放的目标。并积极履行社会责任、完善公司治理，是食材供应链行业企业可持续发展的良好榜样。

在环境方面：优化能源使用，通过更换节能照明系统、餐厅电磁炉用电节能、应用节能型冷库等多种方式降低碳排放。优化排放物管理，减少食材浪费和厨余垃圾，并积极传播绿色理念，倡导光盘行动、垃圾分类等。

在社会责任方面：充分保障员工权益，呷哺建立了统一的薪酬福利体系，关注员工健康与安全，加强与员工的沟通，增强员工关怀，如节日礼品、生日补贴金等。同时，呷哺积极践行社会责任，参与公益事业、慈善捐助、志愿者服务、产业扶贫等，如投入资金指导产地种植枸杞再将枸杞回收用于餐厅制作汤底。

在公司治理方面：呷哺注重合规经营，加强风险管理、反贪污等，坚持产品品质与创新，同时加强对供应链的管理和会员管理等。

第三节 食材供应链出海

一、食材供应链出海国际环境变化

（一）全球食材消费现状

由于受到文化传统、经济状况和个人偏好等多种因素的影响，全球食材消费呈现出显著的地域性差异。食材企业出海，深入了解目标市场的食材消费情况是至关重要的一步，这不仅关系到产品能否顺利进入市场，还直接影响到企业的长期发展和市场竞争力。

1. 全球肉类消费情况

全球人均肉类年消费量为10.41千克。选取12个代表性国家——葡萄牙、美国、西班牙、阿根廷、巴西、中国、日本、德国、印度、埃塞俄比亚、泰国和马来西亚进行分析，12个国家展现出了鲜明的肉类消费差异。葡萄牙的人均肉类消费总量最高（154千克），其次是美国（149千克）、西班牙（140千克）和阿根廷（122千克）。埃塞俄比亚最低，其人均肉类消费量仅为7.7千克（见图3-6）。

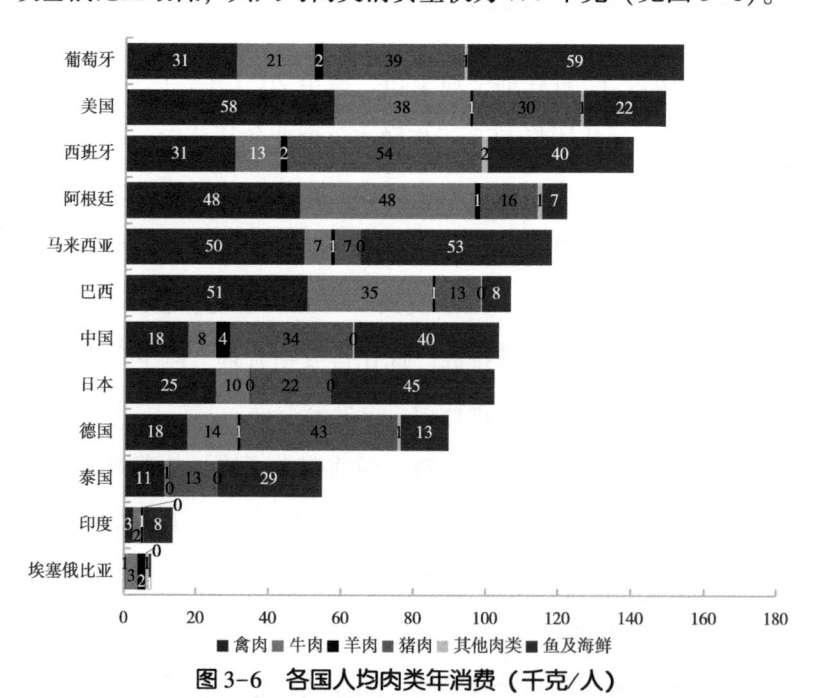

图3-6 各国人均肉类年消费（千克/人）

数据来源：FAO，中物联食材供应链分会整理。

具体分析各国禽肉、牛肉、羊肉、猪肉、其他肉类的消费情况发现，在葡萄牙，人均年消费最多的肉类是鱼及海鲜（59千克），其次是猪肉（39千克）和家禽（31千克），显示出沿海国家对海产品的偏爱；在美国，家禽是最受欢迎的选择（58千克），其次是牛肉（38千克）和猪肉（30千克），体现了北美地区对红肉的高需求；在中国，人们食用最多的是鱼及海鲜（40千克），其次是猪肉（30千克）和禽肉（17千克）；在日本，食用最多的是鱼及海鲜（45千克），其次是禽肉（25千克）和猪肉（22千克），彰显了日本料理中海产的重要地位；在德国，猪肉消费量最大，人均年消费量领先，禽肉（18千克）和牛肉（14千克）分列第二、第三位，体现了欧洲大陆的传统饮食习惯；在泰国，人均年消费最多的是鱼及海鲜（29千克），其次是猪肉（13千克）和禽肉（11千克）；在马来西亚，人均年消费最多的是鱼及海鲜（53千克），其次是禽肉（50千克），反映出东南亚国家对水产资源的依赖。

2. 全球蛋类消费情况

全球人均蛋类年消费量为10.41千克，不同区域的蛋类饮食存在一定差异。从选取的12个国家蛋类消费水平来看，中国和日本的人均蛋类消费相对较高，达到每年19千克以上，其次为马来西亚，人均蛋类消费17千克，表明蛋类食材在其国家饮食中的重要地位；而美洲国家美国、阿根廷和巴西的蛋类消费则处于中等水平，分别为15千克、16千克和12千克；此外，欧洲国家如德国和西班牙的蛋类消费也相对较高，但低于中国和日本，达到15千克以上。相比之下，非洲国家埃塞俄比亚的人均蛋类消费量非常低（见图3-7）。

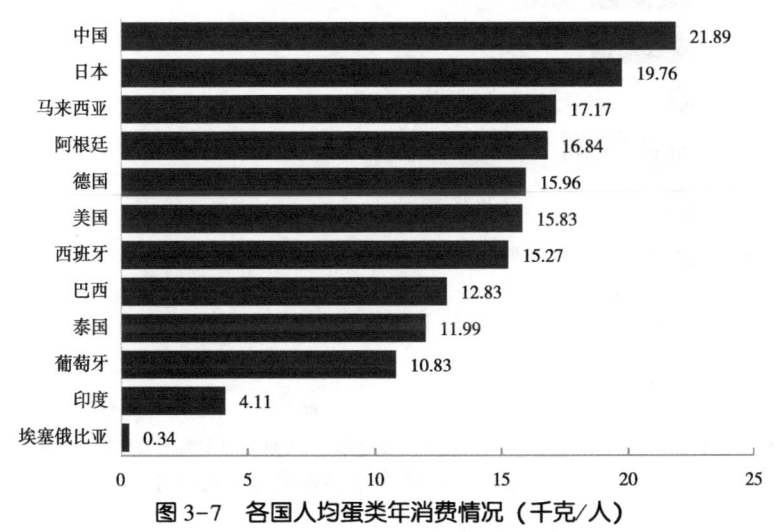

国家	消费量
中国	21.89
日本	19.76
马来西亚	17.17
阿根廷	16.84
德国	15.96
美国	15.83
西班牙	15.27
巴西	12.83
泰国	11.99
葡萄牙	10.83
印度	4.11
埃塞俄比亚	0.34

图3-7 各国人均蛋类年消费情况（千克/人）

数据来源：FAO，中物联食材供应链分会整理。

3. 全球水果消费情况

全球人均水果年消费量为70千克。从选取的12个国家水果消费水平来看，葡萄牙、美国、巴西的人均水果年消费量总体上较高，分别为130千克、129千克和105千克，马来西亚、日本和埃塞俄比亚人均水果年消费量总体上较低，分别为44千克、33千克和10千克。

具体分析12个国家水果的消费情况发现，各国在橙子与柑橘类、柠檬与青柠类、柚子类、其他柑橘类、香蕉、菠萝类、葡萄类和其他水果消费差异较大。在橙子与柑橘类水果消费方面，葡萄牙、美国、巴西、中国、德国和阿根廷消费较高，表明这些国家的居民对这类水果有着较高的需求。对于香蕉类水果，美国的消费量尤为突出，这可能与其饮食习惯和市场供应有关。而在菠萝类水果消费上，美国和西班牙占据了主导地位，这与当地的气候条件和饮食文化有关。就葡萄类水果而言，德国的消费量较高，这与其葡萄酒产业的发展和消费习惯有关。值得注意的是，马来西亚、印度、中国、泰国的其他类水果消费占比较高，超过了40%，这表明这些国家的消费在水果选择上更为丰富多样（见图3-8）。

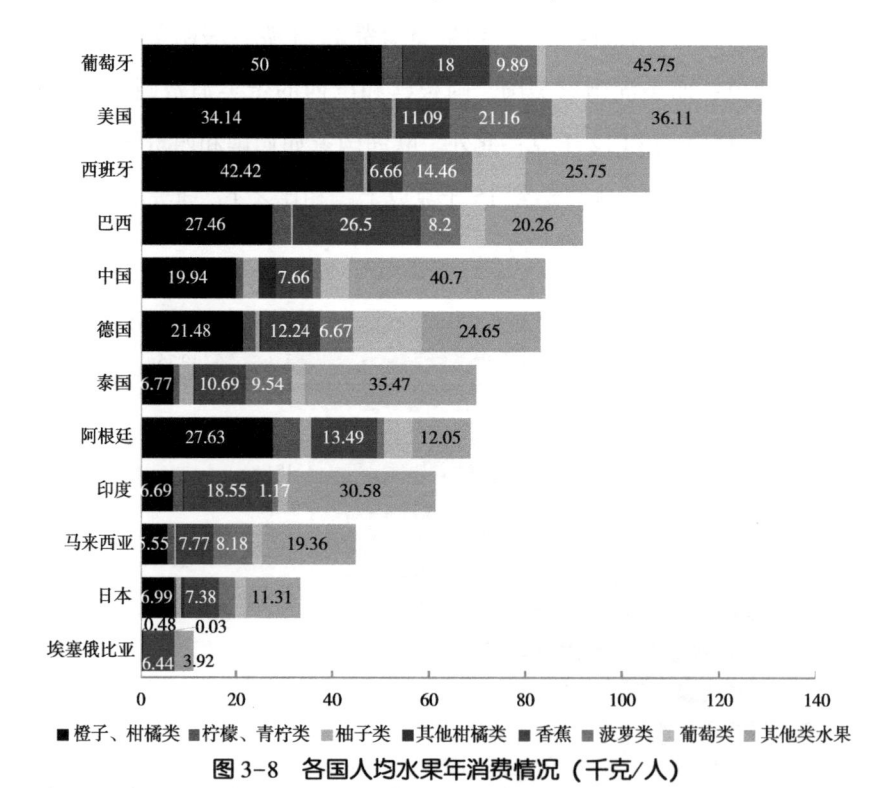

图3-8 各国人均水果年消费情况（千克/人）

数据来源：FAO，中物联食材供应链分会整理。

4. 全球蔬菜消费情况

全球人均蔬菜年消费量为158千克。从选取的12个国家的蔬菜消费水平来看，中国、德国和美国的人均蔬菜年消费量较高，分别为393千克、200千克和126千克，埃塞俄比亚、泰国和巴西人均蔬菜年消费量总体上较低，分别为49千克、40千克和12千克，远低于全球平均水平。

具体分析12个国家蔬菜的消费情况发现，各国在番茄、洋葱和其他蔬菜类消费差异较大。其中，在番茄上，中国、德国、美国人均年消费量较高，均达到30千克以上；在洋葱上，印度、西班牙人均年消费量较高，分别为22千克和16千克。此外，巴西、阿根廷、西班牙的番茄消费量虽然相较中国、德国、美国并不高，但其在国内的消费占比较高，达到25%以上，说明番茄在当地很受欢迎；西班牙、马来西亚、印度的洋葱消费量在其国内的消费占比也达到了18%以上，反映出这些国家居民对洋葱有一定偏好，如果一个食材供应链企业想要扩大其洋葱产品的市场份额，那么西班牙、马来西亚、印度可能会是理想的市场（见图3-9）。

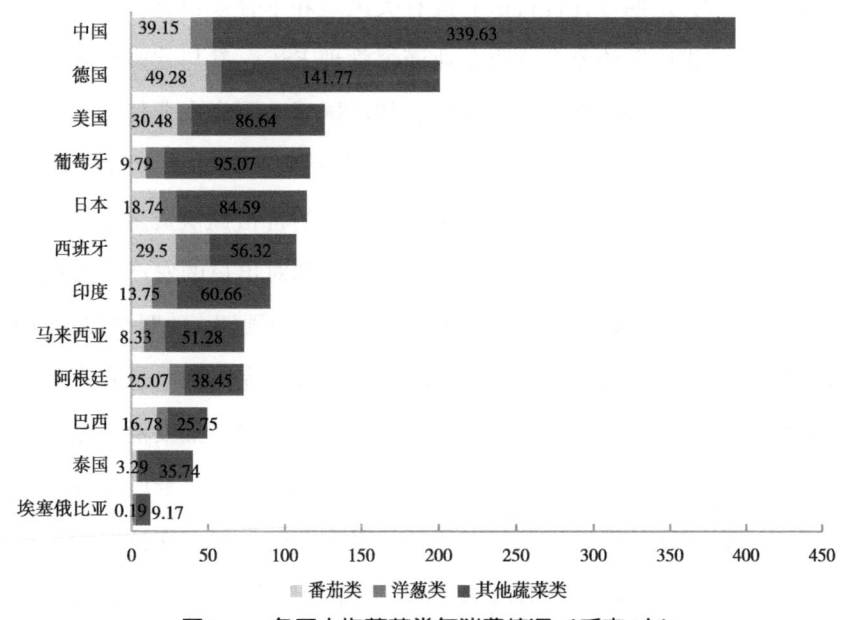

图3-9 各国人均蔬菜类年消费情况（千克/人）

数据来源：FAO，中物联食材供应链分会整理。

（二）全球食材供应链政策发展现状

纵观近五年全球各国食材供应链政策，补贴性政策、食材法治体系建设及农业信贷是主要政策方向。美国、欧盟和日本作为发达国家和地区，在食材供应链的政策环境建设方面，展现出了各自的特色和应对措施。

1. 美国在食材供应链方面的法规措施

一是加强农业供应链监管，美国加强了对非美国公司收购美国农田的审查，农业供应链被认定为关键基础设施和关键技术纳入国家安全相关的投资管辖范围，美国外国投资委员会（CFIUS）对农田和相关设施拥有明确的管辖权；二是加强农业信贷支持，由政府成立规模庞大的农业信贷体系，农业资本投入中约有40%依靠信贷来解决；三是推广"农超对接"模式，美国主要采取"农超对接"的农产品生产销售模式，农业生产基地与超市签订定向供应协议，直接向超市供应农产品，从而减少流通环节；四是免费公路网络，全美国境内95%以上的公路都是免费的，这也在很大程度上降低了农产品应急流通成本；五是建立农产品价格预警机制，用以预测市场波动，帮助农民和企业及时调整。同时，制订详细的农产品产销计划，以确保供需平衡，避免市场过剩或短缺。

2. 欧盟在食材供应链方面的法规措施

欧盟在食品安全、环境保护和社会责任方面对食材供应链提出了高标准要求。一是定期风险评估，定期审查食材供应链有关风险和不合规信息；二是关注食材全流通碳足迹，欧洲供应链法要求欧盟企业谨慎管理ESG，参与欧盟市场的供应商也将间接受到影响；三是加强农业信贷支持，如法国建立国家农业信贷金库，发放农业贷款；四是设立了"农业指导和保护基金"，包括农业保证基金和农业指导基金，其中，农业保证基金直接用于对欧盟成员国农产品的价格提供资金支持，即向对欧盟内部的农产品提供干预价格最低保证价格的补贴和对出口的农产品提供一定比例的补贴；五是提早公布价格的制度，为了稳定生产者的预期，欧盟会提前公布谷物、肉类、乳制品等农产品的参考价格；六是欧盟具有较为完善的电子农产品物流供应链，通过网络连接农业生产资料供应商、生产商、种植户、批发商、零售商，供应链上的信息所有网络访问者都能共享，提高了信息的透明度、准确度和时效性；七是高度重视农产品运输的环境建设和农产品运输企业的发展，支持农产品运输企业建设物流转运中心；八是欧盟政府对农产品的包装、检验、运输都有着统一的标准，这不仅提高了农产品流通效率，还降低了流通成本。

3. 日本在食材供应链方面的法规措施

一是发挥日本农业协同组织的作用，鼓励食材宅配销售。日本农业协同组织在食材供应链中扮演着核心角色，不仅组织农业生产，还积极推动食材的直销和宅配销售，缩短了从农场到餐桌的距离。二是建立"地产地消"的政策体系，鼓励消费者优先购买本地生产的食材，旨在促进地区经济发展，减少物流成本，同时也有助于减少碳排放。三是建立高效的鲜活食材供应链。日本冷链加工比例超过60%，确保食材在运输和储存过程中的新鲜度和安全性，减少了流通环节的损耗。四是推动"食物银行"，收集未售出但仍适宜食用的食物，再分配给需要的人群，有效减少了食材各环节的损耗。

二、食材供应链出海现状

（一）中国餐饮企业引领食材供应链海外扩张潮流

中国餐饮企业是中国食材供应链海外市场扩张的主力军。根据弗若斯特沙利文数据，海外中式餐饮在整体国际餐饮服务市场中的占比稳步提升，由2017年的9.8%上升至2022年的10.0%。预计到2027年海外中式餐饮市场将增长至3万亿元，在整体国际餐饮服务市场中的占比将达到11.2%。2023年，许多品牌已经完成海外开店，部分品牌也正在积极布局，在国内餐饮市场竞争日益激烈的环境下，出海也成为餐饮品牌新的增长极。根据中物联食材供应链分会不完全统计，中国餐饮品牌出海以茶饮、火锅、小吃快餐等品类为主，主要原因在于产品易于标准化，供应链建设难度较小（见图3-10）。

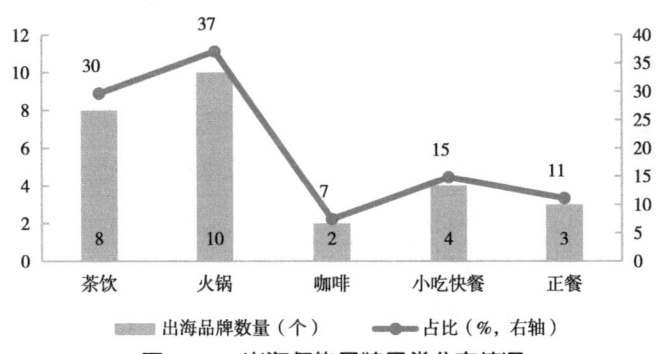

图3-10 出海餐饮品牌品类分布情况

数据来源：公开资料，中物联食材供应链分会整理统计。

表3-7为我国已出海的餐饮品牌（不完全统计）。

表3-7 我国出海餐饮品牌列表

品牌	类型	首次出海区域	出海时间
瑞幸	咖啡	东南亚	2023年
库迪	咖啡	东亚	2023年
茶百道	茶饮	东亚	2023年

续 表

品牌	类型	首次出海区域	出海时间
甜啦啦	茶饮	东南亚	2023 年
霸王茶姬	茶饮	东南亚	2019 年
蜜雪冰城	茶饮	东南亚	2018 年
书亦烧仙草	茶饮	东南亚	2018 年
喜茶	茶饮	北美	2018 年
奈雪的茶	茶饮	东南亚	2018 年
coco	茶饮	北美	2011 年
谭鸭血	火锅	欧洲	2023 年
呷哺呷哺	火锅	东南亚	2023 年
凑凑	火锅	东南亚	2022 年
朝天门	火锅	欧洲	2019 年
蜀大侠	火锅	东亚	2018 年
大龙燚	火锅	大洋洲	2017 年
小龙坎	火锅	大洋洲	2017 年
快乐小羊	火锅	北美	2016 年
海底捞	火锅	东南亚	2012 年
刘一手	火锅	中东	2010 年
鱼你在一起	小吃快餐	北美	2022 年
西少爷	小吃快餐	东南亚	2020 年
张亮	小吃快餐	北美	2019 年
杨国福	小吃快餐	北美	2017 年
赖美丽藤椒烤鱼	正餐	东南亚	2023 年
太二酸菜鱼	正餐	东南亚	2021 年
云海肴	正餐	东南亚	2019 年
江边城外	正餐	东南亚	2016 年

资料来源：公开资料，中物联食材供应链分会整理。

（二）中国食材供应链企业出海能力不断提升

现阶段我国食材企业出海模式主要有三种：产品/服务出海、品牌出海和供应链出海。产品/服务出海指主要产能在国内，仅产品/服务出口，一般产品出口通过贸易商、经销商销往海外，或者产品产能向海外转移，但依然通过贸易商、经销商进行海外市场的拓展和销售。这种模式下，企业侧重于产品/服务的交易和销售，不涉及品牌的深度推广和建设。目前，我国一部分食材加工型企业和软件服务等企业就是采用这种模式。这种模式对于企业来说，风险相对较小，也是很多食材企业在出海的初始阶段所选择的模式。千味央厨、海欣就是这种模式，目前其产品通过进出口贸易公司销往海外市场。品牌出海指企业将品牌推广至海外，不仅进行海外产品/服务的销售，而且通过自建团队或合作的方式在海外进行品牌形象建立、推广和市场拓展等。对于不同类型的食材企业，品牌出海具体操作也不相同。对于生产加工型的食材企业，品牌出海往往是生产在国内，通过在海外设立办事处或子公司进行产品的进出口贸易并开展营销工作。餐饮企业的品牌出海更多地是通过自营或加盟的方式在海外开店，目前大部分的连锁餐饮企业出海便是采用这种模式。供应链出海主要指企业将供应链业务扩展至海外市场，通过在海外设立研发中心、采购食材原料、建立加工基地、布局物流基础设施、开展营销等活动，以满足海外市场的需求。这种模式更容易帮助企业绕开贸易壁垒，提高供应链的稳定性，但对于企业来说资金、人力或其他资源投入较大，有不小的难度。供应链出海对于企业来说是出海的高阶阶段。

当前，越来越多的企业不再局限于单纯的产品输出，而是开启了品牌与供应链的双重出海新时代。

（三）企业出海方向更加注重挖掘新兴市场

面对传统市场的饱和与集中风险，食材产业链供应链企业开始将目光投向东南亚、南亚等新兴市场，这些地区蕴藏着一定的增长潜力与商业机遇。此外，"一带一路"上的发展的新机遇亦吸引着诸多中餐品牌的目光，如蒙古国，哈萨克斯坦和中东也成了餐饮品牌关注的市场。

以新加坡为例，其见证了中国餐饮品牌近年来出海的热潮。中国餐饮品牌以其独特的菜品、地道的味道、精致的店面设计和周到的服务，为当地的餐饮文化增添了新的色彩。海底捞与云海肴凭借其特色的汽锅鸡和羊肚菌，展现了中华美食的魅力，赢得了新加坡食评家和美食爱好者的赞誉。小龙坎与小尾羊的火锅则以新鲜的羊肉和独特的调味，刷新了当地人对中式火锅的认知。张亮麻辣烫、杨国福麻辣烫以其快速便捷的餐饮模式，迅速在当地站稳脚跟，诠释了中式快餐的精髓。蜜雪冰城、喜茶等饮品品牌，以及各类烤鱼、香辣蟹餐厅，如同雨后春笋般涌现，丰富了新加坡的餐饮版图，满足了多元化的消费需求。通过在这些市场建立稳固的业务网络，企业不仅能够分散风险，还能享受到新兴市场带来的红利，为中国食材出口开辟了更为广阔的增长空间，促进了全球市场的多元化布局与均衡发展。

三、食材产业链供应链企业出海面临的机遇

（一）国内业态内卷加剧，海外市场成新蓝海

从餐饮消费端来看，国内餐饮市场竞争已呈白热化状态，市场中持续涌现的中小餐饮企业，以及较低的行业准入门槛，迫使包括大型品牌在内的众多参与者陷入激烈的价格竞争，加之成本控制难度大，严重压缩了利润边际。据企查查最新数据，2023年国内新注册餐饮企业数量飙升至318.69万家，年增长率达24.24%，新增餐饮相关企业亦逼近318万家，进一步加剧了行业内部的竞争态势。反观国际市场，中餐文化传播与需求发掘尚存广阔蓝海。当前，全球中餐馆总量估算约60万家，显示出国际中式餐饮市场的高度分散特性与巨大发展潜力。这无疑为中餐品牌的海外扩张提供了历史性机遇。

（二）华人海外华人社群扩增，确保基础流量

海外华人社群的持续增长，为中餐国际市场的繁荣奠定了坚实的消费基础。自1980年代以来，全球华侨华人数量经历了显著的跃升，从最初的2200万~2400万增长至当前的6000万左右，增长近1.6倍。在这一过程中，新移民成为推动增长的主要力量，尤其在东南亚、东亚及北美地区，形成了庞大的中餐消费群体。随着经济全球化的推进，预计海外华人人口将持续增加，为中餐及食材供应链市场出海带来更加广阔的发展空间。

（三）国外消费者对中国食材接受度不断提高

当前，中餐的国际影响力正在不断提升，越来越多的外国消费者开始接触并喜爱上中餐的独特风味与深厚文化。从街头巷尾的小吃摊到高档餐厅，中餐的多样性和包容性吸引了来自世界各地的食客，其美食魅力逐渐超越了地域，成为全球美食文化中不可或缺的一部分。这一趋势也为食材产业链供应链企业出海带来了发展机遇。

（四）政策支持与贸易便利化优势

2024年3月28日，经国务院批准，商务部等九部门联合印发了《关于促进餐饮业高质量发展的指导意见》，明确提出了扩大中餐国际交流合作，推动餐饮业实现高质量发展的政策方向。该政策支持餐饮经营主体积极开拓海外市场，鼓励中餐企业加速出海布局。具体措施包括加强与重点国家和地区在检验检疫等领域的合作、积极推动中餐厨师赴境外从业、支持餐饮原辅料等进入国际市场。此外，还探索开展"中文+职业技能"项目，鼓励中餐专业院校拓展国际合作渠道。这些政策措施

将有助于中餐企业在全球市场上更好地展示自身文化和品牌价值，提升中国餐饮的国际影响力。

四、食材产业链供应链企业出海面临的挑战

一是产品本地化与创新同步的矛盾。由于出口合规性要求，企业往往难以在海外市场即时复制国内产品的创新速度，导致出品与国内市场出现脱节，影响产品竞争力和市场适应性。

二是国外文化适应性挑战。食材供应链企业进军海外市场，面临的关键挑战便是口味差异的跨文化适应。中餐的风味与海外消费者的饮食习惯之间存在着显著的差异，这要求企业在保留传统美食精髓的同时，必须灵活调整，以迎合当地市场的需求。此外，在海外市场推广中，传统餐具与当地餐饮习惯的不匹配以及定制化服务的难以落地，也构成了餐饮企业拓展业务的重大障碍。

三是供应链出海面临的国际壁垒与行业监管挑战。各国针对食材领域制定的进口限制政策，如配额制度、进口许可证要求、卫生标准等，对跨国企业的进入构成一定的限制，尤其是某些特定食材品类可能受到进口国的严格限制，这些壁垒不仅增加了全球布局的难度，还可能引发供应链中断风险，影响企业海外扩张的战略规划。以咖啡茶饮为例，英国对咖啡茶饮品的进口设有较高的关税，并要求进口产品符合国家标准。在行业监管方面，欧盟对于咖啡因含量有严格的规定，而美国则要求食品包装上的标签信息必须清晰准确，这对于出海企业在这些市场推广产品提出了更高的要求。

四是国际食品安全标准复杂性带来的清关难题。各国食品安全法规的差异，加之复杂的清关流程和高昂的成本，严重拖慢了企业的出海节奏。首先，全球食品安全法规体系呈现出复杂且动态的特性，规模较大，更新频率较快。据世界贸易组织（WTO）统计，仅在2022年度，成员国在食品技术领域通报的法规修订与制定就达到了惊人的1164项次，这还不包括大量现行但未进行更新的法规。由此可以推断，实际存在的食品安全法规数量堪称海量。其次，除了对原料要求之外，针对不同产品，各国还有不同的合格评定的要求，涉及检验、检测、认证、体系评估、抽样、各种证明等。食材产品的广泛种类和特异性，使得这些问题变得更加棘手，企业必须耗费大量时间和资源以确保每一种产品都能符合目标市场的特定进口要求。海关总署2023年5月发布的信息显示，我国农食产品出口企业在2021年因不符合进口国技术要求导致扣留和召回所造成的直接损失约425.88亿元。

五是出海团队的管理问题。食材企业出海最难的是出海人思想心态上的"走出去"。中华文化深植于内敛与保守的传统之中，对土地的依恋与稳定性的追求，使得企业往往缺乏主动拓展海外市场的内在驱动力。与之形成鲜明对比的是，像新加坡、以色列这样的国家，由于资源有限，企业具备强烈的向外探索的基因。因此，对于食材企业而言，迈出国际化的第一步，意味着要突破自我设限，树立开放的心态，勇于拥抱未知与变化。企业出海除了调整好自己的心态外，也要面对复杂的管理问题。中国企业缺乏国际化管理人才，而这类人才在企业成长过程中，能有效防范重大风险，是保障企业国际化发展战略实现的关键因素之一。

五、食材产业链供应链企业出海策略

一是找准出海方向，深入分析目标市场。企业在扩张海外业务时，不仅需要关注产品的本地化适应性，还需对各个目标市场的销售潜力进行深入分析，以确保其供应链布局能够取得经济效益，并支撑长期的持续增长。选对了市场、选对了国家，企业出海就成功了一半。在选定出海方向时，要综合考虑市场风险、法律规范和供应链问题三大要素，优先选择消费能力强、法制完善和供应链相对成熟的国家。以烤鱼品牌探鱼为例，2017年其出海首站选定新加坡，不仅因其法律法规相对成熟且监管适度，为探鱼提供了稳定而友好的营商环境，还因其70%以上的华人人口，使得品牌无须过多投入即可快速适应市场，降低了文化磨合的成本。同时，新加坡地理位置的优越性，便于供应链的快速响应与成本控制，探鱼的国际化战略展现了深思熟虑的市场布局与风险管控的智慧。截至2023年5月，探鱼海外7家门店分布于澳大利亚、马来西亚、新加坡、印度尼西亚等国家和地区。

二是加强数字化建设，提升生产效能。企业出海要确保原料供应的充足与优质，为满足客户需求提供强大的产能支持，也为海外拓展奠定坚实基础。为此，企业一方面可以建立专业化生产基地，利用产地优势，扩大生产效能；另一方面，加强数字化建设，通过配备全自动化智能生产线与无尘车间，有效降低运营成本，并通过数字化平台打通国内国外信息流，降低品牌方和加盟商的运营风险。

三是提升组织能力，加速海外市场渗透。尽管口味与质量是企业的生命线，但在全球化的竞技场上，企业还需具备卓越的组织能力，以适应目标市场的独特需求。这不仅涉及供应链的本土化改造，确保产品与服务的本地化特质，更关键的是，要在海外建立起一支高效、专业的团队，成为企业国际化战略的执行者与守护者。多语种、跨文化的海外专业团队可以提供涵盖咨询、销售、物流到服务的全方位支持。

这种本地化的组织策略有助于企业深入理解目标市场，提升客户满意度，加速海外市场的渗透与品牌影响力的扩大。

四是积极获取国际认证，敲开国际市场大门。积极获取 ISO、HACCP、GMP 等国际权威认证，不仅是企业产品质量与管理能力的有力证明，更是打开国际市场大门的金钥匙。这些认证有助于增强海外客户的信心，促进企业与全球合作伙伴的信任与合作，加速国际化步伐。例如，供应链包材服务商容尚佳合积极获取 CE 欧盟证明、FSC 森林管理委员会认证、ISO9001 国际标准认证、BSCI 企业社会责任和人权审查认证等，从而获得更广泛的国际通行证。

五是注意企业出海经营的合规性，严格遵守当地的法律法规。出海合规可以分为市场合规、产品合规和经营合规三个方面。在市场合规方面，企业在进入新市场前需了解当地市场准入条件，如外商投资限制、产品或原材料的进出口法规，以及商标注册和知识产权保护法律。在产品合规方面，企业必须遵循当地的食品安全和卫生标准，根据要求建立食材采购、存储和处理流程，以及门店和员工卫生培训规定，以防止风险事件。在经营合规方面，企业在国外应遵守当地税务规定，按时申报缴税，并遵循劳动法规，合法雇佣员工，优先聘用当地人，承担社会责任，避免风险。

六是做好优质供应链出海布局，稳固扩张基石。稳健灵活的全球供应链采购系统是餐饮企业实现"走出国门"的关键。艾媒咨询数据显示，餐饮行业原材料进货成本占全部成本的 41.8%，突显了供应链管理在成本控制中的核心地位。因此，餐饮企业要想在国际市场中立足并发展壮大，必须高度重视供应链的建设和优化，具体策略可归纳为以下两大方向。方向一是自建供应链，深耕本土化生产与采购，在目标市场或附近区域构建稳健的供应链体系。例如，海底捞在新加坡专门设立了中央厨房，负责制造和加工食材，包括肉类及蔬菜，其他食材采取向当地供应链采购的模式。在茶饮赛道，由于茶饮食材对食品保质保鲜技术和仓储物流体系的要求，国内出口的原材料在运输过程中会出现损耗，造成海外门店原材料数量不足。为解决问题，2022 年初，"中国茶饮第一股"蜜雪冰城分别于香港、越南、印尼成立了 4 家经营公司，主要从事设施设备的运营以及原材料采购。方向二是与第三方合作，携手成熟供应链网络。例如，杨铭宇黄焖鸡选择与各国已有的成熟供应链进行合作，把料包输送到各个国家，对于鸡肉、青菜等关键原料，则采取严格筛选的策略，对当地供应商进行详尽的审查，确保食材的高品质，并与优质供应商建立长期合作关系，以此保障食材的稳定供应与菜品的一致性。

七是创新优化产品，适应并赢得当地市场。首先，企业应投入一定资源，对目标国家进行细致的国情调研，理解当地消费者的偏好、饮食习惯、文化禁忌以及市场趋势。通过与当地合作伙伴的紧密互动，企业可以获取第一手的市场反馈，为后续的产品研发与营销策略提供精准的导向。在产品研发阶段，通过选择具有普适性的基本口味，结合地方特色食材，企业可以创造出既保留品牌特色又兼具本土风情的美食，从而增强产品的复购率。在品控方面，严格遵守出海目的国的食品安全标准，强化源头管理，以有效预防食品安全风险。快乐小羊火锅品牌在海外市场成功拓展，其原因之一便在于其服务模式、产品品质积极适应外国消费者的习惯，并进行产品食用宣传，增强消费者教育，使消费者深度体验到产品的美味。杨铭宇黄焖鸡用一个大单品来满足世界胃口，其成功秘诀是将产品放在核心位置，结合国外消费者的饮食习惯进行产品优化。据悉，美国消费者在使用筷子和勺子时存在困难，直接影响了他们的用餐体验。为解决这一问题，杨铭宇黄焖鸡创造性地将米饭直接扣入黄焖鸡的锅中一同上桌，这种呈现方式不仅方便了国外顾客用餐，而且加速了食物冷却，使鸡肉与米饭的味道更加融合，大大提升了就餐体验。

六、食材产业链供应链企业出海趋势

一是企业出海呈现从成本驱动到利润驱动的趋势。当下食材供应链企业出海是以开拓市场为核心驱动的"走出去"。企业不再单纯追求生产成本的最小化，而是着眼于全球市场的广阔机遇，积极寻求新的增长点，通过海外市场的深度开发，提升品牌影响力，拓宽销售渠道，实现利润最大化，展现了中国品牌在全球经济舞台上的自信与进取。

二是产品出口结构呈现从初级到高附加值的升级。食材产业链供应链企业正经历着一场深刻的变革，其核心在于产品结构的优化升级。从原先侧重初级冷冻食材的出口模式，如今正逐步转向更高附加值的深加工食材，如即食、即烹的预制菜品类。这一转变不仅显著提升了食材的出口价值，更增强了中国食材在国际市场的竞争力，实现了从单一厨房基础材料到多样化、便捷化美食解决方案的跃升。

三是出海模式呈现品牌与供应链的双重出海变化。在出海策略上，企业不再局限于单纯的产品输出，而是开启了品牌与供应链的双重出海新时代。通过精心策划的海外营销策略与深度的本地化运营，中国品牌正逐步在海外消费者心中占据一席之地。同时，成熟的供应链体系在海外的复制与优化，不仅提升了"中国制造"的国际形象，还为全球消费者带来了更高品质、更可靠的产品体验，彰显了中国供应链的强大生命力与国际影响力。

四是市场开拓加强对新兴市场的挖掘。面对传统市场的饱和与集中风险，食材产业链供应链企业开始将目光投向东南亚、南亚、中东等新兴市场，这些地区蕴藏着巨大的增长潜力与商业机遇。通过在这些市场建立稳固的业务网络，企业不仅能够分散风险，还能享受到新兴市场带来的红利，为中国食材出口开辟了更为广阔的增长空间，促进了全球市场的多元化布局与均衡发展。

第四章
2023年食材供应链细分专题分析

本章深入剖析了食材供应链三大核心议题：产地基础设施建设的优化、预制食材的市场崛起与趋势洞察以及批发市场向现代流通体系的转型升级路径。第一节针对"产地基础设施建设的优化"这一议题，解析如何通过提升前端设施效能，稳固供应链基石，促进食材高效、安全地流向市场。第二节聚焦"预制食材"的新兴浪潮，探讨其如何凭借便捷性、标准化与创新口味迅速赢得市场青睐，分析其背后的政策导向、技术革新、消费者偏好及消费趋势变化。第三节批发市场转型升级专题，详尽解析了传统批发市场在面对数字化时代挑战时的转型策略，包括采用智能化管理系统、优化物流配送、强化食品安全监控等措施，旨在揭示其如何在保持交易效率的同时，实现服务与管理的现代化升级。

第一节 产地基础设施建设情况分析[1]

一、产地基础设施建设的重要性

(一) 产地冷链基础设施是农业产业链的关键也是薄弱环节

大国小农是我国的基本国情农情，农产品总量大、产地分散、生产规模小。在大规模、长距离农产品流通体系下，冷链物流网络是保障农产品品质、减少产品损耗的重要支撑。冷链物流是包括产地预冷、仓储、运输、配送、零售全过程的供应链系统。产地预冷是冷链物流的第一个环节，也是最薄弱环节。时代在不断发展进步，各行各业也在迭代更新，生鲜农产品冷链物流行业也不例外。随着人们收入的增加，知识水平的增长，对生活品质的追求也在不断提高，吃的水果蔬菜要够新鲜，肉蛋奶要够健康。这无疑对生鲜农产品冷链物流提出了更高的要求。对整个冷链链条来讲，每一个环节都是环环相扣的，是相互关联的，不是仅仅加强某一环节就可以优化整个链条。对于果蔬来讲，想要整体提高果蔬生鲜农产品冷链物流效率，需要从源头上解决，从产地开始，从农产品采摘后的冷链第一步——预冷开始。我国是农业大国，但是种植地分散，产地基础设施建设跟不上现代供应链发展的需求，尤其是县城及以下的乡村。县域还是生鲜农产品供给的主力军，农业是其主要经济来源之一，但是县域经济发展相对较弱，加上农户种植地分散、种植标准不规范、产地冷库等基础设施不完善等问题带来的生鲜农产品的腐坏、贱卖等问题，不仅造成经济损失，也很难带动整个县域经济的发展。

农业高质量发展，产业提档升级事关亿万农民的收入与美好生活，更是实施乡村振兴战略的重要支撑，是建设现代化农业强国的必由之路。重塑农业价值链，提高流通效率，降低损耗，未来的中国农业必须要靠产地冷链物流建设来实现，通过数字化和互联网技术，让农产品实现由"产供销"向"销供产"的转变。产地冷链物流逐渐成为我国农业产业升级的重中之重，也已然成为巨头们的必争之地。

(二) 产地冷链基础设施建设为农业产业链全链赋能方式

1. 产地冷链基础设施可以有效调节农产品供给

冷链物流可以降低损耗，延长产品最佳状态保持时间。我国生鲜农产品生产量

---

[1] 作者：北京物资学院张喜才教授。

不断增加，总体上处于供过于求的阶段，而且生鲜农产品供给具有时效性，极易发生滞销。产地冷链物流在一定程度上可以延长供给时间，有效调节农产品供给。我国农产品大规模、长距离调运已经成为常态。在空间上，冷链物流使农产品供给打破地域的限制，某种程度来说，西果东送、南菜北运已经成为城市"菜篮子"和"果盘子"的重要保障。在时间上，产地可以通过冷链手段将季节性农产品更好地保存，农产品"去季节化"，调节农产品供给在时间上的不均衡。冷链解决时间问题，物流解决空间问题。通过冷链物流建设，农产品能够"跨越时空"，有效弥补周期间的空档：市场中流通产品多的时候就收储，产品少就多出库，调节供给，减少波动，平衡物价。

2. 产地冷链基础设施可以促进农产品标准化

农产品的标准化可以大致分为两个环节：种植和筛选分级。种植涉及产地供应链，从选种到种植，甚至中间降水、施肥和土壤都要纳入管理。一方面，要制定与国际标准接轨的果蔬冷链物流标准，另一方面，产地冷链物流是农产品分类分级标准化的重要保障。销售商目前更多是以定向采购方式与产地合作，从尝试做筛选分级的标准化开始，这就需要产地冷链物流基础设施的保障。以蘑菇为例，菇农种植的蘑菇按成色主要分为一级菇、二级菇、菜菇，价格依次下降，销售渠道也有区分，受众也各有不同。蘑菇从采摘到送到终端，如果不依托冷链，保鲜周期非常短，要实现菇的分级标准化，必须采摘后第一时间送到冷库中保存，才有充足的时间和条件挑拣分类，实现蘑菇的标准化，运输过程中也必须全程使用冷链。不同的农产品对冷链的依赖程度不同，但毋庸置疑，从产地开始的冷链物流可以促进农产品标准化。

3. 产地冷链基础设施建设确保农产品品质

我国是农产品生产大国，农产品具有易腐性，加之流通环节多、运输储存温度不适宜等诸多原因，腐烂损耗率非常高，每年造成损耗的果蔬产品超过1亿吨。农产品从产地采摘后一直到移交物流运输之前，保证食品质量与保鲜效果至关重要。很多农产品，如果采取常温贮藏和运输，无法保证到消费者手中的品质。过程中的磨损和腐烂会让产品的价值大打折扣，鲜花枯萎、水果受损、蔬菜浪费，农产品品质无法保证。但依托冷链物流，严格把控从采摘开始的一系列过程中的温度，大大降低了农产品运输过程中的腐烂损耗，更有利于产品保鲜，确保在抵达消费者手中之时，仍然可以保持最佳状态。

4. 产地冷链基础设施可以塑造农产品品牌

农业品牌化是现代农业的一个重要标志，推进农业品牌化工作，有利于促进农业生产标准化、经营产业化、产品市场化和服务社会化，加快农业增长方式由数量型、粗放型向质量型、效益型转变。品牌建设贯穿农业全产业链，是助推农业转型升级、提质增效的重要支撑和持久动力。品牌是信誉、信用的集中体现，是产品市场认可度的有力保证，塑造农业品牌是促进农民增收的有力举措。我国是农业大国，但驰名中外的农产品品牌却屈指可数。只有配备完善的预冷冷库和地下冷库，才能方便农产品储藏、加工和流通，实现农产品的持续销售。通过冷链物流为农产品的质量保驾护航，拓宽企业销路，增强马太效应，更有利于塑造农产品品牌。

5. 产地冷链基础设施可以促进价值链增值

农产品的价值链核算有两种方法：一是各经济主体单独核算其投入成本的多少和产出的价值多少，其增值部分即为该环节对农产品的价值增值；二是产业链整体核算法，即从育种开始到销售产品的全部成本与该产品销售市场价格的差额即为整个产业链对该农产品的价值增值。产地冷链物流可以更好更久地保存农产品，从采摘到低温保存，到订单农业经纪人上门收货，再通过冷链运输销往超市、批发市场等终端，整条产业链的价值不断增加。从田间地头的采购价到终端销售价值增值，这里面离不开产地冷链的贡献。可以说，产地冷链物流可以促进价值链增值。

二、产地冷链基础设施的发展现状、模式及问题

（一）发展现状

习近平总书记在对"三农"工作作出的重要指示中强调，"要树立大农业观、大食物观，农林牧渔并举，构建多元化食物供给体系"。大食物观要求从人民群众需求出发，统筹各类食物资源，协调生产、流通、消费各环节，让老百姓不仅能"吃得饱"，还能"吃得好、吃得健康"。大农业观则强调农业的多功能性和系统性，统筹发展种植业、林业、畜牧业、渔业和农产品加工业，推进一二三产业融合发展。水果、蔬菜等生鲜农产品是老百姓餐桌离不开的重要农产品，随着人民生活水平的不断提高、科学技术水平的不断进步，农产品冷链的需求也在持续增长。农产品本身具有鲜活性、多样性，需求大而相对脆弱，生产又具有很强的季节性、区域性和分散性，决定了其必须全国调配流通的市场特点。由于对新鲜程度的要求很高，在采摘、存储、预冷、运输过程中必须采取相应的措施，才能保证新鲜。我国是世界上最大的蔬菜生产国，2023年4月20日发布的《中国农业展望报告》显示，2022

年我国蔬菜总产量为7.91亿吨，比上年增长2.0%，2022年我国水果供给充足，产量为3.01亿吨。该报告指出，未来10年，我国水果产量稳中有增。我国冷库容量远远不能满足果蔬所需。相关的数据显示，我国冷库类型中，地方冷库仅仅只占了8%。经济发展的区域性特点决定了我国冷藏库分布不均。在全国冷藏容量中，华东地区已占近46%，而我国蔬菜生产地区的内陆省市冷藏容量仍较低，冷链物流发展滞后。产地缺乏预冷是我国冷链物流主要的缺点，面临着巨大的挑战、肩负着重要的责任。

我国的农业生产主体包括小农户、专业大户、家庭农场、农民合作社、农业产业化龙头企业、国有农场。在很长时间以来，小农户一直是我国的基本甚至是主要的农业生产经营形态，虽然其他各种生产主体也不断发展，但是我国经营规模在50亩以下的农户仍有2.3亿。截至2023年10月末，纳入全国家庭农场名录管理的家庭农场近400万个，依法登记的农民合作社221.6万家，组建联合社1.5万家。全国超过107万个组织开展农业社会化服务，服务面积超过19.7亿亩次，服务小农户9100多万户。所有的农业生产主体中约有90%以上没有参与到产地预冷环节。在产地预冷设施中，据统计，全国冷库中约50%为产地冷库，产地冷库在整体建造数量中以20%的比例增长。农户在决定冷藏后，选择地窖储存的占比25.45%，而选择冷库储存的占比74.55%。在冷库储存中采用自建冷库的占比57%，租用冷库的占比27%，"自建冷库+租用冷库"的占比为16%。但是冷库大部分存在功能单一的问题，无法处理多元化需求，当前冷库设施不能满足需求的比例达到了64.29%，且存在建造标准低、功能单一、利用率低等问题。

在每年的食品冷链物流总销售额中，集中上市的特色产地农产品冷链需求量大，占比最高，尤其是樱桃、苹果等高价值农产品。产地供应链是围绕生产地，从生产采摘开始，到清理、加工、包装、预冷、短途运送至干线运输的一系列整体的功能网链结构模式，在过去的研究中，通常被称为供应链的"最先一公里"，是供应链的重要环节，包括农户、农场、加工厂商等元素。冷链物流是产地供应链当中的重要一环，对保证农产品质量至关重要。近十年，我国冷链物流发展十分迅速，取得了积极成效和长足进步，但整体仍处于较低水平，与发达国家相比有着不小的差距。市场主体规模较小、冷链产业链协作能力差、业务盈利水平较低、服务标准差异化明显、冷链人才缺乏等问题依然突出。

（二）模式

第一是重投入模式，即以产地仓为核心的数字农业。不同于以往单一存储功能的仓库模式，产地仓的最大亮点是数字化和自动化，集农产品贮存、保鲜、分选、包装、发货为一体，可以快速变农产品为商品发往全国各地。阿里巴巴数字农业的首个产地仓——位于长水国际机场附近的昆明集运加工中心就是典型代表。该仓定位是2B2C（既面向企业，也面向消费者），消费者在阿里各平台下单后，农产品从这里发往全国，而产地仓的水果专列则每天发车，运往北京、上海、武汉、南京、济南等地的企业客户。新鲜采摘的果品，经过初步抽检，以外观、口感、糖度的标准筛选合格的产品入库。数字化中控室可随时了解农产品数据和入库情况，水果被送上四通道的分选设备做CT（计算机断层扫描）。光电分选机可以测出每一颗水果的酸甜度、果面光洁度，是否有霉斑、皱皮和划痕，更可以精确果径到毫米，精确重量到0.5克。通过数字化智能分选，云南的数十种特色农产品有了分级标准。

第二是自营模式。自营物流是指农产品生产者或相关企业（即包括物品的买方和卖方）借助于自身的物质条件自行组织物流活动的一种物流模式，它追求"自给自足"，利用自有的设备去运营物流业务。在这一模式中，部分农业大户或者农产品加工企业也会向运输公司购买运输服务或向仓储企业购买仓储服务，但这些服务只限于一次性或一系列分散的物流功能，而且是临时性纯市场交易的服务，物流公司并不按照企业独特的业务程序提供独特的服务，即物流服务与企业价值链之间是松散的联系。

第三种是第三方冷库。第三方冷库企业通过与第一方制造商或第二方需求方的合作提供仓储服务，没有商品所有权，也不参与采购和销售，但向客户提供合同约束，是一种联盟式、序列化、个性化、信息化的冷链物流代理服务。目前，需要冷藏库进行仓储的生产者选择冷库租赁方式的占比为43%左右。冷链物流企业对于冷库需求是比较大的，可以说是租赁冷库最为主要的企业。而且目前产地的冷库利用率相对来说比较低，不同地区农产品的季节性显得比较突出，冷库投产之后一年往往只能用两三个月，存在季节性供应不足、过季后"无人问津"的情况，投入和产出不成正比。而且我国有一定规模、布局合理的且有一定先进的计算机系统和管理理念的第三方冷库仍处于参差不齐的发展阶段。

第四是全产业链模式。也就是说龙头企业进入农业源头端，和农业生产、农业流通环节中的每一个农民、每一个企业一起承担了整个产业的风险。龙头企业持续深入农业源头端以及农业生产、流通等各个环节，让农民和企业积极投身于生产流通环节，实现成本分摊、收益共享、风险分担，增强参与感，提高关注度，提升满意度。全产业链模式需要战略定力，即将其作为长线任务，不设置短期指标，目光放长远，不急于求得迅速可见的成果，而是制定长期战略，稳扎稳打，一步一个脚印，逐步实现目标。先进行战略规划，再进行战略布局，接着铺设网络，增加销路。

(三) 问题

近年来，冷链物流逐渐受到国家、社会和个人的重视，市场需求广阔，发展迅猛，但与发达国家相比有着不小的差距。冷链物流近十年取得了积极成效和长足进步，但深入产地，走进田间地头可知，产地冷链物流整体仍处于较低水平，冷链意识薄弱，标准化、专业化程度低；冷链基础设施设备缺乏，使用成本高；冷链产业链协作能力差，盈利水平较低；未形成有效的组织形式和管理模式以及冷链人才缺乏等问题依然突出。

1. 产地冷链物流意识薄弱，标准化、专业化程度低

目前我国乡村的农产经营主要是大量的农户自发进行，自己种的菜有条件的路边卖，没条件的自己吃，缺乏规模和计划，零星分散，无论是农产品的规格还是物流的运营都缺乏统一标准，全链条不成体系。再加上农村多分散在城市周围，分布广泛，数量庞大但分散，产地采摘、清洗、加工、包装、预冷等一系列环节专业化程度低、规模化效应差。

农户建立冷库、预冷等意识薄弱。通过对河北、宁夏等地区尤其是贫困县进行调研发现，大部分农户认为在田间地头建立冷库是没有意义的。以河北省承德市丰宁县为例，丰宁县由于气候和土壤原因，以种植玉米、谷类和豆类为主，生产主体一部分属于散农，种植规模较小，自产自销，在满足日常全家人的口粮份额之外会联系收粮的贩子将多余的粮食卖出或者换一些精米、精面，对他们来说，建立冷库和采取预冷是没有必要的；一部分是种植大户、供销社或小型企业，这些生产主体通过订单进行生产，订单要多少就生产多少，生产完成时联系菜贩子或收菜公司将果蔬拉走，大部分人认为没有必要自建冷库；一部分是设有冷链储藏和运输设备的公司，以昌达农业为例，该公司具有多个冷库、冷藏集装箱、冷藏车，一个能够充氮气保鲜的地下冷库，其生产订单较普通农户、公司和供销社较多，完成生产后对果蔬进行低温冷藏，以保证在配送给采购商之前保持果蔬的新鲜度；一小部分农业产业化龙头企业已经建立了相对成熟的供应链系统，例如黄旗皇和御今集团，他们设有多个冷库，采取农民分红或入股的方式调动了农民生产的积极性，农产品生产加工后及时存放入冷库，减少了损耗。

2. 产地冷链基础设施设备缺乏，使用成本高

农村地区物流基础建设相比城市更加落后、薄弱，导致物流成本高，需求又较城市少，单位成本更高；没有数字化系统支撑，没有公共信息平台，在城市畅通无阻的信息追溯在乡村寸步难行，物流信息难以处理和发挥作用；几乎没有冷链物流基础设施设备，最先进的就是冰柜，鲜活农产品运出难、运出贵，运进储存难，更谈不上附加价值提升。即使有条件购置冷库的单位，冷库的存在只是为了更好地服务订单农业，用来储存非当季农产品，并不能增加销售渠道和营销方式。对于有冷链需求的个人，高昂的购买成本和租赁支出让他们望而却步。

3. 产地冷链产业链协作能力差，冷库闲置多、盈利水平较低

目前我国大部分农村地区交易农产品还是原始的方式，以订单农业为主，农户按照约定俗成的交易期限做好基础工作，等个人或者公司上门来收。农户对价格没有发言权，基本在默认收购价格上下浮动，收购后怎么卖、卖给谁、卖到哪儿、什么价，农户一无所知，也不想关心。几乎所有的采收工作都是农户个人包揽，自负盈亏，产业链无协同。除了采收时冷库能派上用场，不少时间冷库处于闲置状态，造成资源浪费，盈利水平没有上升空间，也没有增加可能。这些都会影响产地冷链物流服务的创新发展和稳健经营。贫困地区交通不便，交通和物流道路迂回、环绕、交叉情况普遍，增加了时间成本。同时由于贫困地区的地理限制，农产品种类受限，生产受农时影响较大，即使建立冷库，大部分时间也属于闲置状态。因此，在贫困地区建立冷库并不能完善冷链体系的建设。

4. 产地冷链未形成有效的组织运作和管理模式。

在计划经济年代，供销社系统、邮政系统承载了产地物流的大部分需求。随着我国经济体制改革，原有的运输体系土崩瓦解，新的物流体系未能建立，造成农村物流高质量服务的缺失。这样的现实导致生鲜农产品冷链物流"断链"是一种常态。全程标准化运作难以进行。由于个体农户规模小而散，且目前行业标准大部分为建议性标准，缺乏有效的监管，冷链物流起始于产地预冷、包装，经过仓储、运输、配送、零售等诸多环节，只要某一环节的工作人员未按标准进行操作，就会导致"断链"。我国农村冷链物流正处于成长期，散、小、乱等现象普遍存在，集农产品收集、加工、运输、销售等环节的一体化物流体系尚未健全。冷链"断链"将降低物流效率，使生鲜产品质量大打折扣，运输效率低下，损耗率提高，效益大大降低。

5. 冷链相关人才缺乏，与产地冷链环境无法相互促进

就目前的产地冷链发展情况来看，产地对于冷链人才的要求仅仅在于货物搬运和安全监督，即在农产品采摘后整箱搬入冷库，收购时从冷库搬出装车，以及日常的安全检查和数目清点、腐损程度检查等。具备物流专业知识储备、技术实践创新能力、抗压能力、责任心和执行力、顺应时代政策意识的冷链素质的人才，在一定程度上可以促进产地冷链环境的建设，但目前，这种良性关系在产地冷链物流当中很少见到。产地冷链对于货物的存放环境有着严格的要求，对温度、位置、距离、通风、衣着需严格把控；与此同时，还需要从业人员具备一定的制冷知识、供应链专业知识，对于产品有一定的了解，具备经营管理的相关素质和极强的安全意识。

农产品冷链物流具有高成本、协调性要求高、环境复杂、易腐蚀等特点，新鲜程度是其重要的品质标准，所以"最先一公里"，即与农户紧密相关的产地预冷环节是整个供应链上的关键环节。我国水果和肉类产量约占全球总产量的30%，蔬菜产量约占60%，然而预冷率却非常低，每年生产的果蔬损失率高达25%~30%，年损失近800亿元人民币，而发达国家果蔬损失率则普遍控制在5%以下。为此，国家大力支持生鲜农产品进行产地预冷，继续推动农产品仓储保鲜冷链设施建设以及水平提升。以鲜活农产品主产区、特色农产品优势区和贫困地区为重点，支持新型经营主体建设农产品仓储保鲜冷链设施，推动解决鲜活农产品流通出村进城"最先一公里"问题。近些年，我国对于预冷环节的冷链基础设施足够重视，也给予了巨大的投入，通过产地预冷来延缓生鲜农产品生效度的衰减，同时提高生鲜农产品的品质，但是效果却并不理想。我国农产品的产地预冷保鲜率仅为30%，远低于欧美发达国家的80%。

三、政策建议

（一）加强建设产地冷链基础设施设备，合理分配，降低成本

强化产地冷库在用地、用电等方面的扶持政策，加强农产品产地冷藏保鲜设施建设，并逐门逐户合理有效分配，尽可能降低农户冷库使用成本，是加快形成"双循环"新发展格局下的有效举措，是现代农业重大牵引性工程和促进产业消费"双升级"的重要内容，对提高重要农副产品供给保障能力、巩固拓展脱贫攻坚成果同乡村振兴有效衔接、提升乡村产业链供应链现代化水平具有重要意义。

（二）加强产地冷链产业链协作，加大冷库利用率

冷库一直是我国冷链建设的核心，冷链物流政策支持体系需要从过去以冷库建设为中心向两端延伸，包括前端农产品采摘后的预冷加工（最先一公里）以及末端的配送和消费（最后一公里），使生产、加工、贸易、物流进一步融合，逐步实现冷链产业链扶持政策的全覆盖。旺季按农产品种类分配，淡季按照入库时间、出库时间、保鲜时间合理分配，提高冷库使用率，促进高效运作，减少农产品浪费。

（三）用外部力量促进产地冷链形成有效的组织运作和管理模式

坚持供给侧结构性改革和注重需求侧管理，充分发挥市场在资源配置中的决定性作用，坚持"农有、农用、农享"的原则，围绕鲜活产品，聚焦新型主体，相对集中布局，标准规范引领，农民自愿自建，政府以奖代补，助力降损增效，推动产地冷藏保鲜能力、商品化处理能力和服务带动能力显著提升，促进"互联网+"农产品出村进城加快实施、农产品产销对接更加顺畅、小农户与大市场有效衔接，更好满足城乡居民需求。积极引导冷链运输物流企业通过统一组织、按需配送、计划运输等方式整合资源，降低物流成本，提升物流效率。

（四）培养冷链相关人才，促进人才与产地冷链环境良性共生

重视冷链人才对产地冷链环境的良性促进作用。在日常的农作环境中，有意识地培养工人的冷链意识，除了简单搬运和日常检查，还要提升其冷链物流专业知识相关储备、农产品技术实践能力，增强抗压能力、责任心和执行力，以及了解冷链当下时代相关政策的意识。最大限度发挥冷链人才作用，增加产地冷链环境的产出和收入，塑造出高产、高质量、高收入的产地环境，吸引更多冷链人才，形成良性循环。由于冷链行业发展快、人才需求大、工作距离远环境差、长期工作职业病多，需采取措施增加岗位吸引力，创造就业，促进行业发展。

（五）引导社会及媒体关注产地冷链物流，助力建设产地标准化、专业化

作为生活中不可或缺的一部分，冷链物流目前显然并没有受到应有重视，消费者的认知依然停留在农产品自身的质量上，对于冷链物流这样的附属型质量缺乏足够的认识和价值评估。政府、企业、农业、高校，尤其是媒体要加强对冷链物流行业的宣传和科普，悉数列举到生活的方方面面，详细阐述其与饮食的紧密关系，让国民切实发掘冷链物流的重要性以及冷链物流的广阔发展天地。以村为单位，统一培训冷链相关知识，助力相关标准和专业的普及，确保农户对冷链在农产品及冷藏食品运输中发挥的作用有基本的了解，使农户切身体会到冷链物流对自种农产品销售收入的显著助力。同时，贯彻食品安全和食品营养与冷链物流密不可分的联系，彰显行业前景，从意识觉醒开始推进标准化、专业化。

第二节　预制食材分析

中物联食材供应链分会观察，随着行业的发展，预制食材的内涵已经不仅仅局限在菜肴这个范畴，预制的炒饭、面食等主食类产品也层出不穷，不同于行业内对预制食材的定义和分类：即食食品、即热食品、即烹食品、即配食品四大类，本节主要从预制食材待业发展历程、行业发展环境情况、现存问题及发展趋势多角度进行分析。

一、预制食材行业发展历程

（一）行业术语及定义情况

截至目前，整个食材行业内关于预制食材没有统一的标准。

1. 概念说明

中物联食材供应链分会通过对调研样本进行分析发现，43.9%的消费者认为预制食材应该是解冻即可食用的产品，17.1%的消费者认为预制食材是还需加工的半成品，23.6%的消费者认为预制食材是净菜，还有15.4%的消费者认为预制食材是开袋即食的产品。根据调研发现，虽然消费者对于预制食材的认知参差不齐，但是也能反映出预制食材的一些基本属性，如：方便快捷的属性，是可减少厨余垃圾的产品；工业化的属性；能够取代正餐的属性，可替代餐厨加工属性；具备一定的服务属性，是可商业化规模化运营的产品；营养搭配合理的属性，是食材安全可靠的产品。

中物联食材供应链分会结合行业发展实际和对行业的认知，将预制食材定义为：以各类农、畜、禽、水产品等食材为原辅料，运用标准化、工业化作业流程，经预加工（如分切、搅拌、腌制、滚揉、成型、调味等）和/或预烹调（如炒、炸、烤、煮、蒸等）制成，并进行预包装的成品或半成品食材，需要在冷藏或冷冻条件下进行储运、经烹饪或加热后即可食用的产品。

根据烹饪方式将预制食材主要分为即食食材和即烹食材。

2. 重新划分概念

分会将预制食材分为两种，即预制食材1.0和预制食材2.0。

预制食材1.0（即食预制食材）指运用标准化流水作业，已完成杀菌或熟制加工制成,并进行包装,开封后可直接食用或经过复热即可食用的产品。

预制食材2.0(即烹预制食材)是指经过洗、切、搭配、加工完成的菜品,采取冷冻或真空等一系列方式进行包装保存,只需通过简单烹调即可食用,目的是省去食材采购、制作、卫生处理等步骤,通过加热或蒸炒等烹饪方式,就能直接作为餐桌上便捷的产品。

不同类型的预制食材其主要的应用场景也不同。对于B端的餐饮企业,主要向其提供即烹食材,省去食材预处理的过程,保留厨师的发挥余地。对于C端消费者中本身不会做菜但讲究烟火气的,可以向其提供即烹食材,增加其对做菜的兴趣。而对于完全的小白、懒人,则提供即热食材,讲究的是方便快捷。

(二)行业发展历程

预制食材萌芽于20世纪40年代的美国,在六七十年代实现商品化经营和管理,1979年美国第一个预制食材加工厂建立,1984年,西斯科(Sysco)发力预制食材市场,如今占据巨头地位,如图4-1所示。

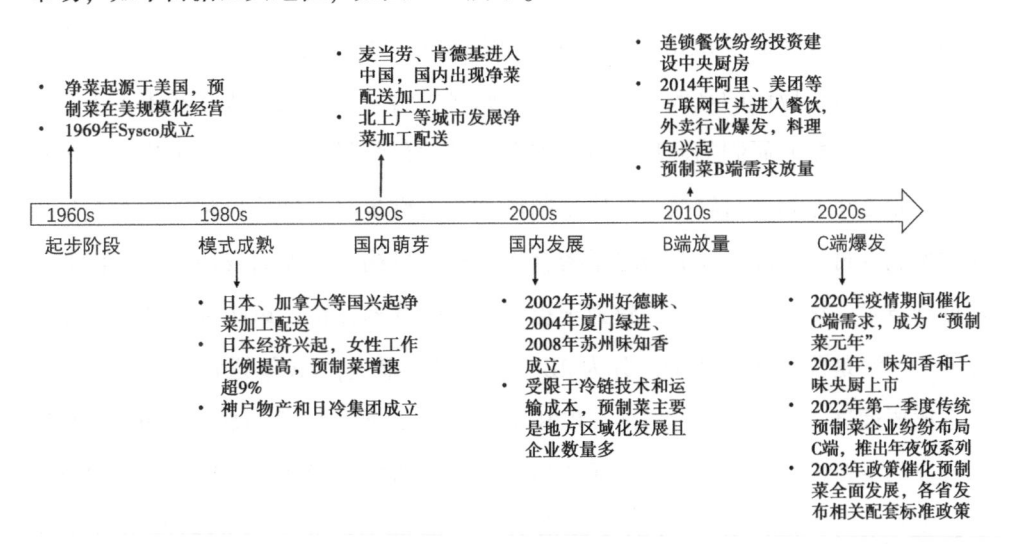

图4-1 预制食材历程

资料来源:中物联食材供应链分会整理。

预制食材成熟于20世纪80年代的日本,经济的发展和女性工作比例的提高带动了日本预制食材的高速发展。区别于美国,日本餐饮推动预制食材产品转向预调味,在此期间,日本预制食材龙头企业日冷集团和神户物产诞生,初期主要是生产便利店食材,后转为餐饮部分食材。

预制食材在20世纪80年代敲开中国国门,麦当劳、肯德基等快餐进入中国后,快餐行业带动了半成品产品发展,麦当劳、肯德基等国内供应商开始生产加工原料。

1990年代至2010年代是我国预制食材行业的发展期。随着中国加入WTO，预制食材出口新时代开启。国内大部分原料食材企业（禽肉、水产、蔬菜等食材）入局半成品和预制食材加工，出口到日本、韩国及美国等发达地区。2000年后，速冻水饺热浪来袭，掀起了中国预制低温食品行业浪潮，味知香、好得睐、三全、思念、安井等公司相继成立。2014年餐饮料理包实现降维打击，外卖平台业态火热也带动了料理包市场。2011年蜀海成立、2012年千味央厨成立、2013年大溪地成立、2015年找食材成立。此阶段主要还是B端的爆发式增长。

2020年，疫情催化加速预制食材的发展，C端预制食材需求激增，餐饮商家、外卖平台、超市零售等终端陆续售卖预制食材产品。2021年，预制食材第一股味知香上市，随后千味央厨也在A股上市。至此，我国预制食材行业正式形成了即食、即热、即烹等多种预制食材组合。

二、预制食材产业发展现状

预制食材产业构成了从田园到餐桌的无缝链接，深度融合了一、二、三产业，展现了现代食材供应链的高效与创新。上游原料供给紧贴田间地头，涵盖了丰富多样的新鲜食材、精心研制的调味配料及安全可靠的包装材料供应商。中流砥柱的加工环节，则是将原始食材转换为便捷预制产品的关键步骤。这不仅包括拥有先进生产线的预制食材生产商，还有与之紧密合作的科研机构与专业研发团队，他们共同探索创新技术、优化生产工艺，致力于提升食品的营养保留、风味独特性及食品安全标准。下游是预制食材消费，分为2B渠道和2C渠道，2B渠道目前发展较为成熟、占比要远高于2C渠道。当前，B2B渠道以其成熟的体系与较高的市场份额，成为行业的主要推动力。而随着生活节奏的加快及消费者对便捷、健康饮食需求的增长，B2C渠道正展现出巨大的发展潜力，逐渐成为不可忽视的新势力（见图4-2）。

```
| 上游：原材料供应 | 中游：生产加工 | 下游：消费 |
```

原材料供应企业
- 蔬菜水果
- 肉类
- 水产品
- 蛋奶
- 粮食
- 调味品、包装

预制菜生产加工企业
- 专业预制菜企业
- 餐饮企业
- 零售企业
- 食材供应链企业
- 速冻食品企业

预制加工技术支持企业/机构
- 科研院所
- 研发企业

B2B渠道
- 经销商
- B2B电商平台

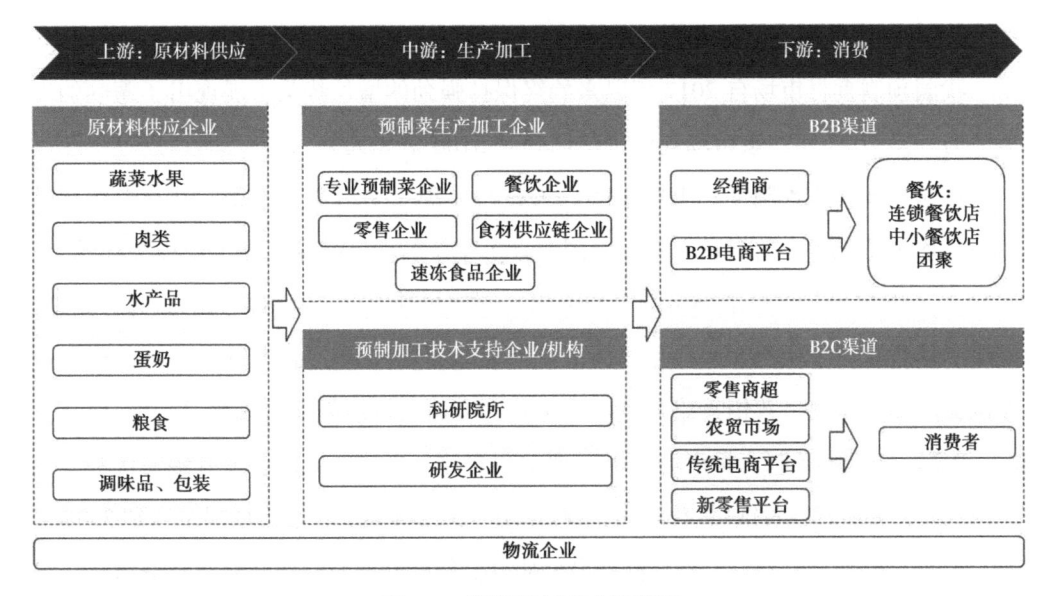

→ 餐饮：连锁餐饮店、中小餐饮店、团餐

B2C渠道
- 零售商超
- 农贸市场
- 传统电商平台
- 新零售平台

→ 消费者

物流企业

图 4-2 预制食材产业链图示

资料来源：中物联食材供应链分会整理。

（一）市场发展现状

1. 市场扩容趋势明显

近年来，预制食材行业的企业数量呈现出快速增长态势，尤其在 2023 年，注册新增企业达到 4136 家，较前一年大幅增长了 46%，彰显了该行业的蓬勃活力与市场需求的快速增长。尽管行业整体扩张迅速，但大多数预制食材企业的规模仍偏小，其中，注册资本在 100 万元人民币以内的企业占据了市场的显著份额，比例约达 37%，反映出行业内初创与中小型企业占主导的特点。这一结构特征既体现了行业准入门槛相对较低，同时也预示着随着市场竞争的加剧与消费者需求的升级，行业内或将迎来一轮优胜劣汰与整合发展的新阶段。

从注册企业地域分布来看，预制食材企业集中分布在沿海地区及农业大省。2023 年，山东以 820 家新增企业数量高居榜首，占全国新增总量的 19.82%，牢固确立了其在预制食材行业的重要地位。紧跟其后的是河南、安徽、海南等地，这些地区的新增企业数量亦颇为可观，共同推动了行业的地域性扩张。

从注册企业类型来看，广泛涉足食品加工、餐饮服务、农林牧渔业以及零售等多个行业板块，这一多元化布局有效贯穿了从原料供应到终端消费的预制食材全产业链，促进了产业内部的高效协同与资源整合。值得注意的是，食品加工企业占比过半，达到了 53%，充分体现了该板块在预制食材产业链中的核心作用与显著优势，为行业的产品创新、标准化生产和质量控制提供了坚实的基础。

2. 市场规模保持较高增速

我国预制食材市场自 2017 年以来始终保持强劲的增长势头，展现出了蓬勃的发展活力。至 2023 年，该市场规模预估已超越 5100 亿元大关。

在这一期间，预制食材市场中的三大核心品类——水产、肉禽，以及米面和蔬菜类，均维持了稳定的增长态势，共同驱动了整个行业的繁荣。尤为值得关注的是，2023 年，肉禽预制食材细分市场表现突出，同比增速高达 25.28%，领涨所有类别，反映了消费者对于便捷、多样化的肉禽制品需求日益增长，也体现了预制食材行业在该类产品的研发、营销策略及供应链优化等方面的持续创新与成效。

B 端、C 端的预制食材市场规模呈现鲜明对比，B 端市场目前占有绝对优势，占比约八成，突显其在餐饮供应链中的核心作用。2022 年度，B 端市场规模达到 3505 亿元，年增长率稳定在 27%，标志着餐饮业对预制食材需求的持续旺盛及稳健增长。与此同时，C 端市场虽起步规模较小，仅占总体的 20%，但展现出蓬勃的活力，其市场规模于 2022 年达到了 932 亿元，增长率高达 35%，显著超越 B 端，体现出消费者对便捷、高质量家庭餐食解决方案的日益青睐。这一高速增长轨迹预示着 C 端预制食材市场正逐步成为行业增长的新动力，未来有望逐步缩小与 B 端市场的差距。

3. 市场竞争进一步加剧

我国预制食材市场集中度较低，超过七成的加工企业规模偏小、实力较弱且分布零散。据统计，2023 年国内预制食材行业排名前十的企业合计市场份额仅占 10.22%，与海外市场形成鲜明对比——日本预制食材市场的前五名企业集中度高达 64.0%，而美国市场则由龙头公司 Sysco 独占 16% 的市场份额。由此可见，我国预制食材行业在规模化、集约化发展方面仍有显著的提升空间，未来行业整合与龙头企业的崛起将成为重要趋势。

近年来，预制食材市场成为资本竞相追逐的热点领域，自 2018 年起，该行业累计吸引了 126 起投融资事件，展现出资本市场的高度关注。在 2023 年，该领域的投融资活动略有降温，共计发生 20 起，主要集中于天使轮与 A 轮早期融资阶段，尽管相较于 2022 年数量有所减少，但在食品饮料行业的各细分赛道中，预制食材仍然稳居融资事件数量的第四位。这一动态不仅反映了市场对于预制食材增长潜力的认可，也预示着行业内部的结构调整与竞争态势正在加速演变。

4. B 端市场需求

对于 B 端市场，预制食材的核心价值集中体现在促进餐饮服务的标准化操作及后厨作业的高效简化。这些半成品食材作为餐厅后厨的有效辅助工具，既保留了必要的人工烹饪艺术，又大幅提高了出餐效率，成为现代餐饮业降本增效的关键策略。

具体而言，虽然预制食材的单位采购成本可能略高于传统原材料，但其在深度优化成本结构方面的贡献显著。通过减少厨房内的人力配置及缩短菜品制作时间，餐厅能够有效降低劳动力和能源消耗，由此实现的整体净利润率提升可达 7%。这意味着，尽管前端投入有所增加，但因后端成本节约更为显著，采用预制食材的 B 端企业最终得以在控制成本的同时，提升运营效率与盈利能力。

高端酒店与大型餐饮机构对预制食材的需求显著，在选择供应商时，尤为注重对方的全方位服务能力，追求个性化定制、高品质保证及食品安全标准。这类客户偏好能迅速响应其特定需求，并能紧密协同合作的供应商关系。鉴于大 B 端通常采取审慎的定制生产决策过程，伴有较长的签约周期及较高的合作准入门槛，一旦确立合作关系，往往趋向长期稳定，形成了较高的市场壁垒。

中小餐饮企业、乡厨宴席市场需求广阔，其订单特点为小批量、多批次，采购较灵活，对预制食材的核心诉求是成本为先。乡厨品类固定且份额大，一般由宴席主人点菜，具有影响力的乡厨协会或关键人物往往容易在社群内形成口碑效应。因此，要打入这一市场，经销商必须深度下沉，紧密融入本地市场。中小餐饮业对于成品化食材接受度较高，但因其需求多样且分布零散，导致渠道忠诚度不高，增加了市场开发的复杂度。数据显示，2023 年全国餐饮行业总收入达 5.29 万亿元，其中团餐市场为 2.1 万亿元，社会餐饮规模则约为 3.19 万亿元。同年，餐饮连锁化率为 21%，推算中小餐饮市场规模约为 2.52 万亿元。另外，2022 年乡厨市场的规模已达到 1.93 万亿元，进一步凸显了这两大细分领域的重要性与潜力。

我国外卖市场展现强劲增长势头，对高性价比的预制食材产品展现出浓厚兴趣，以期在保证效率与品质的同时最大化利润空间。根据艾媒咨询的数据，自 2017 年至 2022 年，我国在线外卖行业市场规模实现了从 0.30 万亿元到 1.12 万亿元的飞跃，期间复合年均增长率（CAGR）高达 29.94%，反映出该行业的蓬勃扩张。至 2023 年 6 月，网上外卖用户规模已扩展至 5.35 亿人，相较于 2022 年底增长了 1372 万，几乎占到全体网民的"半壁江山"，达到 49.6% 的比例。这一系列数据不仅彰显了外卖市场的庞大需求基础，也预示着预制食材作为提升外卖行业效率与利润的重要因素，其市场潜力巨大。

团餐对预制食材的质量安全和品质有更高的诉求，更注重生鲜半成品，产品相对固定，采购计划性强，团餐企业决定菜单，后续客户黏性较高。据统计，2022 年中国市场团餐规模达到 1.98 万亿元，而 2023 年预估市场规模跃升至 2.1 万亿元，同比增长高达 16.9%，这一增速持续领跑整个餐饮行业，其中校园团餐市场占据重要份额。展望未来，随着团餐服务的多元化与技术创新，市场规模预计将以约 10% 的年增长率稳步扩张。

5. C 端市场需求

超市在预制食材的选择上，侧重于高品质与易于操作的产品，鉴于其成品比例较高，对超市的渠道管理专业性及品牌建设能力提出了更高要求。与 B 端定制化生产不同，超市需承担较高的铺货风险，产销不匹配可能导致库存积压，故而需要精准的市场洞察与高效的运营管理。

电商与新零售平台在预制食材领域，则更加重视产品的口味创新与操作简便性，尽管当前市场份额较小，但正经历快速增长，尤其是节假日，如春节期间，线上销量显著攀升，京东数据显示，特定预制菜品在 2024 年龙年春节一周内的销售额同比增长高达 2~7 倍。该渠道的开发需聚焦爆款策略，同时需克服供应链优化的挑战。

至于农贸市场，消费者对预制食材的关注点落在品质与性价比上，这部分市场保持稳定，主要顾客群体为中老年人。农贸市场在推广预制菜时，需谨慎处理价格敏感性问题，确保供应链的配送效率及强大的品牌信誉，以巩固客户基础并提升市场竞争力。

6. 消费者偏好

场景偏好方面，预制食材的消费场景主要集中在中餐和晚餐时段，占比分别为 32.21% 和 30.24%。其主要原因是预制食材能够满足消费者对膳食营养以及饱腹的需求，因此，大多数时候被作为正餐食用。

价格偏好方面，经济实惠成为消费者选购预制食材的重要考量，其中有 48.5% 的消费者单次购买预算在 20 元以下，而高价位区间的接受度较低，单次消费超过 61 元的仅占 0.5%，揭示了市场对于性价比的高度敏感性。

在新品种预制食材选择上，消费者更偏好新鲜即配和创新口味的产品。其中，31.5% 的受访消费者倾向于选择新鲜即配的预制食材，突显了市场对于食材新鲜度的高度重视；而 25.5% 的消费者则对创新口味表现出浓厚兴趣，这要求行业不断推陈出新，满足消费者求新求变的味蕾需求。这一数据指引着预制食材行业未来应着重发展即时新鲜配送系统，并持续探索口味创新，以更好地契合市场需求。

在购买决策过程中，消费者最关心的两大要素为价格与安全卫生，二者分别占到了 28% 和 26% 的关注度，凸显出市场对于经济实惠及食品安全的基本要求。因此，对于预制食材生产商和供应商而言，除了不断推进产品创新，注重提升营养价值与健康属性之外，强化产品的性价比优势与食品安全管理体系，将是赢得消费者信任与市场份额的关键所在。

（二）政策发展现状

1. 国家政策密集出台，推进预制食材产业规范化、标准化

2023年至今，工业和信息化部、国家发展改革委、商务部、市场监管总局相继发布文件，主要从食品工业预制化发展、标准制修订、业态培育、预制食材基地建设、经营销售管理等多个方面支持预制食材发展（见表4-1）。

表4-1 2023—2024年4月国家部委对预制食材的支持政策

颁布主体	政策名称	相关内容
市场监管总局等6部门	《关于加强预制菜食品安全监管 促进产业高质量发展的通知》	在国家层面明确预制菜范围，规定预制菜不能添加防腐剂，严格使用添加剂，大力推广餐饮环节使用预制菜明示，保障消费者知情权和选择权
工业和信息化部、国家发展改革委、商务部	《轻工业稳增长工作方案（2023—2024年）》	实施推动食品工业预制化发展行动方案，大力发展方便食品、自热食品、米面制品、预加工菜肴等产品形态。加强预制化食品标准制修订工作，加快管理创新和商业模式创新，积极培育新产业新业态，拓展多元消费场景
国家发展改革委	《关于恢复和扩大消费措施的通知》	培育"种养殖基地+中央厨房+冷链物流+餐饮门店"模式，挖掘预制食材市场潜力，加快推进预制食材基地建设，充分体现安全、营养、健康的原则
市场监管总局	《食用农产品市场销售质量安全监督管理办法》	明确鲜切果蔬等即食用农产品应做好食品安全防护，防止交叉污染
市场监管总局	《食品经营许可和备案管理办法》	食品经营许可申请包含预包装食品销售的，对其中的预包装食品销售项目不需要进行现场核查
工业和信息化部等11部门	《关于培育传统优势食品产区和地方特色食品产业的指导意见》	加快地方特色食品预制化发展步伐，促进传统饮食制作技艺与现代食品生产工艺结合，推出一批中华美食和地方小吃等工业化产品
中共中央、国务院	《关于做好2023年全面推进乡村振兴重点工作的意见》	培育发展预制食材产业

2. 广东省政策领跑，地方配套政策大量涌现

全国25个省份已出台各自的预制食材高质量发展相关文件和地方标准。2022年3月，广东省发布了国内首个省级预制食材产业政策《关于加快推进广东预制菜产业高质量发展十条措施》，随后河南省、湖南省、福建省等省份也纷纷发布文件支持预制食材产业发展（见表4-2）。

表4-2 地方对预制食材的部分支持政策

时间	地区	政策名称	相关内容
2023年4月	湖南省	《落实"稳增长"20条进一步恢复和扩大消费若干政策措施》	扩大餐饮消费，谋划布局预制菜产业链，支持预制菜龙头企业加快发展
2022年11月	福建省	《加快推进预制菜产业高质量发展的措施》	到2025年，建设30个现代农业产业园、20个优势特色产业集群
2022年11月	山东省	《山东省人民政府办公厅关于推进全省预制菜产业高质量发展的意见》	预制菜市场主体数重突破1万家、全产业链产值超过1万亿元
2022年10月	河南省	《河南省加快预制菜产业发展行动方案（2022—2025年）》	制定全省规模以上预制菜企业主营业务收入同标计划，制定发布预制菜产业团体标准、地方和行业标准
2022年3月	广东省	《关于加快推进广东预制菜产业高质量发展十条措施》	构建预制菜流通体系；培育一批跨区域的预制菜仓储冷链物流龙头企业，开展营销活动，鼓励预制菜企业创建加盟网店；推动预制菜走向国际市场

地方性的发展规划紧紧围绕中央政策的思路，其共性特点是突出地域特色美食文化。此外，政策还重视加工技术和设备的升级、关注预制食材人才培养、加强标准的制定和推广、创新品牌和营销等多个方面（见表4-3）。

表4-3 地方层面预制食材政策相关特色

地区	发展方向	重点地区
内蒙古	内蒙古传统美食	包头、准格尔旗、东胜区
黑龙江	水产品	北安、五大连池、爱辉区、齐齐哈尔
辽宁	水产品	沈阳
北京	健康数据+营养配餐	—
河南	肉类	汝州、新乡、南阳、郑州
浙江	水产品	嘉兴、绍兴、湖州、温州、衢州、舟山、杭州
江西	肉类、畜禽类	赣州
重庆	川菜	梁平区
福建	水产品	福州、宁德、平潭
湖南	湘菜	浏阳、郴州
广西	桂菜、螺蛳粉	河池、百色、贺州、梧州、桂林
广东	水产品	江门、汕头、云浮、湛江、佛山、惠州、珠海

3. 标准体系持续完善，产业发展更为规范

2023年，预制食材行业在标准制定方面取得了一定进展，预制食材标准从最初的行政区化逐渐实现菜品乃至原料细化。基于在工标网、食品伙伴网等渠道查询到的预制菜标准相关数据统计，自2023年1月至2024年3月期间，共计发布了274项与预制食材相关的标准文献，其中，包括10项引领区域规范的地方标准，其余则为响应行业细分需求的团体标准和企业标准，体现了行业内部对提升产品质量和一致性的广泛共识（见表4-4）。

尤为值得关注的是，经过近一年的深入调研与广泛征询行业意见，一项国家级的预制食材标准草案最终成型，并已于2023年底正式提交至国务院食品安全委员会办公室审核。这一国家级标准的推进，不仅象征着预制食材行业向更加统一、严格的质量控制体系迈进，也为行业的长远健康发展奠定了坚实的基础。

表4-4　2023年1月至2024年3月发布的预制食材地方标准

标准名称	发布日期	实施日期	颁发部门
DB 2102/T 0111—2024 海鲜预制菜冷链配送规范	2024-03-11	2024-04-11	大连市市场监督管理局
DB 3710/T 217—2024 海洋预制菜生产质量管理规范	2024-02-04	2024-03-04	威海市市场监督管理局
DB 3415/T 58—2023 预制菜包装、贮存、运输规范	2023-11-07	2023-11-07	六安市市场监督管理局
DB 2102/T 0113.1—2024 海鲜预制菜感官分析 第1部分：通用要求	2024-03-11	2024-04-11	大连市市场监督管理局
DB 6104/T 25—2023 预制菜配送技术规范	2023-09-14	2023-10-15	咸阳市市场监督管理局
DB 2102/T 0114—2024 海鲜预制菜产业园区建设指南	2024-03-11	2024-04-11	大连市市场监督管理局
DB 36/T 1891—2023 预制菜冷链运输配送管理规范	2023-12-11	2024-06-01	江西省市场监督管理局
DB 2102/T 0112—2024 海鲜预制菜感官通用要求	2024-03-11	2024-04-11	大连市市场监督管理局
DB 2102/T 0113.2—2024 海鲜预制菜产业分析 第2部分：人员要求	2024-03-11	2024-04-11	大连市市场监督管理局
DB 6104/T 24—2023 预制菜生产加工技术规范	2023-09-14	2023-10-15	咸阳市市场监督管理局

三、预制食材产业发展面临的机遇与挑战

（一）预制食材产业发展面临的机遇

1. 产业园建设如火如荼，发挥资源共享和规模经济效应

近年来，地方政府积极响应产业发展需求，积极规划并建设预制食材产业园区，旨在打造集研发、生产加工、包装、冷链物流及销售等多功能于一体的综合性产业平台。这一系列举措不仅促进了产业链上下游的紧密衔接与资源整合，还通过集群效应显著增强了预制食材行业的整体竞争力和创新能力，为产业的规模化、集约化发展注入了强劲动力，加速了行业转型升级的步伐。

2023年，预制食材产业园的发展轨迹呈现出鲜明的阶段性特征，上半年着重于既有项目的开工建设，快速推进产能布局与基础设施建设。而进入下半年，新项目的签约活动显著增加，不少项目规划中都将预制食材作为园区发展的关键组成部分，预示着行业进一步向多元化和精细化方向演进。

展望未来，新签约项目的规划蓝图清晰指明了预制食材产业园建设的三大战略导向：首先是"绿色化"，强调可持续发展与环保生产，响应全球对健康、环保食品的诉求；其次是"特色化"，注重地域美食文化的传承与创新，开发具有地方特色的预制食品，满足市场对差异化产品的需求；最后是"数字化"，利用现代信息技术赋能产业升级，涵盖智能生产、供应链管理、市场分析等多个维度，以提升整体运营效率与市场竞争力。这些核心方向共同描绘了预制食材产业园向高科技、高效能、高附加值转型的美好愿景。

2. 产业基金持续增长，助力预制食材强群优链

在2023年，资本市场对预制食材行业的关注度显著提升，表现为多地政府与金融机构携手合作，设立了大量专项产业基金，为预制食材产业领域精准输血。

从公开信息来看，2023年基金设立数量持续增长，设立区域主要集中在产业发展较为成熟的广东、山东和河南，基金出资以基金公司和当地政府为主导，这标志着政府在推动食品工业现代化、促进农业产业链延伸中的积极作用，也预示着以政策引导与市场化运作相结合的金融支持模式将成为预制食材行业发展的新常态。这不仅能够加速产业标准化与规模化进程，也为构建更加高效、绿色、智能化的预制食材产业生态奠定了坚实的资金基础。

3. 海外市场潜力广阔，出海驱动预制食材新增长

全球预制食材市场在未来10年内将以6%的复合年增长率强劲增长，预计2024

年预制食材市场收入将达到 0.59 万亿美元。当前，中国、印度、日本、美国和英国分别位列市场份额前五名。

其中，欧洲预制食材市场份额占据全球市场的 37%，销售渠道以超市、大卖场为主，2022 年该渠道销售额达 742.5 亿美元，约占欧洲市场份额的 55%（见图 4-3）。

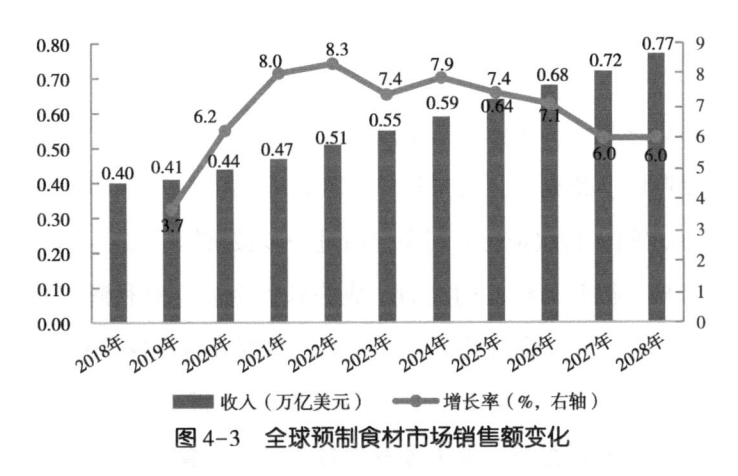

图 4-3　全球预制食材市场销售额变化

拥有约 6000 万海外华人华侨的庞大群体构成了一个极具潜力的市场，他们作为潜在的消费者，对中国的商品和服务保持着高度的关注与需求。印度尼西亚以超过 1000 万的华人华侨人口位居首位，紧随其后的是泰国、马来西亚、美国和新加坡等地，这些国家和地区蕴含着丰富的市场机遇。

此外，海关政策为预制食材出口创造良好的营商环境。2023 年，海关总署相继发布了《海关优化营商环境 16 条》《关于推动加工贸易持续高质量发展改革实施方案》，集中力量改进监管机制与操作流程，为预制食材等商品的出口开辟绿色通道。这些政策的实施不仅简化了出口流程，提高了通关效率，也促进了中国预制食材产业在全球市场中的高质量发展。

4. 餐饮连锁化扩张和降本增效需求，加速预制食材渗透

中国餐饮连锁业蓬勃发展带动预制食材广泛应用。中国餐饮连锁行业在过去几年内经历了显著的增长，连锁化率从 2018 年的 12% 跃升至 2023 年的 21%（见图 4-4）。尽管如此，相较美国 60%、日本 50.8% 的餐饮连锁化率，中国还有较大的发展空间。基于各连锁餐饮企业对菜品品质的一致性和出餐速度有较高需求，方便厨师二次处理的预制食材应用前景可观。

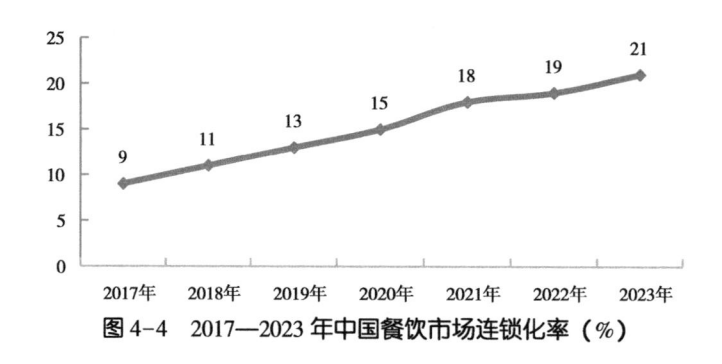

图 4-4　2017—2023 年中国餐饮市场连锁化率（%）

餐饮业降本诉求强化，品价比推动预制食材崛起。2023 上半年，多家知名连锁餐饮品牌如呷哺呷哺、怂火锅、太二及海底捞等，均出现了客单价不同程度的下滑，降幅在 2% 至 8% 之间，餐饮企业的利润空间进一步被挤压。在此情形下，预制食材以其优化成本结构、提升品价比的能力，成为餐饮企业应对利润压缩的有效工具，帮助企业平衡成本与品质，维持竞争力。因此，预制食材不仅是餐饮业追求效率的必然选择，也是在当前市场环境下实现可持续发展的关键策略。

5. 小家庭趋势和单身经济，助力预制食材"飞"上餐桌

随着社会结构的变化，小家庭与单身人士群体日益扩大，预制食材凭借其便捷性与实用性，逐渐受到这部分消费群体的欢迎。据统计，至 2022 年，中国一人户家庭比例已上升至 16.77%，相较于 2014 年增长了 1.8 个百分点，反映了独居生活方式的增长趋势（见图 4-5）。与此同时，结婚率的连年走低进一步加速了单身经济的兴起，促使市场对便捷、小分量、满足个人食用的小包装预制食材的需求激增（见图 4-6）。

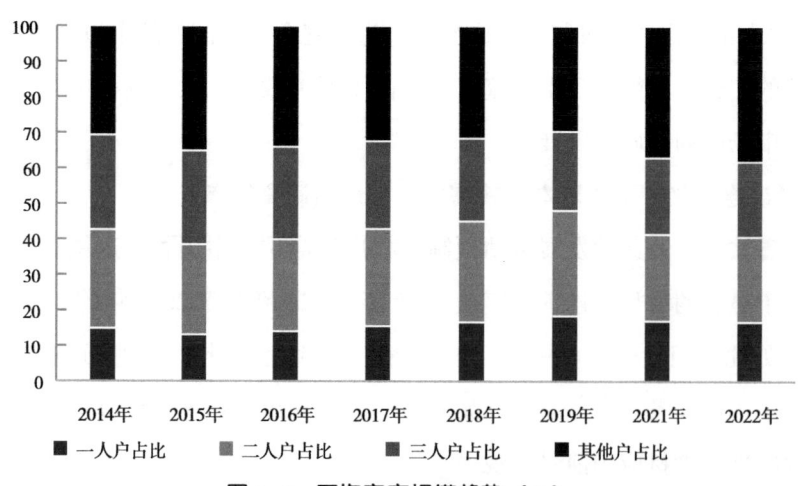

图 4-5　平均家庭规模趋势（%）

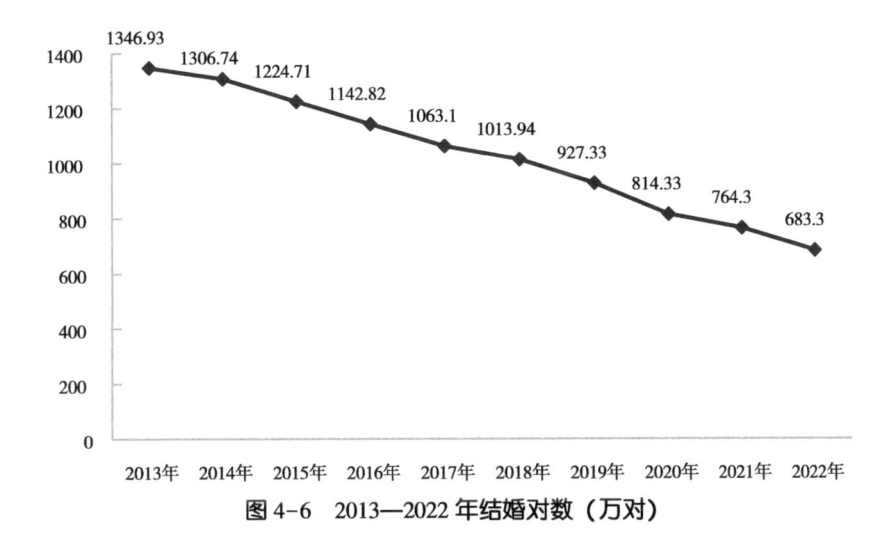

图 4-6 2013—2022 年结婚对数（万对）

数据点：2013年 1346.93；2014年 1306.74；2015年 1224.71；2016年 1142.82；2017年 1063.1；2018年 1013.94；2019年 927.33；2020年 814.33；2021年 764.3；2022年 683.3

（二）预制食材产业发展面临的挑战

1. 消费者认知有待扭转，消费信心不足

预制食材市场虽然展现出巨大的发展潜力，但其市场渗透率目前仍徘徊在 10%~15% 的较低区间，远未及美国和日本市场超过 60% 的高水平。特别是面向个人消费者的 C 端市场，仍深陷于消费者认知不足的困境之中。据百度平台数据，中西部地区关于预制食材的搜索指数相对较低，消费者关注度不高。

对于预制食材，消费者的核心顾虑聚焦于三大领域：首要的是食品安全疑虑，涉及生产流程的透明度、添加剂使用及保鲜手段的安全性；其次是营养均衡的顾虑，消费者普遍担心预制食品可能因过度加工而损失自然营养；最后则是价格敏感性问题，部分消费者感觉预制食材的售价相对于其实际价值或传统烹饪方式的成本而言，显得偏高。

提升预制食材的市场渗透率，关键在于直面并有效缓解消费者的这些主要忧虑，比如通过增强食品安全的透明管理、研发更加均衡营养的产品配方，以及调整定价策略以提升性价比，同时加强对中西部等区域的市场教育工作，以拓宽消费者基础并建立更强的信任纽带。

2. 产业准入门槛低，市场秩序相对混乱

预制食材行业当前产业链条分散、入门壁垒相对较低，这导致大量入局者为降低试错风险选择大众接受度高的品类，如红烧肉、酸菜鱼、小龙虾等，从而加剧了产品同质化的竞争态势。仅在京东平台上，红烧肉这一单一品类就吸引了超过 3000 个品牌参与角逐，映射出市场细分领域的极度拥挤状态。

为在激烈的市场竞争中维持市场份额，企业往往采取降价策略，导致利润进一步被压缩。当前，预制食材行业普遍承受着毛利率偏低的压力，即便是 A 股市场中表现优异的上市公司，其预制食材业务的最高毛利率亦未曾超越 30% 的门槛，揭示了盈利空间的局限性。这种情形不仅催化了激烈的价格竞争，还可能导致"劣币驱逐良币"的不良市场现象，即低成本、低质量产品通过价格战排挤高品质商品，扰乱健康竞争秩序。

此外，同类产品间悬殊的价格与品质差异成为消费者决策的一大困扰，既影响购买意愿，也削弱了消费者对整个预制食材市场的信心。长远来看，这种状况不利于行业的可持续发展，凸显了提升产品差异化、加强品质控制和优化供应链管理的迫切需求，以及制定更为严格的质量标准和行业规范的重要性。

3. 海外贸易发展受制于海外环境与产业基础

2023 年，部分肉类预制食材的出口遭遇逆风。具体而言，熟制肉类板块中的鸡肉、牛肉、猪肉及鱼肉的出口值均遭受挫减（见图 4-7），而冷冻肉类分类下的猪肉与羊肉出口同样呈现缩水趋势（见图 4-8）。值得注意的是，鱼肉熟食制品的出口跌幅尤为显著，达到了 9.51%，在一定程度上反映了肉类预制食材在全球贸易扩展过程中面临的复杂性和多维度障碍。

预制食材贸易进一步发展面临较多挑战。从海外环境来看，不同国家间的食品安全监管体系与法律法规差异巨大，叠加预制食材原料多元化，导致贸易壁垒和风险较高；海外预制食材 C 端市场消费比例远大于国内，同时饮食文化具有差异性，开拓海外市场面临适应性调整。从产业基础来看，标准体系和保藏技术在一定程度上限制了贸易的广度和深度。

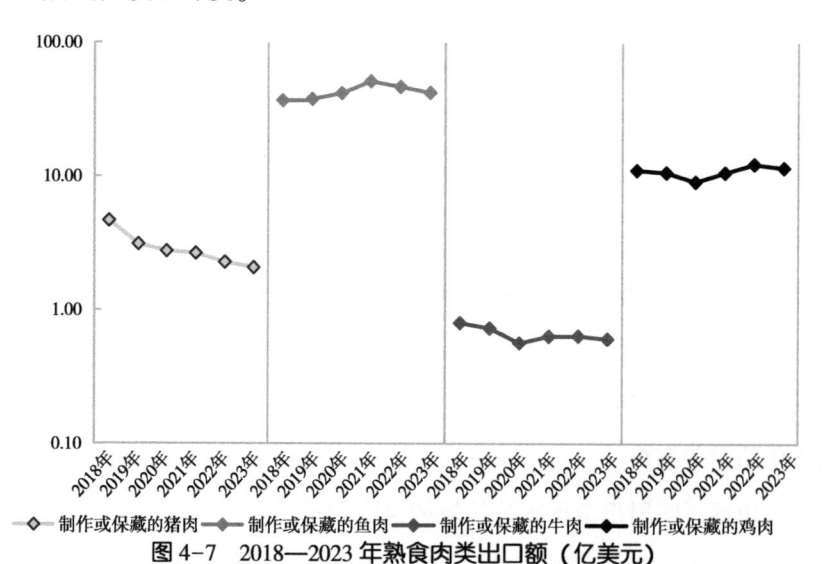

图 4-7 2018—2023 年熟食肉类出口额（亿美元）

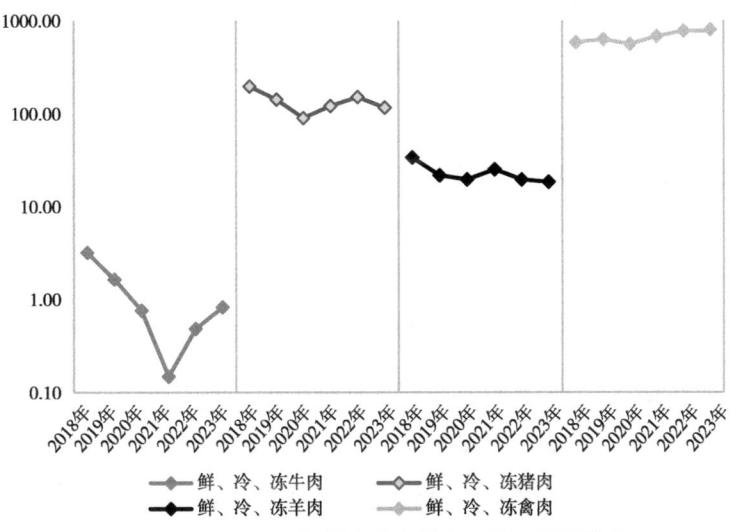

图 4-8　2018—2023 年鲜冷冻肉类出口额（百万美元）

4. 预制食材行业技术、装备尚待提升

尽管食品产业在技术革新与装备创新上取得了显著进展，但针对预制食材工业化生产的专用技术与装备仍显滞后，存在特征品质保持难、绿色加工技术缺乏、工业化装备不足等问题，制约预制食材产业进一步向纵深发展，成为产业深化发展的瓶颈。

在特征品质保持方面，预制食材经过冷藏/冷冻、再解冻、复热等过程，导致颜色、风味和滋味损失，如颜色由鲜艳变得暗沉、香味由浓郁变得轻柔、滋味由适口变得苦涩。在绿色加工技术方面，预制食材生产企业规模较小，一般以家庭作坊、小店铺和小工厂为主，"小锅换大锅"生产模式是产业主体，预制食材加工工艺参数模糊，绿色加工技术缺乏。在工业化装备方面，预制食材现有加工装备存在能耗高、污染物排放高、可靠性和安全性不足、卫生保障性差、自动化程度低、关键零部件使用寿命短且成套性差等问题。

5. 全程严格温控运输难

当前，预制食材多采用冷藏或冷冻等保鲜技术，对温控运输要求较高，需要先进的仓储物流体系及运输技术支撑，目前还难以做到全过程严格温控运输和储存，特别是"最后一公里"，微生物容易超标。一是对预制食材温控配送温度存在错误认识，未根据预制食材不同品类的储存温度进行严格监控。二是传统保温箱在长时间的配送下，真正实现冷冻预制食材在-18℃以下的温控配送较少。三是配送成本较高。由于路径分配不合理，往往导致配送车辆空载率上升、配送路线长、配送物资安排不合理，进而造成配送成本上升，货损率增加。四是配送网点针对低温预制食材，往往容易忽略对其进行单独分区，而是将其与其他类别食品交叉混放混存，致使其难以达到温控标准。

6. 缺乏统一标准，检测监管难

当前，行业缺乏完整的覆盖预制食材产业全链条的国家标准。没有统一的标准，意味着企业在预制食材生产过程、产品分类中均有较大的自主权，将催生预制食材品质良莠不齐、标识不详细、价格差异大等痛点，也间接导致监管判定难的问题。一是标准体系不健全，预制食材食品安全标准缺失，尚无明确的分类；部分预制食材产品标准仍处于空白状态。二是产品分类复杂，部分产品食品生产许可分类不明确，不同产品类别食品安全指标差异较大。三是监管依据待完善，缺少预制食材相关许可审查的指导意见。难以对其生产、流通环节进行有效监管与处罚。四是安全指标不一，不同预制食材的微生物、添加剂、污染物等食品安全关键指标规定不统一，甚至部分产品无明确限量要求。

7. 专业人才短缺

从人才供给数量上看，随着预制食材产业的快速发展，专业人才队伍的缺口逐渐拉大。尤以研发工程师最为紧缺，以"预制食材"作为关键词在某招聘平台上进行搜索，首页出现了 20 个岗位，其中 13 个岗位都是预制食材研发相关的职位。从人才供给质量上看，目前有食品工业化方面的人才，也有厨师人才，但能将两者结合起来的复合型人才则非常稀缺。

第三节　宏观视角下的农产品批发市场转型升级[1]

农产品批发市场（简称农批市场）转型升级一直都是行业探讨的热点话题，对于转型升级的内涵，不同的主体有不同的理解，侧重点也不相同，本节从相对宏观的维度，进行一些探讨和思考。

一、宏观视角下的国内农产品流通格局

一是农批市场主渠道地位难以撼动。近年来，电商平台、社区团购、生鲜超市

---

[1] 作者：中国供销农产品集团有限公司郭智勇。

的兴起，分流了一部分农批市场的份额（经由率下降），但是国内农产品生产与消费的分散性、品种的多样性、鲜活农产品的易腐性，客观上决定了其需要通过农批市场完成集散，这是成本最低、效率最高的模式，农批市场必将长期存在，而且占据较大的市场份额（60%以上）。目前日本农批市场的果蔬经由率为56%（以前为82%），但国产农批市场的果蔬经由率仍高达79%。事实上，电商平台、社区团购、生鲜超市也有很大比例的产品是从农批市场采购的，即使是产地直发，也有很多是从产地农批市场发出的。国内某知名电商平台榴莲进口负责人表示，他们的进口榴莲80%还要通过批发市场来分销。

二是国内农产品生产存在结构性过剩。尽管我国目前每年进口农产品1.8亿~2亿吨（主要是大豆和食用油，还有部分粮食），约占国内农产品总量20亿吨的10%，但我国绝大多数农产品的人均占有量都远高于世界平均水平（蔬菜占世界的55%，禽蛋占40%，水果、水产占30%，粮食占25%，低于世界平均水平的只有奶制品和植物油），结构性过剩客观存在，更远超人均消费量400~500千克/年（按20亿吨折算，国内人均占有量为1400千克/年）。而且在经济学上，农批市场最接近完全竞争市场，生产者和消费者众多，体量巨大，产品无显著差异，任何单一的生产者和销售者相对于整个市场来说都是渺小的，无法影响供求关系，买方和卖方都是价格的被动接受者。在产能本来就很大，或者过剩的情况下，一旦跟风种植、养殖，就容易出现农产品滞销情况，特别是在当前人口见顶、城市化放缓、需求没有显性增长的情况下，更为突出，这也是这几年生产者、经销商都感觉比较难的原因。

三是从农批市场竞争格局上看，充分竞争与寡头垄断并存。所谓充分竞争，是从全国范围来看，投资主体众多。按照国家统计局口径，2022年，亿元以上农批市场约1400家，汇总交易额3.5万亿元，投资运营主体基本为属地企业，90%以上无股权联系，CR10的公司共有110个市场，占比7.8%，交易额为1万亿元，占比28.5%，占全国农产品交易额6万亿元的16.7%。农批市场是个充分竞争市场，投资建设农批市场门槛不高，20世纪80、90年代，很多城郊村集体划块空地就建上了，现在也有不少利用闲置工业厂房办市场的情况。这种行业集中度极低的情况，造成"信息孤岛"现象严重、信息闲置和浪费，无法发挥规模效益。单体市场面对巨大农产品交易总量，收集到信息也很难发挥作用。所谓寡头垄断，是针对一定区域范围来说的，县域综合性大农批市场一般就一个，地级市、省会城市一般有2~3个，多的有4~5个，这是农批市场规模效益的体现，如果市场太分散，采购者不能实现一站式采购，成本就会增加。一个新市场的形成，基本上以一个甚至多个老市场的关闭为代价，特别是在目前流通总量基本见顶、没有增量的情况下，更为明显。寡头垄断的结果在于大部分时候市场管理者面对商户处于相对强势的地位，商户离开了市场，意味着客户丢失，生意基本没法做了。

二、农产品批发市场升级各方诉求

农批市场转型升级的内涵很丰富，因为不同的利益主体对转型升级的诉求不同。对商户来说，主要是能有一个更好的经营环境，生意能持续且有盈利，最好生意能做得更大，工作强度能有所下降（比如改成白天经营，夜间休息）。对农批市场来说，是降本增效。对消费者来说，是产品质量安全能够得到保障，而且价格实惠，产品新鲜。对社会公众来说，一是市场经营环境的提升，改变脏、乱、差的情况，建设干净、卫生、有序的市场；二是信息畅通，农产品流通效率更高，损耗/浪费更少，对农业生产发挥指导作用，保持农产品价格相对稳定；三是通过农产品检测与溯源，提高农产品安全水平。

一般情况下，我们探讨转型升级，站在消费者和社会公众维度多一些；一些信息化企业，可能站在商户、市场运营商的维度多一些，梳理这些概念，主要是理清思路，根据我们要解决的问题，寻找对策。

三、转型升级我们能做什么

（一）短期来看，可能我们能做的很有限

目前农批市场转型升级面临三大矛盾，即投入增加与农产品价格稳定之间的矛盾、公益性与市场化之间的矛盾、信息化与税收政策之间的矛盾。

就流通效率来说，在一个充分竞争、产能过剩的市场，挖掘新的增量很不容易。很多观点认为国内农产品流通效率低，但从数据来看，这个观点难以令人信服。国内百强市场年流通农产品 7.5 吨/平方米，远高于日本原筑地市场 4.78 吨/平方米或韩国可乐洞市场的 5.11 吨/平方米，众多不辞辛劳、日夜不息、风餐露宿的农产品生产者、运输员、经销商、配送员已将效率提升到较高水平。不能以局部、个别的滞销、倒挂消息，来否定当前农产品流通整体的有序、高效；如果考虑产能过剩因素，这些情况的发生与流通效率关联度更低。

就市场经营环境改善来说，本质是个投入问题，保洁数量翻一倍，清洗频率提高一倍，市场肯定要干净很多。但农批市场收益率并不高。2012—2022 年上市公司

深圳市农产品集团股份有限公司累计营业收入 284.80 亿元，累计净利润 24.27 亿元，扣除非经常性损益后累计归母净利润 179.29 万元。作为处于寡头垄断地位的农批市场，属于卖方市场，市场收益率又不高，主动持续加大投入、改善市场环境比较难。

信息化、数字市场建设方面。就单体市场来说，信息化建设是一笔较大的投入，少则百万元，多则千万元，还需要长期的维护费用，但收入却难以随着信息化明显增长，还要面对商户的抵抗，不了了之是大部分市场信息化工程的结局；而且大部分市场的业务结构（收入来源）也比较简单，包括租金、进门费、停车费、物业费等，也不需要收集太多的信息，通过操作 Excel 电子表格软件能解决。就行业整体来看，即使不考虑商品千差万别，以及收集信息的难度和信息有效性，因为行业集中度低，各地市场投资主体无关联，互不联通，收集到的信息也无法共享，无法挖掘出商业机会，无法产生规模效益、增值效益。目前来看，农批市场信息化建设在局部和整体都无法产生正向收益。

（二）从长期、高质量发展和万物互联来看，行业也在孕育新的变革

一是农产品生产、流通的组织化和规模化。走在市场里面，看到各式各样的蔬菜、水果、水产，大部分都有统一的规格、包装，部分还有了自己的品牌，说明我国的农业生产端已经有一定产业化和规模化水平。进入大流通的农产品（指不包括仅仅在乡镇、县域流通的农产品，城郊农民种的农产品，这部分占比不足 20%）都是规模化、专业化的农民生产的，他们的种植面积少则有几亩，多则几十亩、上百亩。经过产地分拣加工，产品标准化的程度比较高。相对于整个农产品市场，生产者规模是小的，但是就单体来说，已有一定的规模。

就流通环节来说，组织化、规模化也是一种趋势，根据 2008 年的数据，国内亿元以上市场的摊位数量约 86 万个，单体摊位的经营规模 140 万元/年，2021 年已增长至 437 万元/年。日本农产品批发市场中，一级批发商（真正从外地调运农产品的批发商）数量很少，一个市场只有几个，这也是其能够采取拍卖模式的重要原因，只有稀缺，才能拍卖。市场内众多的二级批发商从一级批发商购买农产品后，再向下游销售。

在经销商的规模化方面，出现了很多超大商户跨区域经营。除了上市公司洪九果品在全国有几十个经销点外，还有海泉果业，在长三角的多个市场都能看到他们的身影；也有报道万邦市场商户到河南省内其他市场经营的情况；2023 年 5 月首衡集团从高碑店市场组织 500 多名商户赴孝感首衡城考察。

生产、流通的规模化、组织化、品牌化发展，意味着行业将更加有序，产生了品牌溢价，同时违约成本也更高了。对市场运营主体来说，业务经营范围也可以适当扩展，除了物业租赁和管理，还可以根据商户需求，适当参与农产品生产、加工、配送、物流等环节，赋能和服务商户，也有很多市场在这方面做了很好尝试。

二是社会公众关心的信息互联、质量溯源和环境卫生问题也将得到改善。这是高质量发展、万物互联的要求和必然结果。信息互联、质量溯源和改善环境卫生目前难以推动，本质原因是外部性。完成信息互联、质量溯源和改善环境卫生动作的主体，不管商户也好，市场也好，无法获得超过投入的收益，这些动作的成果主要是服务社会公众、产业的。要实现这些，除了信息技术的进步、万物互联、人工智能等，笔者认为，还需要在高质量发展的要求下，在政策上作出一些安排，解决外部性的问题。

对于收益率不高或者亏损的市场，要把其作为图书馆、体育馆等类似的基础设施，由政府来投资建设，委托社会机构来运营，使农产品能够在一个固定的、环境相对完善的场所完成集散，实现保障城市的基本功能。

对于抓取流通、交易数据问题，通过大数据提高物流效率、指导农业生产方面，在进一步完善现有公共型数据平台的基础上，还要配套一定的税务政策，让商户同意（愿意）上传交易数据；对于大型农产品批发市场、节点型农产品批发市场，对于数据收集、上传、共享，也要出台一定的规章、制度、标准，保障数据的及时性和可用性，同时积极探索建立大数据应用模型，产生一些实际的应用成果，比如提供最佳采摘期（上市期）、最佳销售渠道（市场）、最佳种植品类和品种建议，通过实实在在的社会和经济效益让数据收集持续下去。当然也要思考这些数据到底能否发挥作用，能否解决生产环节的问题等。

在农产品检测溯源、环境卫生改善方面，需要完善考核机制和补偿机制并重，一方面通过立法、出台规章制度，明确具体要求；另一方面建立奖惩机制，根据工作量给予对应的补贴，明确哪些是市场应该做的，哪些是社会要求市场做的，不能一味地强调市场主体责任，增加经营成本，最终难以实际落地。

第五章
2023 年重点企业案例

本章从"餐饮供应链的智慧转型之路""肉类加工企业的创新实践""流通企业的市场破局与渠道创新"三大领域呈现企业的典型发展案例。通过这些生动的发展案例,揭示了餐饮供应链、肉类加工及流通企业成功的秘诀,期望为企业提供一套包含技术创新、模式创新、管理创新在内的综合发展蓝图,助力企业在复杂多变的市场环境中找准定位,持续成长。

第一节　餐饮行业集体加速扩张，绝配供应链助力供应链升级[1]

2023年，中国餐饮行业经历了显著的复苏和增长。根据国家统计局发布的数据，2023年全年，全国餐饮收入达到了52890亿元人民币，同比上升了20.4%。这一增长速度超过了社会消费品零售总额的增幅，显示出餐饮行业在经济复苏中的强劲动力。

相较于餐饮收入的超预期表现，中国餐饮的连锁化率也在不断增长，2022年已达到19%。其中，连锁品牌门店数涨幅最高的区间为5001~10000家店，同比增长45%。这一增长反映了餐饮品牌规模化程度的提高，以及行业整体向连锁化、标准化和品牌化发展的趋势。

值得关注的是，在经济快速复苏和连锁化的趋势下，中国餐饮也经历了一系列显著的变化和发展。

一、赛道拥挤，入局者变多

由于餐饮市场规模大，且进入门槛较低，因此餐饮行业玩家众多，市场高度分散，属于完全竞争行业，2023年，新增餐饮企业注册量高达318万家。新店的大量涌入和老店的挣扎，使得行业竞争更加激烈。

二、价格内卷，生存空间受挤

2023年，价格战充斥各大品类，各种低价套餐随处可见，极度内卷。许多餐饮品牌，尤其是中高端快餐品牌，开始降低价格。例如，西少爷、和府捞面、贾国龙中国堡等品牌纷纷推出了降价策略。为应对内卷和减少成本压力，越来越多的餐饮企业选择以连锁化加盟的方式开店。

---

[1] 作者：上海绝配柔性供应链服务公司。

三、冲击万店，实现规模经济

瑞幸咖啡在 2023 年宣布其门店数量已经突破 1.1 万家，成为继绝味鸭脖、正新鸡排、华莱士、蜜雪冰城之后的又一个"万店"品牌。而像塔斯汀、麦当劳、星巴克、茶百道、沪上阿姨、老乡鸡以及和府捞面这些品牌，也纷纷表现出了要冲击万店的野心。越来越多品牌加速拓店，这也给供应链提出了更大挑战。

四、下沉市场，寻求新的增长

随着一线城市市场饱和，下沉市场成为餐饮品牌的新蓝海。许多品牌开始将目光投向三四线城市，以寻求新的增长点。甚至有一些餐饮品牌开始采用"直营+加盟"的双轮驱动模式，以实现快速扩张和提高市场占有率。这种模式结合了直营店的品质控制和加盟店的快速复制能力，为品牌提供了新的增长动力。

五、上游头部食材发力 B 端，推进标准化建设

作为水产食品行业的领军企业，国联水产集团在年报中披露将重点拓展餐饮大客户。特别指出餐饮重客部门必须承担起集团保量、增利的重任。以小而精干的业务组织、配套齐全的研发后台、全链条精准的供应链管理和品控支持，强抓餐饮重客市场海鲜类产品的占有率。

事实上，在类似国联水产这样的头部产业集群背后有着国内 B 端餐饮行业对上游食材供货需求的广阔市场空间。甚至有分析指出，B 端餐饮比 C 端要更加明朗，而随着连锁化进程加快，门店快速扩张，B 端供货的需求还将进一步扩大，以推进品牌的标准化建设和运营的降本提效。发力 B 端，已经是诸多品牌关键行动。

六、依靠供应链后台的崛起来支撑前端的发展

未来，餐饮产业的竞争环境必将更加复杂。在充满未知的变局中，餐饮企业势必要通过创新和降本提效才有可能在竞争中脱颖而出。同时，随着餐饮连锁化率持续上升，优化供应链结构、加强供应链管控对餐饮企业来说尤为重要，在增强企业抗风险能力的同时，甚至可以成为企业强大的竞争壁垒和护城河。

绝配供应链作为餐饮行业一体化供应链管理的创新引领者。在服务众多餐饮客户过程中发现，连锁餐饮在向千店、万店迈进的同时，物流需求也会有明显的变化。

第一，对全国覆盖的冷链物流网络需求会增强。目前冷链现状集中于区域性，但干线比较薄弱。第二，配送时效上，随着规模扩大，对配送时间和频次上会要求更高、更稳定，会出现多温带、多品种、小批量多频次的配送模式。

成本优势的取得源于零库存和零交易成本，随着规模的扩大，连锁过程中库存管理的复杂性也在增加。库存积压或者库存不足都将带来严重损失，建立有效的库存管理机制，最大限度地降低压库资金甚至是零库存对企业来说是另一大挑战。

随着连锁餐饮企业规模的不断扩大，供应链环节增多，协调难度大，食品的安全要求高，数字化程度弱的话，很容易造成餐饮的数字化程度低，餐饮企业运营管理没有抓手，难追踪、难追溯，监管失控。所以提高供应链的敏捷高效、可视透明，优化供应链，提升供应链数字化能力帮助运营决策，成为品牌可持续发展的基石。

品控在餐企中的重要性不言而喻。万店规模下，保证所有门店都能提供相同质量的产品和服务则是一项十分巨大的挑战，所以对供应链一端的品控管理要求更为严格。

绝配供应链顺应行业趋势，打造一体化供应链助力效率提升和产业发展。依托于绝味食品全国16000家门店鲜品配送网络资源以及多年冷链流通场景的实战磨炼，绝配供应链聚合社会化冷链资源，搭建省、市、乡、镇多层级冷链配送网络，采用共享共配，为餐饮企业提供成本更优、效率更快、服务更稳的流通服务。

目前，绝配供应链在全国范围内拥有3个中央分拨中心（CDC）、21个工厂、40个城市中心（DC）、72个分流点（FDC），以自身业务体量为基础，使用分布式网络布局建立集仓储、运输于一体的主网络中心，覆盖中国绝大部分食品生产和消费地，可以有效弥补餐饮连锁企业布局全国的物流短板，帮助企业实现高弹性、低成本、轻便型增长的新模式。

与此同时，绝配供应链聚合社会化车辆和仓储资源，在主网络的母线路基础上进行几何级裂变，分化出网络更密、半径更小的区域网络覆盖，通过自研智慧供应链平台，重塑门店、车辆和技术之间的交集，全面提升供应链的敏捷性和柔性化，以数据驱动供应链优化，帮助餐饮连锁企业优化库存管理，减少分仓，从容应对行业变化。

目前，绝配供应链拥有200条跨省跨城往返线路、1000多条冷链线路；区域城配网络通过城市分流点、分拨仓覆盖周围200~300公里的城市配送区域且具备日配日达能力。而且绝配供应链针对城市配送场景为模型，从车辆管理、跟踪查询、线路优化与成本优化、智能调度、供应商管理等方面给出了一套"组合拳"方案，以此保证末端配送的稳定输出。目前，绝配供应链的司机与门店配送的固定人员稳定率能够达到90%。

伴随着前端消费渠道更加多元化，消费行业的SKU供应也日渐丰富，绝配供应链认为要实现整个供应链效率的提升，必须形成一个协同网络，将线上C端（互联网平台）和线下B端（实体门店）整合到统一的平台，确保所有信息流实时更新，通过平台实时监控库存水平、销售数据和物流状态，实现全链路数据透明可视化。同时，利用大数据分析和人工智能技术，帮助餐饮企业更准确地预测消费者需求，优化库存管理，减少过剩或缺货的情况，提高库存周转率。

绝配供应链深耕餐饮行业数年，目前已经摸索出一套新模式，通过整合线上和线下的资源和优势，建立了一套高效、敏捷、柔性的数字化供应链管理体系，为餐饮客户提升多元渠道覆盖能力和确定性物流履约能力。

未来，绝配供应链将不断推出更多产品服务和创新解决方案，并携手上下游合作伙伴共同推动市场规模化发展和生态协同，希望赋能每一个餐饮从业者更好地为民众提供营养、健康、美味、方便的美食。

第二节 生鲜肉类标准化解决方案[1]

一、中润长江简介

北京中润长江食品有限公司（简称中润长江）是全国领先的冷鲜猪肉和冰鲜禽肉供应商，主营业务为冷鲜猪肉、冰鲜禽肉的屠宰、加工、定制化和产品供应，以及遍布全国的冷链物流配送体系。

中润长江一直秉持以绿色、低碳、循环经济的发展模式为导向，以数字化为驱动，通过打造精细化运营能力，产品标准化、包装化生产体系，产品全程冷链云溯源技术及低碳、减塑的产品包装技术等一系列手段，助力环境效益和商业价值的共赢，从而实现"保护产品、减少浪费，绿色健康环保"的理念目标，为行业发展注

---

[1] 作者：北京中润长江食品有限公司。

入新的动力,加速肉类食品向环境友好型可持续发展转变。

中润长江总部位于北京昌平,拥有1家年屠宰4000万羽白羽肉鸡屠宰厂、1家年屠宰200万头生猪屠宰厂,7家具备标准化、包装化、定制化等精细化加工能力的城市肉类加工中心,分布在北京、上海、南京、广州、杭州、成都。中润长江自营覆盖全国的优鲜达冷链物流公司,具备48小时内全程冷链配送到店能力,能够为客户提供品质稳定、货源稳定、可定制化的生鲜肉类产品,目前全国共计有24个营销大区,覆盖3000余家大卖场,2022年营收65.80亿元,员工2715人,是国内外众多零售企业、餐饮企业和团餐客户的战略合作伙伴(见图5-1)。

图5-1 中润长江加工车间

二、行业痛点问题

中国生鲜肉类产品因其本身的特殊属性和国内运输距离导致产品供应链冗长,从养殖到终端消费者餐桌,复杂的市场及配送环节导致成本和损耗逐级增加,终端销售环节利润下降,终端运营难度增加。另外,由于产地规模化、集约化的限制,国内生鲜肉类产品标准化程度低,产品部位、规格、品名千差万别(见图5-2、图5-3),无法形成数字化转换,在整个产业链运营各环节中很难统一管理,大大降低了运营效率,从而进一步加大了成本和损耗。传统生鲜肉类加工售卖模式及初级农产品的产品形态,使终端企业(如零售或餐饮业)在食品安全管控、人力成本、场地空间限制等方面出现不同程度的问题,也极大限制了消费者的购买半径和便捷性。同时,地域文化带来的饮食消费习惯差异，也会导致更大的产品结构化剩余。

由于传统加工售卖模式的限制，整个生鲜肉类产业链和供应链深陷成本、损耗、低效的恶性循环，同时各环节产生的食品浪费也为环境保护产生了极大弊端。

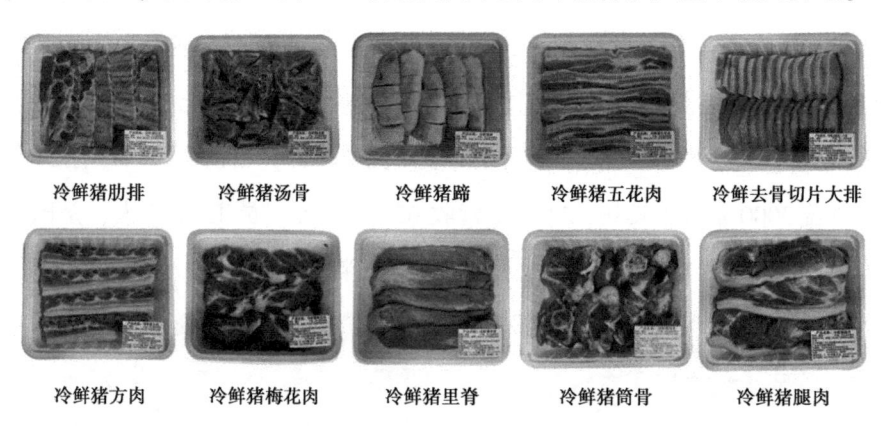

冷鲜猪肋排　　冷鲜猪汤骨　　冷鲜猪蹄　　冷鲜猪五花肉　　冷鲜去骨切片大排

冷鲜猪方肉　　冷鲜猪梅花肉　　冷鲜猪里脊　　冷鲜猪筒骨　　冷鲜猪腿肉

图 5-2　冷鲜猪肉包装

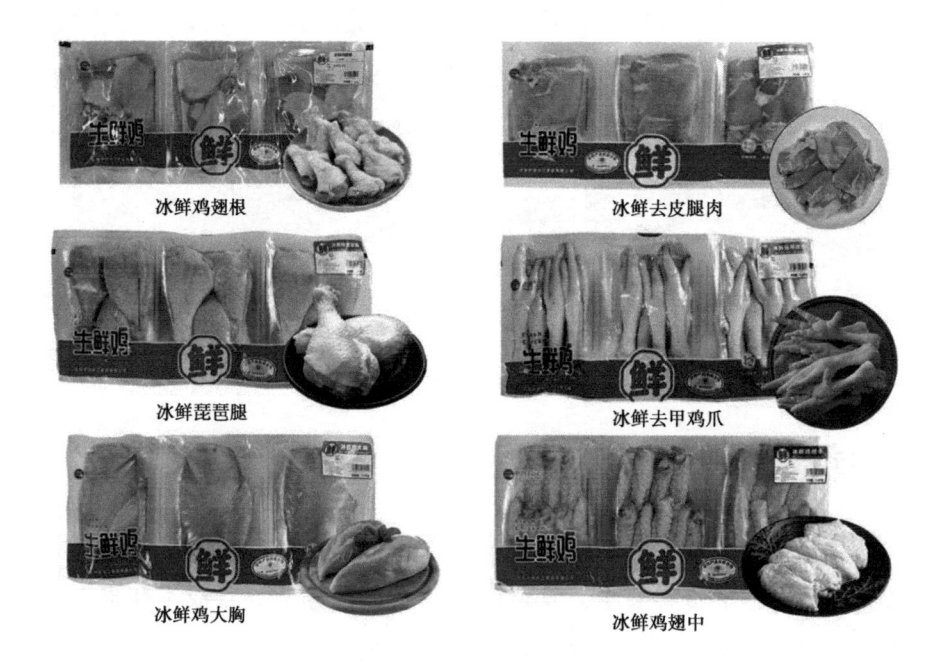

冰鲜鸡翅根　　　　　　　　　冰鲜去皮腿肉

冰鲜琵琶腿　　　　　　　　　冰鲜去甲鸡爪

冰鲜鸡大胸　　　　　　　　　冰鲜鸡翅中

图 5-3　鸡肉类包装

三、中润长江标准化智能工厂解决方案

标准化产品是行业数字化的基础，在面对更复杂的竞争环境及更高的客户诉求时，作为生鲜供应链企业，中润长江不得不重新深入思考供应链的本质和底层逻辑，以全球视野对标生鲜供应链 2B 领域的先进模式和理念，观照自身，从而找到新的

突破，带来新的价值增长曲线。对比国外生鲜供应链企业不难发现，其优势在于产地集约化及产地标准化，将非标产品转换成标准产品，从而实现从产地到物流到仓储到终端的数智化管理，将行业的管理和时效提升到较高水平。基于此，中润万家肉类智能工厂通过"变革冷鲜肉加工方式"，提供"包装标准化、产品标准化"解决方案，为客户打造标准化管理、为数智化转型提供底层基础设施，使客户做到更低成本、更高效率，为客户的长久发展保驾护航。

中润长江的城市工厂通过将屠宰分割后的新鲜肉类原料加工成为标准化产品，以更清洁、更符合城市环保发展需要的方式，将生鲜肉类加工产业链前移到城市中心，并与中润优鲜达的城配能力相结合，能够真正实现将新鲜产品送至千家万户的愿景。从工厂到餐桌，24小时极致新鲜已在中润长江肉类智能工厂所在的城市实现。未来，通过中润长江的加工能力和运营管理能力，结合"最后一公里"的终端配送能力，改变消费者体验，实现生鲜肉类即时下单、即时配送、所见即所得的即时零售消费场景，同时也为中润长江商业合作伙伴提供零库存的即时供应服务提供可能。

中润长江肉类智能工厂通过规模化生产、集约化管理，建立了完善的质量控制体系，保证产品的品质和安全。集约化生产优于分散加工模式，不仅能够真正实现体系化管理，更能够投入更多精力和成本，同时便于终端客户及社会进行监管管理，保障全区域产品质量达标且稳定。在产品品质方面，中润长江肉类智能工厂始终秉持高标准、高质量的原则，致力于为消费者提供更加安全、新鲜、美味的肉类产品。

第三节　勇破传统农批模式壁垒，探寻农批转型之路[1]

上海江杨农产品市场经营管理有限公司（简称江杨市场）隶属于光明食品（集团）有限公司下属的上海蔬菜（集团）有限公司，是上海市及北部地区核心批发市场，也是支撑全市农产品大流通格局的关键性节点之一。江杨市场主要经营蔬菜、肉类、禽蛋、果品、冻品、南北干货、粮油、水产品等，2021年农产品供应总量140万吨，成交总额142亿元。近年来，江杨市场紧跟行业发展趋势，持续探寻转型升级之路，提前谋划布局，率先开拓了集采、集配和冻品品牌交易中心新业务模

---

[1]　作者：上海江杨农产品市场经营管理有限公司。

式，引领上海市同行业市场争相效仿。

一、项目简介

1. 集采集配业务

江杨市场于 2018 年起通过整合调整现有场地资源，大力引进规模较大的配送企业入驻合作，借助市场全品类齐备、一手货优质资源、食品安全专业管控、集中采购分拣配送的优势，满足配送客商一站式采购和配货需求，实现市场与客商双赢。截至目前，市场共建成东区、南区、西区、蔬菜区四大集配仓，经营面积近 1 万平方米，已引进入驻配送企业 12 家，年配送量近 3 万吨。

2. 冻品品牌交易中心业务

江杨市场于 2020 年起对原冻品大楼二楼进行改建，大力引进经营一手大贸（冻品、海鲜、牛羊肉）的国内知名品牌企业入驻，着力打造线上线下体验为一体的"高品质、高蛋白"具有较大影响力的冷冻食品交易商务中心。

二、项目背景

随着市场的变化与发展，各电商行业近年来都将目光投向了生鲜市场，并且随着资本的介入，生鲜电商平台以低廉的价格及便捷的方式逐步挤占传统农批市场所占份额。加之连续三年的疫情，加速生鲜类电商平台不断发展壮大，上下游供应链逐步打通。产销一体化后对农批市场行业地位带来了巨大的影响。近些年，批发市场各品类增量逐步减少，在可预见的将来，势必将呈萎缩趋势，因此，如何应对成为迫在眉睫的课题，也不断激励着江杨市场发挥潜能，勇破传统农批市场交易模式的壁垒，谋求转型发展之路。

三、目标定位

经过 18 年的发展，江杨市场已成为全品类、一站式农产品大型综合交易平台，已具备以需求为导向的上下游农产品价格形成、调节机制，以及多样化产品定制的能力，为供给需求两侧的信息交互、现货交易、品牌推广、商务洽谈提供了中间平台。以江杨市场为中心的整个板块，汇聚了专业型市场、冷藏企业、仓储物流等，为商品贮藏、周转和销售提供了便利，不断吸引全国各地批发商入驻。

江杨市场开展集采集配业务是为了合理运用市场全品类农产品的平台优势，充分倚靠国企性质的大背景和在基地建设、食品安全管控、综合服务上的话语权，形成集成采购、集成配送的物流服务,价格掌控发布的模式,以此为背景打响"江杨配送"金字招牌,提升企业价值,并且带动全品类交易量,从而巩固行业地位,筑牢城市主副食品供应底板。

江杨市场冻品品牌交易中心是根据市场和冻品行业发展方向引入的新模式。该交易中心致力于打造"高蛋白、高品质"产品的发布、商务洽谈、生意撮合、网络营销平台,通过引进全国各地有影响力、有知名度、有辐射性、有舆论带动力和行业话语权的龙头经营者,形成江杨市场乃至整个长三角地区冻品行业又一个新引擎。

四、方法和过程

江杨市场集中建造了东区、南区、西区、蔬菜区四大集配仓优势资源,吸引大量配送业务公司的加入,逐步形成配送规模体系。这些配送企业在市场内全品类统一采购,然后进行加工分拣,再直接配送至政府机关、企事业单位、部队、医院、学校等。既提高场内交易量和商品周转速度,又增加了前端进场手续费收入以及集配仓的租金收入。当最终形成大规模集成采购模式时,江杨市场还能够以规模效应形成的低价盘活场内交易,提高非集采、集配类业务的市场竞争力。

江杨市场在打造冻品品牌交易中心方面,主要采取了四方面措施。一是在硬件改造建设上做了大量投入,将冻品二楼整个楼面用作交易中心场地,并划分A、B、C、D四个区域,区域间实现贯通经营,着力打造具有高体验度的商业单体;二是大力引进业内具有影响力的牛羊肉大贸进口商入驻,这些商户在高端牛肉行业内具有风向标作用,在长三角地区,甚至全国范围内具有高端牛肉定价权,高质量辐射以高端酒店、商务场合为主的需求端;三是与全国农贸联、各行业协会、食材联盟保持密切联系对接,持续通过协会和联盟宣传扩大品牌影响力,积极组织参加各类大型食材展会(FHC上海环球食品展、中食展、渔博会等),持续向外推介冻品品牌交易中心,高效对接第三方专业策划和推介机构(上海味道等),组织开展各类品牌推介、新品发布、食材品鉴、网络营销等活动,最终打造成"365×24"的进口牛肉常年展示营销平台,形成"中高端牛肉来江杨"的概念(见图5-4)。

图 5-4　进口牛肉展示柜

五、应用效果

2018 年首届进博会期间，江杨市场承担起国家会展中心会场内餐饮企业的蔬菜类商品配送保障工作，共安全配送生鲜蔬菜 11.5 吨。2019 年往后的历届进博会，江杨市场内的配送企业均参与到食品供应保障工作。江杨市场以严格的企业性质保障（国有企业）、食品安全保障（进场查验检测、出场追溯）、基地保障（75 个农产品主供应基地）、品类保障（全品类），确保重大活动、重要节点的农产品供应。

2023 年 5 月，江杨市场积极参与上海市政府举办的五五购物节系列主题活动，以冻品品牌交易中心为主会场，连续召开了"聚优品·惠万家江杨农产品市场'五五购物节'品鉴促销"和"江杨冻品品牌交易中心渠道推介会"两场大型活动，得到了属地政府部门、行业主管部门、上级集团公司以及外省市政府部门的认可和支持，湖北省宜城市由市长带队与江杨市场签订了农产品产销合作协议并现场参加了南区集配仓开业仪式，宝山区商务委主任、杨行镇镇长、上海味道出品人、知名餐饮主理人、重点零售渠道代表等出席活动并作了交流发言，两场活动共有 60 余家商户参加，现场销售额超过 50 万元，五五购物节活动在创新消费场景、优化消费供给等方面精准发力，为消费者带来绝佳的购物体验和优惠福利同时，也吸引了不少专业采购商前来咨询洽谈，为进一步做大冻品品牌交易中心提升人气和知名度。

六、经验启示

作为国有控股的农产品供应平台，江杨市场开业 18 年来为全市城乡居民生产生活基本保障作出了应有贡献。江杨市场在传统集中交易市场的形态下，深入思考转型发展供应新模式，在夯实抓牢以蔬菜、肉类、禽蛋为根基的托底供应能力外，从"线上+线下""商流+物流""集成+分发"几个方向进行探索。

江杨市场在保障性农产品供应上做到改革不改向，阵地不丢失，坚定不移当好城市主副食品供应底板，肩负起"两确保、一稳定"重要社会责任；一手抓信息化、集成化供应发展方向，一手抓传统对手交易的组织化、效率化提升，做到城市农产品供应主渠道地位不下降，融入城市发展的动能更充沛。

江杨市场在高蛋白食品供应上做到融合创新发展，借势借力跨出向线上线下聚合供应模式转变的步伐。持续培育一个中心（冻品品牌交易中心）、两个渠道（电商孵化平台、江杨优选平台）、四个大仓（东区、南区、西区、蔬菜区）、七个方向（市场供应七大对象）功能迭代，深入研究食品供给需求两侧发展动向，紧紧抓牢国家促进平台经济健康发展政策红利，紧紧依靠国家农产品供应链、农产品冷链物流体系建设的推动力，形成具有高互联网渗透率的新食品流通格局，成为商流汇聚、物流高效、多维辐射、服务增值的现代化食品流通产业标杆。

第六章
食材供应链行业资料汇编

本章对 2023 年我国食材供应链行业国家级政策和绿色低碳相关标准进行整理统计，供有需要的企业和人员查阅。

第一节 2023年度食材供应链行业国家级政策汇总

本节重点对中共中央、国务院、国家发展改革委、农业农村部、商务部、工业和信息化部、市场监管总局、国家卫生健康委、生态环境部等机关 2023 年的发文情况进行详细梳理，摘选出与食材供应链行业紧密相关的政策进行展示，如表 6-1 所示。

表 6-1 2023 年食材供应链行业国家级政策汇总

序号	发布时间	发文部门	发文文号	政策名称	主要内容
1	2023年1月2日	中共中央、国务院	—	关于做好二〇二三年全面推进乡村振兴重点工作的意见	农产品稳产保供，物流设施建设，食品安全，净菜、中央厨房，培育发展预制菜产业
2	2023年1月10日	中共中央、国务院	—	扩大内需战略规划纲要（2022—2035年）	增加健康、营养农产品和食品供给，推动食品产销供的冷链全覆盖，健全农产品流通网络，培育农产品网络品牌，高质量发展现代农产品加工业
3	2023年1月10日	中共中央办公厅、国务院办公厅	—	关于做好2023年元旦春节期间有关工作的通知	做好粮油蛋奶果蔬等重要民生商保供稳价工作
4	2023年1月10日	中共中央办公厅、国务院办公厅	—	乡村振兴责任制实施办法	确保粮食和重要农产品供给
5	2023年2月20日	中共中央、国务院	—	质量强国建设纲要	农产品质量安全

207

续 表

序号	发布时间	发文部门	发文文号	政策名称	主要内容
6	2023年7月19日	中共中央、国务院	—	中共中央 国务院关于促进民营经济发展壮大的意见	优化民营经济发展环境，加大政策支持力度，引导民营企业通过自身改革发展、合规经营、转型升级不断提升发展质量，促进民营经济做大做优做强。支持民营企业参与乡村振兴，推动新型农业经营主体和社会化服务组织发展现代农业种养业，壮大休闲农业、乡村旅游业等特色产业，发展现代农业服务业、高质量发展现代农产品加工业、因地制宜发展现代农业服务业、壮大休闲农业、乡村旅游业等特色产业，积极投身"万企兴万村"行动
7	2023年3月22日	国务院办公厅	国办发〔2023〕6号	国务院办公厅关于印发食品安全工作评议考核办法的通知	详细规定了考核内容、考核周期、考核程序、考核办法及整改要求
8	2023年4月25日	国务院办公厅	国办发〔2023〕10号	国务院办公厅关于推动外贸稳规模优结构的意见	强化贸易促进拓展市场，加大财政金融支持力度，加快对外贸易创新发展，优化外贸发展环境
9	2024年5月29日	国务院	国发〔2024〕12号	关于印发《2024—2025年节能降碳行动方案》的通知	有序推广新能源中重型货车，发展零排放货运车队。加快发展多式联运，推动重点行业清洁运输。实施城市公共交通优先发展战略。加快城市货运配送绿色低碳、集约高效发展
10	2023年7月31日	国务院办公厅	国办函〔2023〕70号	国务院办公厅转发国家发展改革委关于恢复和扩大消费措施的通知	扩大餐饮服务消费。深入推进农业生产和农产品"三品一标"，开发具有鲜明地域特点、民族特色、乡土特征的产品产业，大力发展农村电子商务和订单农业，拓宽特色农产品上行通道。引导线上各类平台持续加大消费帮扶力度，开设专馆专区专柜促进脱贫地区特色产品顺畅销售，带动农民增收致富，增强消费能力

续 表

序号	发布时间	发文部门	发文文号	政策名称	主要内容
10	2023年7月31日	国务院办公厅	国办函〔2023〕70号	国务院办公厅转发国家发展改革委关于恢复和扩大消费措施的通知	加强县域商业体系建设，建设改造一批乡镇商贸中心、集贸市场、农村新型便民商店，推动重点商贸街巷改造升级。稳步推动产地销地冷链设施建设，补齐农产品仓储保鲜冷链物流设施短板，推动城乡冷链网络双向融合。引导金融机构按市场化方式，加大对住宿餐饮、文化旅游、体育健康、养老托育、家政服务等的综合金融支持力度。依法打击假冒伪劣行为，持续推动创建放心市场、放心景区、放心网店、放心餐饮、放心景区、放心工厂，加快形成退换货、明码标价、监管、评价的放心消费制度闭环，营造放心消费环境。
11	2023年10月11日	国务院	国发〔2023〕15号	关于推进普惠金融高质量发展的实施意见	小微企业、个体工商户、农户及新型农业经营主体等融资可得性持续提高，信贷产品体系更加丰富，授信户数大幅增长，敢贷、愿贷、能贷、会贷的长效机制基本构建。三大粮食作物农业保险覆盖率和保障水平进一步提升。新型农业经营主体基本实现信用建档评价全覆盖。引导金融机构为小微企业、农业企业、农户技术升级改造和污染治理生产经营方式的绿色转型提供支持
12	2023年10月31日	国务院	国发〔2023〕17号	关于印发《中国（新疆）自由贸易试验区总体方案》的通知	喀什片区依托国际贸易物流通道优势，做大做强外向型经济，重点发展农副产品精深加工、纺织服装制造、电子产品组装等劳动密集型产业。探索实施食品经营许可等"证照同办"。授权自贸试验区对食品相关产品等重要工业品生产许可证采取告知承诺制方式直接受理和审批

续 表

序号	发布时间	发文部门	发字文号	政策名称	主要内容
12	2023年10月31日	国务院	国发〔2023〕17号	关于印发《中国（新疆）自由贸易试验区总体方案》的通知	扩大自中亚等周边国家优质农产品、农副产品快速通关"绿色通道"全覆盖。食品进口，率先推进边境口岸用芽苗的闭环监管模式。探索进口大麦加工为饲料与周边国家农产品、食品风险信息互通，检测执法互助领域合作。依托中哈霍尔果斯国际合作中心，加强国际边境加工业标准化、规模化水平，打造特色优势品牌
13	2023年12月11日	国务院办公厅	国办发〔2023〕42号	国务院办公厅印发《关于加快内外贸一体化发展的若干措施》的通知	简化用于食品加工的食药物质进口程序。建设农业国际贸易高质量发展基地，培育壮大内外贸一体化农业企业。发展绿色、有机、地理标志和名特优新农产品公共品牌。允许地方政府发行专项债券支持符合投向领域和项目条件的国家物流枢纽等物流基础设施建设，畅通内外贸商品集散运输
14	2023年3月29日	工业和信息化部、国家发展改革委、科技部、财政部、生态环境部、交通运输部、农业农村部、商务部、文化和旅游部、市场监管总局、中国银保监会	工信部联消费〔2023〕31号	关于培育传统优势食品产区和地方特色食品产业的指导意见	增强优质原料保障能力，引导企业向传统优势食品产区集中，加强农产品冷链物流设施建设，加强全过程食品安全监管，地方特色食品品牌建设

续表

序号	发布时间	发文部门	发文文号	政策名称	主要内容
15	2023年7月28日	工业和信息化部、国家发展改革委、商务部	工信部联消费〔2023〕101号	关于印发轻工业稳增长工作方案（2023—2024年）的通知	围绕家居用品、老年用品、婴童用品、食品、预制化食品等重点领域，打造一批消费热点，拓展多元消费场景，扩大产品应用范围，推动提振消费市场。加快培育传统优势食品产业，引导各地立足优势资源，加强粮油、畜禽水产等优质原料基地建设。实施推动食品工业预制化发展行动方案，顺应方便快捷、营养健康消费需求，大力发展方便食品、自热食品、米面制品、预制菜肴等产品形态
16	2023年8月1日	工业和信息化部、中国人民银行、金融监管总局、中国证监会、财政部	工信部联企业函〔2023〕196号	关于开展"一链一策一批"中小微企业融资促进行动的通知	选择重点产业链，构建融资促进生态，优化授信服务策略，提升信贷融资质效；完善融资增信策略，优化担保服务模式，完善股权投资策略，激发专精特新企业等
17	2023年12月29日	工业和信息化部、国家发展改革委、教育部、财政部、中国人民银行、税务总局、金融监管总局、中国证监会	工信部联规〔2023〕258号	关于加快传统制造业转型升级的指导意见	推动生物技术在食品、医药、化工等领域加快融合应用，持续优化产业结构等
18	2023年3月16日	国家发展改革委、中央文明办、生态环境部、住房城乡建设部、农业农村部、国家卫生健康委、市场监管总局、国家疾控局	发改环资〔2023〕224号	关于全面巩固疫情防控重大成果 推动城乡医疗卫生和环境保护工作补短板强弱项的通知	要持续抓好农贸市场、小餐饮店等重点场所环境卫生治理

续 表

序号	发布时间	发文部门	发字文号	政策名称	主要内容
19	2023年3月17日	国家发展改革委、市场监管总局	发改环资规〔2023〕269号	关于进一步加强节能标准更新升级和应用实施的通知	在农业农村领域,加快研究制定种植业、养殖业生产过程节能降碳技术标准,完善设施农业、农业机械等节能降碳标准。加快数据中心、通信基站等新型基础设施和冷链物流、新型家电等领域节能标准制修订,补齐重点领域节能标准短板
20	2023年3月24日	国家发展改革委	发改投资〔2023〕236号	关于规范高效做好基础设施领域不动产投资信托基金(REITs)项目申报推荐工作的通知	支持消费基础设施建设。优先支持农贸市场、百货商场、购物中心等城乡商业网点项目,保障基本民生的社区商业项目发型基础设施REITs
21	2023年7月24日	国家发展改革委	发改投资〔2023〕1004号	关于进一步抓好抓实促进民间投资工作努力调动民间投资积极性的通知	在交通、先进制造业、现代设施农业等领域中,选择一批市场空间大、发展潜力强,符合国家重大战略和产业政策要求,有利于推动高质量发展的细分行业,鼓励民间资本积极参与
22	2023年8月1日	国家发展改革委、工业和信息化部、财政部、科技部、中国人民银行、税务总局、市场监管总局、金融监管总局	发改体改〔2023〕1054号	关于实施促进民营经济发展近期若干举措的通知	提升民营企业在产业链供应链关键环节的供应能力,在全国范围内培育一批中小企业特色产业集群。强化金融、税收、公共服务等要素的支持作用
23	2023年8月24日	国家发展改革委	2023年第4号令	粮食质量安全监管办法	完善粮食流通环节的质量安全管理规定,强化粮食质量安全检验监测体系建设,强化监督管理工作,细化完善法律责任
24	2023年9月27日	国家发展改革委、工业和信息化部、财政部、住房城乡建设部、国务院国资委、国家能源局	发改运行规〔2023〕1283号	关于印发《电力需求侧管理办法(2023年版)》的通知	强化工业、建筑、交通、农业等重点领域电力需求侧管理与峰行动方案衔接,统筹提升重点领域终端用能效率和全链条综合能效。加快提高农业农村领域电气化水平,助力乡村振兴战略。严格保障居民、农业、重要公用事业和公益性服务等用电,优先保障重点产业供应链企业用电

续 表

序号	发布时间	发文部门	发文文号	政策名称	主要内容
25	2023年11月23日	国家发展改革委、工业和信息化部、市场监管总局、住房城乡建设部、交通运输部	发改环资〔2023〕1529号	关于加快建立产品碳足迹管理体系的意见	制定产品碳足迹核算规则标准，加强碳足迹背景数据库建设，建立产品碳标识认证制度，丰富产品碳足迹应用场景，推动碳足迹国际衔接与互认
26	2023年12月15日	国家发展改革委、国家邮政局、工业和信息化部、财政部、住房城乡建设部、商务部、市场监管总局、最高人民检察院	发改环资〔2023〕1959号	关于印发《深入推进快递包装绿色转型行动方案》的通知	快递包装减量化，快递包装供应链绿色升级，可循环快递包装推广等
27	2023年12月18日	国家发展改革委办公厅、商务部办公厅	发改办环资〔2023〕922号	关于开展食品浪费抽样调查的通知	制止餐饮浪费
28	2023年12月29日	国家发展改革委	2023年第7号令	产业结构调整指导目录（2024年本）	扎实推进农业现代化，巩固和提高粮食、重要农产品生产能力，强化农业科技和装备支撑
29	2023年1月29日	市场监管总局	国市监食检规〔2023〕1号	关于规范食品快速检测使用的意见	食品安全
30	2023年3月17日	市场监管总局	国市监食检规〔2023〕2号	关于印发《食品补充检验方法管理规定》的通知	规范食品补充检验方法制定工作，对立项、起草、送审和审查、批准和发布、跟踪评价和修订等环节进行详细规定

续表

序号	发布时间	发文部门	发文文号	政策名称	主要内容
31	2023年4月21日	市场监管总局	国家市场监督管理总局公告2023年第8号	关于进一步规范餐饮服务提供者食品添加剂管理的公告	严格执行《食品安全国家标准 食品添加剂使用标准》《食品安全国家标准 餐饮服务通用卫生规范》,鼓励相关行业协会推动餐饮服务提供者向消费者承诺规范使用食品添加剂,倡导采用适当方式公示餐饮食品加工制作时使用食品添加剂的情况
32	2023年6月14日	市场监管总局、商务部	国市监网发〔2023〕42号	关于发挥网络餐饮平台引领带动作用 有效防范外卖食品浪费的指导意见	优化餐品供给结构,积极推广小份餐品;优化餐品信息展示,便于消费者合理点餐;强化全流程消费提醒,多维度提示适量消费、避免消费者过度消费;完善食品标准,优化平台协议规则;规范外卖配送服务,切实保障食品安全等
33	2023年6月15日	市场监管总局	国家市场监督管理总局令第78号	食品经营许可和备案管理办法	明确销售预包装食品备案有关要求,调整有关许可办理事项报告事项,简化食品经营许可程序,压缩食品经营许可办理时限,推进食品经营许可和备案信息化建设
34	2023年6月30日	市场监管总局	国家市场监督管理总局令第81号	食用农产品市场销售质量安全监督管理办法	规范食用农产品市场销售行为,加强食用农产品市场质量监督管理,保障食用农产品质量安全
35	2023年7月28日	市场监管总局	国家市场监督管理总局公告〔2023〕第34号	关于发布《肉制品生产许可审查细则(2023版)》的公告	对生产场所、设备设施、设备布局和工艺流程、人员管理等方面进行明确要求
36	2023年8月22日	市场监管总局、教育部、民政部、国家卫生健康委、国管局	国市监食协发〔2023〕65号	关于印发《集中用餐单位食品安全问题专项治理行动工作方案》的通知	着力解决集中用餐单位食品安全管理不规范、制度执行不到位、厨房环境不整洁、食品安全事件多发等突出问题,推动集中用餐单位及其承包经营者执行相关规范,从业人员食品安全意识明显增强,环境卫生明显改善,重大食品安全事件明显减少,逐步建立长效制度机制,不断提升集中用餐单位食品安全水平

续表

序号	发布时间	发文部门	发文文号	政策名称	主要内容
37	2023年10月13日	市场监管总局办公厅	市监稽发〔2023〕94号	关于打击食品中非法添加酚汀（酚丁）、酚酞及其酯类衍生物或类似物违法行为的通知	严禁在食品中非法添加酚汀（酚丁）、酚酞及其酯类衍生物或类似物，从速从严查处此类案件，依法吊销许可并处罚相关责任人；涉嫌犯罪的，要及时移送公安机关处理
38	2023年5月10日	国家卫生健康委	2023年第4号	关于"三新食品"目录及适用的食品安全标准的公告	梳理了新食品原料、食品添加剂新品种和食品相关产品新品种（简称"三新食品"）目录及适用食品安全标准。对新食品原料目录按照食品安全要求生产的新食品原料和过渡期内按照原标准和使用至保质期结束。2022年以后公告的"三新食品"目录设置18个月过渡期，在公告前和过渡期内按照原标准生产，可销售和使用至保质期结束。2022年以后公告的"三新食品"的食品安全指标按照发布时公告要求执行
39	2023年9月25日	国家卫生健康委	2023年第6号	关于发布《食品安全国家标准 茶叶》（GB 31608—2023）等85项食品安全国家标准和3项修改单的公告	85项标准和3项修改单清单
40	2023年11月29日	国家卫生健康委	国家卫生健康委员会令第10号	食品安全标准管理办法	规定《食品安全标准管理办法》的调整范围，标准制定原则，各方职责等，规定国家标准制定程序和具体规定，规定地方标准备案要求等
41	2023年1月19日	交通运输部办公厅、国家发展改革委办公厅、财政部办公厅、农业农村部办公厅	交办公路〔2022〕78号	关于进一步提升鲜活农产品运输"绿色通道"政策服务水平的通知	聚焦当前存在的突出问题，重点解决鲜活农产品"深加工""整车合法"等认定尺度问题，进一步细化"新鲜""深加工""整车合法"等认定尺度

续　表

序号	发布时间	发文部门	发文文号	政策名称	主要内容
42	2023年3月20日	交通运输部办公厅、文化和旅游部办公厅	交办运〔2023〕10号	关于加快推进城乡道路客运与旅游融合发展有关工作的通知	打造包含餐饮住宿等功能的"吃住行游购娱"信息平台
43	2023年5月31日	交通运输部、农业农村部	交海函〔2023〕259号	关于印发《"商渔共治2023"专项行动实施方案》的实施方案	商渔共治，保障海上交通和渔业生产安全形势稳定
44	2023年1月13日	农业农村部办公厅	农办牧〔2023〕1号	关于印发《2023年饲料质量安全监管工作方案》的通知	切实强化饲料质量安全监管
45	2023年2月9日	农业农村部办公厅	农办牧〔2023〕4号	关于开展2023年畜禽养殖标准化示范创建活动的通知	明确示范创建活动的基本条件、指标控制原则及具体工作安排
46	2023年2月13日	农业农村部办公厅	农办牧〔2023〕3号	关于印发2023年畜禽屠宰质量安全风险监测计划的通知	畜禽屠宰、质量安全风险监测
47	2023年2月15日	农业农村部办公厅	农办经〔2023〕2号	关于推介第四批新型农业经营主体典型案例的通知	推介全国农民合作社典型案例57个、全国家庭农场典型案例46个
48	2023年2月21日	农业农村部	农发〔2023〕1号	关于落实党中央国务院2023年全面推进乡村振兴重点工作部署的实施意见	抓紧抓好粮食和农业生产，确保粮食和重要农产品稳定安全供给，加强农业科技和装备支撑，加强农业资源保护和环境治理，推进农业绿色全面转型
49	2023年2月28日	农业农村部办公厅	农办渔〔2023〕4号	关于扎实抓好春季水产养殖生产的通知	加紧开展养殖生产设施装备整修，积极做好养殖渔民生产技术服务，大力推广优良品种和先进模式，持续做好养殖渔业病害防控和投入品使用监管

续 表

序号	发布时间	发文部门	发字文号	政策名称	主要内容
50	2023年3月1日	农业农村部办公厅	农办渔〔2023〕3号	关于做好2023年水产绿色健康养殖技术推广"五大行动"工作的通知	生态健康养殖模式推广行动、养殖尾水治理模式推广行动、水产养殖用药减量行动、配合饲料替代幼杂鱼行动
51	2023年3月3日	农业农村部办公厅	农办农〔2023〕10号	关于印发《2023年"虫口夺粮"保丰收行动方案》的通知	科学有效防控农作物病虫灾害，保障种植业稳产丰收，强化监测预报预警，大力推进统防统治，大力推进绿色防控
52	2023年3月13日	农业农村部办公厅	农办法〔2023〕3号	关于开展全国农业综合行政执法"稳粮保供"专项行动的通知	加强农作物种子质量和品种权保护执法、加强农资质量执法、加强农产品质量安全执法、加强耕地保护执法、加强转基因监管执法
53	2023年3月14日	农业农村部	农渔发〔2023〕6号	关于印发《2023年国家产地水产品兽药残留监控计划》和《2023年国家水生动物疫病监测计划》的通知	提升养殖水产品质量安全和生物安全水平，保障水产品安全有效供给，推进水产养殖业绿色高质量发展，推进源头治理
54	2023年3月15日	农业农村部办公厅	农办经〔2023〕3号	关于全面实行家庭农场"一码通"管理服务制度的通知	家庭农场"一码通"
55	2023年3月16日	农业农村部	农渔发〔2023〕8号	关于印发《"中国渔政亮剑2023"系列专项执法行动方案》的通知	涉及十个具体专项执法行动，分别对每个行动的目标、时段、重点和承担单位作出明确要求
56	2023年3月17日	农业农村部	农机发〔2023〕1号	关于加快推进农产品初加工机械化高质量发展的意见	加快提升粮食油料初加工机械化水平，加快推进果蔬清选分级保质机械化发展，积极拓展特色优势农产品初加工机械化领域，全面提高畜禽产品初加工机械化水平，稳步推进水产品初加工机械化发展，加快推进农产品初加工机械化技术与应用体系建设

续 表

序号	发布时间	发文部门	发文文号	政策名称	主要内容
57	2023年3月28日	农业农村部办公厅	农办规〔2023〕16号	关于印发《国家农业绿色发展先行区整建制全要素全链条推进农业面源污染综合防治实施方案》的通知	推进农业面源污染综合防治,加强系统设计,聚集资源力量,健全协同机制
58	2023年3月31日	农业农村部办公厅、财政部办公厅	农办渔〔2023〕9号	关于开展国家级海洋牧场示范区创建工作的通知	对国家级海洋牧场示范区建设项目予以适当奖补,原则上补助上限为2000万元。对落实党中央、国务院决策部署确定的试点示范区建设项目,可根据"一事一议"原则,按程序确定奖补金额。中央财政资金采取分年度补助的方式,原则上当年度安排,第一年对确定创建的国家级海洋牧场示范区拨付第一批50%补助资金;对通过验收的国家级海洋牧场示范区再拨付第二批50%补助资金
59	2023年3月31日	农业农村部办公厅	农办渔〔2023〕8号	关于开展国家级沿海渔港经济区建设试点的通知	公布2023年国家级沿海渔港经济区建设试点名单,共计10个经济区
60	2023年4月3日	农业农村部办公厅	农办经〔2023〕4号	关于开展"千员带万社"行动的通知	坚持政府引导和市场主导相结合,创新辅导服务工作机制,着力加强新型农业经营主体辅导员队伍建设,实行辅导员名录库管理制度,鼓励创建服务机构,丰富面向新型农业经营主体的公共服务供给,满足主体发展共性需求
61	2023年6月9日	农业农村部、国家发展改革委、财政部、自然资源部	—	关于印发《全国现代设施农业建设规划(2023—2030年)》的通知	建设以节能宜机为主的现代设施种植业,以高效集约为主的现代设施畜牧业,以生态健康养殖为主的现代设施渔业,以仓储保鲜库和供销设施为主的现代物流设施。到2030年,设施蔬菜产量占比提高到40%,畜牧养殖规模化率达到83%,设施渔业养殖水产品产量占比达到60%和70%,设施农业机械化率与科技进步贡献率分别达到60%和70%,建成一批现代设施农业创新引领基地,全国设施农产品质量安全抽检合格率稳定在98%

续表

序号	发布时间	发文部门	发文文号	政策名称	主要内容
62	2023年6月12日	农业农村部、工业和信息化部、国家发展改革委、科技部、自然资源部、生态环境部、交通运输部、中国海警局	农渔发〔2023〕14号	关于加快推进深远海养殖发展的意见	从优化养殖空间布局、推动全产业链发展、大力推行健康养殖、做精做优水产种业、积极发展水产品加工流通、培育区域性优质特色品牌、鼓励创建深远海养殖类型的国家级水产健康养殖和生态养殖示范区、加强生态环境保护、推进产业科技创新、强化安全生产措施、健全监管协作机制、加大政策支持力度、加强工作组织领导等方面加快推进深远海养殖发展
63	2023年7月11日	农业农村部办公厅	农办市〔2023〕6号	关于继续做好农产品产地冷藏保鲜设施建设工作的通知	支持农产品产地冷藏保鲜设施建设，完善产地冷藏保鲜网络，推动冷链物流服务网络向乡村下沉，培育一批农产品产地流通主体，创新一批农产品冷链物流运营模式
64	2023年7月13日	农业农村部办公厅	农办外〔2023〕6号	关于认定2023年农业国际贸易高质量发展基地的通知	认定天津三鹰农副产品加工有限公司等106个基地为农业国际贸易高质量发展基地（以下简称"国贸基地"），将上海比瑞吉宠物用品股份有限公司等7个基地纳入国贸基地管理体系
65	2023年7月14日	农业农村部	农渔发〔2023〕20号	关于加强输欧和输日水产品合法性认证管理的通知	加强自捕加工原料管理，强化进口原料管理，严格加工和出口过程管理，推进企业主体责任落实
66	2023年9月1日	农业农村部办公厅	农办渔〔2023〕29号	关于印发渔业捕捞许可证电子证照标准的通知	修订通渔业捕捞许可证电子证照标准
67	2023年9月13日	农业农村部	农业农村部公告第710号	生猪屠宰质量管理规范	根据《生猪屠宰管理条例》有关规定制定了《生猪屠宰质量管理规范》，为生猪屠宰质量管理提供基本准则和要求，明确质量管理制度建设要求，明确质量安全责任和人员要求，明确厂房和设施设备要求，明确规定不得使用现行《产业结构调整指导目录》中规定的淘汰类生产工艺装备，明确屠宰管理操作要求，明确配套管理要求

续表

序号	发布时间	发文部门	发文文号	政策名称	主要内容
68	2023年9月28日	农业农村部办公厅	农办市〔2023〕14号	关于公布2023年农业品牌精品培育名单的通知	将黑河大豆等69个品牌纳入2023年农业品牌精品培育计划
69	2023年10月20日	农业农村部办公厅	农办规〔2023〕26号	关于印发《农业绿色发展水平监测评价办法（试行）》的通知	明确评价内容及评价指标，制定评价程序与方法及评价结果运用
70	2023年12月12日	农业农村部办公厅	农办牧〔2023〕33号	关于加强畜禽标识管理工作的通知	进一步明确职责强化管理，地方各级农业农村部门要明确承担畜禽标识管理工作的机构和职责任务；进一步明确养殖者申领和加施畜禽标识的主体责任，结合畜牧兽医生产经营主体统一赋码及基础信息采集工作，尽快建立省级畜禽标识数据库，开展部省畜禽标识信息共享；加强监督执法
71	2023年12月14日	农业农村部办公厅	农办牧〔2023〕32号	关于做好《生猪屠宰质量管理规范》实施工作的通知	切实做好《生猪屠宰质量管理规范》实施工作，保障生猪产品质量安全，维护生物安全
72	2023年12月29日	农业农村部	农市发〔2023〕4号	农业农村部关于认定2023年度农业农村信息化示范基地的通知	认定94家单位为2023年度农业农村信息化示范基地
73	2023年12月29日	农业农村部	农渔发〔2023〕31号	关于公布《国家级水产健康养殖和生态养殖示范区名单（2023年）》的通知	公布109个国家级水产健康养殖和生态养殖示范区
74	2023年1月6日	商务部、文化和旅游部、市场监管总局、国家文物局、国家知识产权局	商流通规发〔2023〕6号	关于印发《中华老字号示范创建管理办法》的通知	明确规定中华老字号示范企业的基本条件，认定与申报要求、老字号管理原则

续　表

序号	发布时间	发文部门	发文文号	政策名称	主要内容
75	2023年2月15日	商务部	商务部公告2023年第7号	商务部批准《电子商务产业基地建设与运营规范》等3项国内贸易行业标准的公告	电子商务产业基地建设与运营规范
76	2023年3月5日	商务部、中央网信办、财政部、交通运输部、农业农村部、市场监管总局、国家邮政局、共青团中央、供销合作总社	商流通函〔2024〕39号	关于推动农村电商高质量发展的实施意见	搭建多层次农村电商综合服务平台，加快农村现代物流配送体系建设，培育多元化新型农村电商主体，提高农村电商产业化发展水平，开展多种形式的农村电商促销活动等
77	2023年12月25日	商务部、国家发展改革委、工业和信息化部、财政部、人力资源社会保障部、生态环境部、交通运输部、海关总署、税务总局、金融监管总局	商贸发〔2023〕308号	关于提升加工贸易发展水平的意见	鼓励开展高附加值产品加工贸易；促进综合保税区和自贸试验区保税维修业务发展；支持广西、云南等有条件的边境省区利用沿边现有平台，发展当地产业优势，承接特色食品、服装鞋帽等加工贸易产业；强化税收优惠政策支持；支持广西、云南等有条件的边境省区利用沿边现有平台，发展当地产业，承接多层次用人需求、电子信息等加工贸易管理与服务品、服装鞋帽，电子信息等；优化加工贸易管理与服务；支持拓展国内市场
78	2023年2月2日	生态环境部	公告2023年第3号	关于发布国家生态环境标准《地方水产养殖业水污染物排放控制标准制订技术导则》的公告	明确了标准的适用范围和技术路线，确定主要技术内容

续 表

序号	发布时间	发文部门	发字文号	政策名称	主要内容
79	2023年10月20日	生态环境部、市场监管总局	部令第31号	温室气体自愿减排交易管理办法（试行）	规范了我国温室气体自愿减排交易的总体框架和实施流程，梳理了项目审定与登记、减排量核查与登记、减排量交易、审定与核查机构管理、监督管理、罚则等流程上的具体内容
80	2023年6月16日	中国人民银行、国家金融监督管理总局、中国证监会、财政部、农业农村部	银发〔2023〕97号	关于金融支持全面推进乡村振兴 加快建设农业强国的指导意见	做好粮食和重要农产品稳产保供金融服务，强化对农业科技装备和绿色发展金融支持，加大乡村产业高质量发展金融资源投入，优化和美乡村建设与城乡融合发展金融服务
81	2023年8月18日	中央农办、中央财办、商务部、农业农村部、国家发展改革委、财政部、交通运输部、市场监管总局、国家邮政局	中财办发〔2023〕7号	关于推动农村流通高质量发展的指导意见	围绕工业品下乡"最后一公里"和农产品出村进城"最先一公里"两个突出问题，加快补齐农村流通设施短板，强化节点、打通堵点、补上断点。加强农产品仓储保鲜冷链设施建设，改造提升农产品产地市场、传统集贸市场，拓展包装、加工、数字化等服务，增强商品流通和便民、惠民服务功能
82	2023年10月31日	海关总署	—	关于推动加工贸易持续高质量发展改革实施方案	涵盖了加工贸易从"前期备案"到"中期生产销售"到"后期核销核查"的全生命周期和全链条管理，推出了单耗管理改革、"保税+ERP"监管改革、"短溢区间"改革等一套政策"组合拳"
83	2023年4月13日	中央网信办、农业农村部、国家发展改革委、工业和信息化部、国家乡村振兴局	—	2023年数字乡村发展工作要点	强化粮食安全数字化保障，推动粮食全产业链数字化转型，运用数字技术保障国家粮食安全。因地制宜发展智慧农业，加快农业全产业链数字化转型，强化数字化和智能装备支撑

第二节 食材供应链行业绿色低碳相关标准统计

据不完全统计，中国食材供应链上中下游已实施、即将实施和正在制定中的绿色低碳主要标准有61项，涉及农业生产、加工制造、流通、零售等多个领域，如表6-2所示。

表6-2 食材供应链行业绿色低碳相关标准统计表

序号	标准名称	标准分类	归口单位	主管部门	实施时间	标准号	性质
1	绿色制造 制造企业绿色供应链管理 评价规范	国家标准	全国绿色制造技术标准化技术委员会	国家标准化管理委员会	2021年3月1日	GB/T 39257—2020	推荐性
2	绿色制造 制造企业绿色供应链管理 信息化管理平台规范	国家标准	全国绿色制造技术标准化技术委员会	国家标准化管理委员会	2021年3月1日	GB/T 39256—2020	推荐性
3	绿色制造 制造企业绿色供应链管理 采购控制	国家标准	全国绿色制造技术标准化技术委员会	国家标准化管理委员会	2021年3月1日	GB/T 39258—2020	推荐性
4	绿色制造 制造企业绿色供应链管理 导则	国家标准	全国绿色制造技术标准化技术委员会	国家标准化管理委员会	2017年12月1日	GB/T 33635—2017	推荐性
5	基于项目的温室气体减排量评估技术规范 通用要求	国家标准	全国碳排放管理标准化技术委员会	国家发展和改革委员会	2017年12月1日	GB/T 33760—2017	推荐性
6	工业企业温室气体排放核算和报告通则	国家标准	全国碳排放管理标准化技术委员会	国家发展和改革委员会	2016年6月1日	GB/T 32150—2015	推荐性
7	温室气体排放核算与报告要求 第10部分：化工生产企业	国家标准	中国石油和化学工业联合会、全国碳排放管理标准化技术委员会	中国石油和化学工业联合会	2016年6月1日	GB/T 32151.10—2015	推荐性

续　表

序号	标准名称	标准分类	归口单位	主管部门	实施时间	标准号	性质
8	畜禽养殖场温室气体排放核算方法	行业标准	农业农村部	农业农村部	2023年3月1日	NY/T 4243—2022	推荐性
9	农作物温室气体排放核算指南	行业标准	—	国家认证认可监督管理委员会	2023年1月1日	RB/T 095—2022	推荐性
10	种养殖企业（组织）温室气体排放核查通则	行业标准	—	国家认证认可监督管理委员会	2023年1月1日	RB/T 125—2022	推荐性
11	养殖企业温室气体排放核查技术规范	行业标准	—	国家认证认可监督管理委员会	2023年1月1日	RB/T 126—2022	推荐性
12	奶牛养殖企业温室气体排放核算方法与报告指南	行业标准	—	国家认证认可监督管理委员会	2023-1-1	RB/T 127—2022	推荐性
13	种养殖温室气体减排核算方法与报告指南	行业标准	—	国家市场监督管理总局	2022年1月1日	RB/T 076—2021	推荐性
14	营运货车能效和二氧化碳排放强度等级及评定方法	行业标准	全国道路运输标准化技术委员会	交通运输部	2019年7月1日	JT/T 1248—2019	推荐性
15	冷链配送低碳化评估标准	行业标准	商务部	商务部	2016年9月1日	SB/T 11151—2015	推荐性
16	饭店业碳排放管理规范	行业标准	商务部	民政部	2014年12月1日	SB/T 11042—2013	推荐性
17	零售商店节能低碳评定标准	行业标准	商务部	商务部	2013年6月1日	SB/T 10803—2012	推荐性
18	零碳物流园区创建与评价技术规范	团体标准	—	上海市市场监督管理局	2022年12月1日	T/SEESA014—2022	推荐性
19	绿色冷库评价方法	团体标准	—	—	2020年6月20日	T/CAR 3—2020	推荐性

续 表

序号	标准名称	标准分类	归口单位	主管部门	实施时间	标准号	性质
20	企业温室气体排放管理规范	地方标准	四川省生态环境厅	四川省市场监督管理局	2023年2月1日	DB51/T 2987—2022	推荐性
21	绿色商贸物流标准体系	地方标准	天津市商务局	天津市市场监督管理委员会	2023年10月10日	DB12/T 1243—2023	推荐性
22	绿色城市配送运营规范	地方标准	辽宁省商务厅	辽宁省市场监督管理局	2023年8月30日	DB21/T 3789—2023	推荐性
23	常州市绿色建造评价标准	地方标准	常州市住房和城乡建设局	常州市市场监督管理局	2023年7月27日	DB3204/T 1053—2023	推荐性
24	商贸物流企业绿色管理规范	地方标准	辽宁省商务厅	辽宁省市场监督管理局	2023年6月30日	DB21/T 3743—2023	推荐性
25	零碳产业园区建设规范	地方标准	—	内蒙古自治区市场监督管理局	2023年4月28日	DB15/T 2948—2023	推荐性
26	道路运输企业碳账户碳排放核算与评价指南	地方标准	—	衢州市市场监督管理局	2022年1月30日	DB3308/T 099—2021	推荐性
27	农业碳账户碳排放核算与评价指南	地方标准	—	衢州市市场监督管理局	2022年1月30日	DB3308/T 100—2021	推荐性
28	工业（产业）园区绿色低碳建设导则	地方标准	福州市工业和信息化局	福州市市场监督管理局	2022年1月1日	DB3501/T 001—2021	推荐性
29	碳排放数据公共平台数据传输协议	地方标准	福建省信息化标准化技术委员会	福建省市场监督管理局	2021年11月17日	DB35/T 2000—2021	推荐性
30	绿色仓储综合能耗和二氧化碳排放等级划分	地方标准	—	浙江省市场监督管理局。	2021年9月9日	DB33/T 2358—2021	推荐性

续 表

序号	标准名称	标准分类	归口单位	主管部门	实施时间	标准号	性质
31	饭店低碳评价规范	地方标准	—	浙江省市场监督管理局	2021年4月8日	DB33/T 2317—2021	推荐性
32	二氧化碳排放核算和报告要求 道路运输业	地方标准	北京市生态环境局	北京市市场监督管理局	2021年1月1日	DB11/T 1786—2020	推荐性
33	二氧化碳排放核算和报告要求 其他行业	地方标准	北京市生态环境局	北京市市场监督管理局	2021年1月1日	DB11/T 1787—2020	推荐性
34	农产品温室气体排放核算通则	地方标准	北京市农业农村局	北京市市场监督管理局	2019年7月1日	DB11/T 1616—2019	推荐性
35	农业温室气体清单编制规范	地方标准	—	江西省质量技术监督局	2019年7月1日	DB36/T 1094—2018	推荐性
36	二氧化碳排放信息报告通则	地方标准	—	河南省质量技术监督局	2019年2月12日	DB41/T 1710—2018	推荐性
37	碳排放管理体系建设实施效果评价指南	地方标准	北京市发展和改革委员会	北京市质量技术监督局	2019年1月1日	DB11/T 1558—2018	推荐性
38	碳排放管理体系实施指南	地方标准	北京市发展和改革委员会	北京市质量技术监督局	2019年1月1日	DB11/T 1559—2018	推荐性
39	农业企业（组织）温室气体排放核算和报告通则	地方标准	北京市农业局	北京市质量技术监督局	2019年1月1日	DB11/T 1563—2018	推荐性
40	种植农产品温室气体排放核算指南	地方标准	北京市农业局	北京市质量技术监督局	2019年1月1日	DB11/T 1564—2018	推荐性
41	畜牧产品温室气体排放核算指南	地方标准	北京市农业局	北京市质量技术监督局	2019年1月1日	DB11/T 1565—2018	推荐性

续表

序号	标准名称	标准分类	归口单位	主管部门	实施时间	标准号	性质
42	建筑低碳运行管理通则	地方标准	北京市发展和改革委员会	北京市质量技术监督局	2018年10月1日	DB11/T 1534—2018	推荐性
43	园区低碳运行管理通则	地方标准	北京市发展和改革委员会	北京市质量技术监督局	2018年10月1日	DB11/T 1531—2018	推荐性
44	企业低碳运行管理通则	地方标准	北京市发展和改革委员会	北京市质量技术监督局	2018年10月1日	DB11/T 1533—2018	推荐性
45	商场、超市碳排放管理规范	地方标准	北京市商务委员会	北京市质量技术监督局	2018年8月1日	DB11/T 1539—2018	推荐性
46	低碳产品评价技术通则	地方标准	北京市发展和改革委员会	北京市质量技术监督局	2017年10月1日	DB11/T 1418—2017	推荐性
47	温室气体碳排放核算指南 畜牧养殖企业	地方标准	北京市发展和改革委员会	北京市质量技术监督局	2017年10月1日	DB11/T 1422—2017	推荐性
48	温室气体碳排放核算指南 设施农业企业	地方标准	北京市发展和改革委员会	北京市质量技术监督局	2017年10月1日	DB11/T 1421—2017	推荐性
49	低碳企业评价技术导则	地方标准	北京市发展和改革委员会	北京市质量技术监督局	2017年4月1日	DB11/T 1370—2016	推荐性
50	产品碳排放评价技术通则	地方标准	广东省发展和改革委员会	广东省质量技术监督局	2017年3月2日	DB44/T 1941—2016	推荐性
51	企业碳排放核查规范	地方标准	广东省低碳管理标准化技术委员会	广东省质量技术监督局	2017年3月2日	DB44/T 1945—2016	推荐性
52	碳排放管理体系 要求及使用指南	地方标准	广东省发展和改革委员会	广东省质量技术监督局	2017年3月2日	DB44/T 1944—2016	推荐性

续 表

序号	标准名称	标准分类	归口单位	主管部门	实施时间	标准号	性质
53	企业碳排放核查工作规范	地方标准	重庆市发展和改革委员会	重庆市质量技术监督局	2016年12月1日	DB50/T 700—2016	推荐性
54	绿色产业园区评价导则	地方标准	—	上海市质量技术监督局	2016年1月1日	DB31/T 946—2015	推荐性
55	企业温室气体排放量化与核查导则	地方标准	广东省电器电子产品绿色制造标委会	广东省质量技术监督局	2015年3月9日	DB44/T 1506—2014	推荐性
56	企业（单位）二氧化碳排放信息报告通则	地方标准	广东省质量技术监督局	广东省质量技术监督局	2014年11月14日	DB44/T 1382—2014	推荐性
57	绿色制造 制造企业绿色供应链管理 逆向物流	国家标准	全国绿色制造技术标准化技术委员会	国家标准化管理委员会	2024年1月1日	GB/T 43145—2023	推荐性
58	绿色制造 制造企业绿色供应链管理 实施指南	国家标准	全国绿色制造技术标准化技术委员会	国家标准化管理委员会	2024年8月1日	GB/T 43902—2024	推荐性
59	绿色制造 制造企业绿色供应链管理 信息追溯及披露要求	国家标准	全国绿色制造技术标准化技术委员会	国家标准化管理委员会	2024年8月1日	GB/T 43902—2024	推荐性
60	绿色制造 制造企业绿色供应链管理 物料清单要求	国家标准	全国绿色制造技术标准化技术委员会	国家标准化管理委员会	2021年3月1日	GB/T 39259—2020	推荐性
61	冷库低碳评价指标	团体标准	中国物流与采购联合会	—	制定中	—	推荐性

图书在版编目（CIP）数据

中国食材供应链发展报告.2024／中国物流与采购联合会食材供应链分会，天津港首农食品进出口贸易有限公司编. -- 北京：中国市场出版社有限公司，2024.8.
ISBN 978-7-5092-2593-6

Ⅰ.F426.82

中国国家版本馆CIP数据核字第202425RP30号

中国食材供应链发展报告（2024）
ZHONGGUO SHICAI GONGYINGLIAN FAZHAN BAOGAO（2024）

编　　者：中国物流与采购联合会食材供应链分会 天津港首农食品进出口贸易有限公司
责任编辑：王雪飞

出版发行：中国市场出版社
社　　址：北京市西城区月坛北小街2号院3号楼（100837）
电　　话：（010）68034118／68021338
网　　址：https：//www.scpress.cn

印　　刷：北京捷迅佳彩印刷有限公司
规　　格：185mm×260mm　　1/16
印　　张：15　　　　　　　　字　　数：290千字
版　　次：2024年8月第1版　　印　　次：2024年8月第1次印刷
书　　号：ISBN 978-7-5092-2593-6
定　　价：280.00元

版权所有　侵权必究　　印装差错　负责调换

海鼎

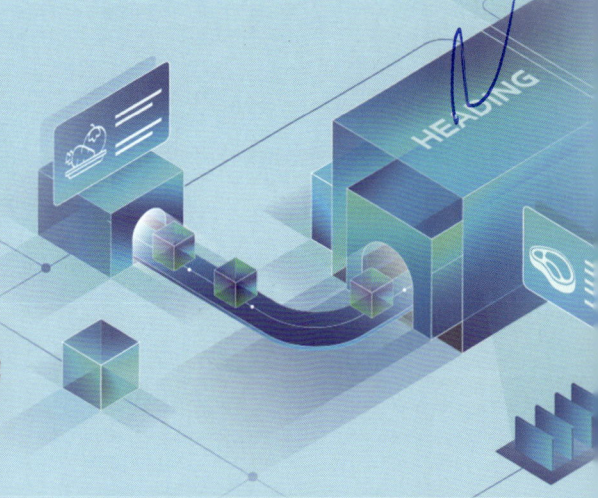

海鼎食材供应链
信息化解决方案

30年 深耕商业数智化领域

80+ 数智化服务覆盖全球国家和地区

1000+家 服务大型商贸企业

扫码了解更多

- 采购管理
- 销售管理
- 财务管理
- 仓配管理
- 供应商平台
- 学校及客户平台
- 报表及数据展示

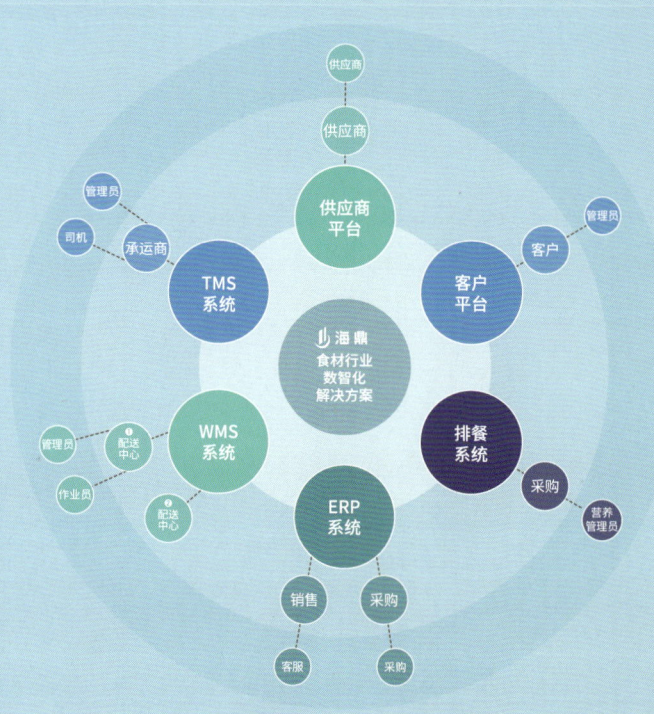

海鼎食材行业数智化解决方案

- 供应商平台（供应商、管理员、客户）
- 客户平台
- TMS系统（管理员、司机、承运商）
- WMS系统（管理员、配送中心、作业员）
- ERP系统（销售、采购、客服）
- 排餐系统（采购、营养管理员）

合作企业：苏南食材公司、威耀食材 WEIYAO INGREDIENTS、滕州食安、温超集团 WENCHAO GROUP、时捷物流 Time Express、易捷24小时服务、小润发 RT-Mart、MINISO 名创优品、明康汇、全家 FamilyMart、家家悦 JIAJIAYUE、GIALEN 珈兰俪人、菲鲨膝、RDD、MJM LIFE 幸友家生达、十分便利 StorePlus、汇宁 HUINING

www.hd123.com